Kohlhammer

Hiltrud Loeken
Matthias Windisch

Behinderung und Soziale Arbeit

Beruflicher Wandel – Arbeitsfelder – Kompetenzen

Verlag W. Kohlhammer

Alle Rechte vorbehalten
© 2013 W. Kohlhammer GmbH Stuttgart
Umschlag: Gestaltungskonzept Peter Horlacher
Gesamtherstellung:
W. Kohlhammer Druckerei GmbH + Co. KG, Stuttgart
Printed in Germany

ISBN 978-3-17-022602-9

Inhaltsverzeichnis

Vorwort		7
1	Einleitung	11
2	Behinderung – ein Perspektivenwechsel	14
3	Leitprinzipien und Ziele professioneller Hilfen im Wandel	18
3.1	Normalisierungsprinzip	19
3.2	Enthospitalisierung und Deinstitutionalisierung – Einflüsse der Psychiatrie-Enquête	21
3.3	Selbstbestimmung als neues Paradigma – Einflüsse der Behinderten-Selbsthilfebewegungen	23
3.4	Empowerment	26
3.5	Von der Integration zur Inklusion	29
3.6	Personenzentrierung und Gemeinwesenorientierung	33
4	Konzeptuelle Anforderungen an professionelle Unterstützung	35
4.1	Personenzentrierte Hilfen und Gemeinwesen-/Sozialraumorientierung als inklusionsorientiertes Konzept	36
4.2	Assistenz als Gegenmodell zu institutionenorientierten und pädagogischen Hilfeleistungen	38
4.3	Pädagogische Unterstützung im Spannungsbogen zwischen Assistenz und advokatorischer Intervention	41
4.4	Pädagogische Unterstützung als dialogische Begleitung und Assistenz	43
4.5	Pädagogische Unterstützung als Spektrum verschiedener Assistenzformen	44
4.6	Pädagogische Hilfen als Unterstützungsbündnis mit Orientierung am Selbstbestimmungsprinzip	45
4.7	(Sozial)Pädagogische Hilfen mit gemeinwesen-/sozialraumorientiertem Anspruch	48
5	Arbeitsbereiche der Sozialen Arbeit bei Behinderung	53
5.1	Trägerlandschaft und strukturelle Merkmale der außerschulischen Behindertenhilfe	53

5.2	Zentrale Arbeitsfelder der außerschulischen Behindertenhilfe	55
5.2.1	Frühförderung	55
5.2.2	Offene Hilfen	57
5.2.3	Wohnbezogene Hilfen	61
5.2.4	Arbeitsbezogene Hilfen	65
6	**Professionalisierung und Akademisierung**	**72**
6.1	Entwicklung der Qualifikationsstruktur in der Behindertenhilfe nach älteren Untersuchungen und Absolventenstudien	73
6.2	Berufliche Qualifikation und pädagogische Akademisierung im Spiegel jüngerer Untersuchungsergebnisse	75
7	**Pädagogische Professionalität und Kompetenzen**	**82**
7.1	Berufliche Kompetenzen und pädagogische Professionalität bei Behinderung	82
7.2	Von der Qualifikation zur beruflichen Kompetenz	85
7.3	Kompetenzanforderungen und Spannungsfelder	88
7.4	Kompetenzen bei der Unterstützung sozialer Selbsthilfegruppen	91
7.5	Kompetenzen aus Sicht von Trägern	94
7.5.1	Arbeitsfeldbezogene Kompetenzanforderungen	96
7.5.2	Arbeitsfeldübergreifende Kompetenzanforderungen	102
7.5.3	Veränderungen von beruflichen Kompetenzanforderungen	105
7.6	Berufliche Kompetenzen aus der Sicht pädagogischer Fachkräfte (Mitarbeit von Britta Haldorn und Viviane Schachler)	107
7.6.1	Allgemeines Profil beruflicher Kompetenzanforderungen	111
7.6.2	Spezifische Anforderungsprofile zu beruflichen Kompetenzen	113
7.6.3	Verhältnis von Kompetenzanforderungen und Performanz	120
8	**Perspektiven**	**124**
Literatur		**129**
Sachwortverzeichnis		**143**

Vorwort

Das Schnittfeld von Sozialarbeit/Sozialpädagogik, Heilpädagogik und Sonderpädagogik bei geistiger Behinderung ist Kern des vorliegenden Buches von Hiltrud Loeken und Matthias Windisch. Sie haben ein Werk erstellt, bei dem sie durch ihre Fokussierung des Begriffes Soziale Arbeit gleichzeitig vor allem verbindende wie auch besondere Aspekte im Umgang mit dem Themenfeld Behinderung hervorheben. Damit verdeutlichen sie, wo ein Sich-Abgrenzen und übermäßiges Deutlichmachen der Eigenständigkeit einer Profession oder Scientific Community überholt ist. Im Gegenteil: Sie stellen zu Recht dar, was seit vielen Jahren in Arbeits- und Praxisfeldern erfolgreich zusammen geht und zusammen gehört – Behinderung und Soziale Arbeit.

Das vorliegende Buch bezieht nicht nur Professionalität und entsprechendes Know-how aus dem wissenschaftlichen Diskurs der Sozialen Arbeit und der Pädagogik bei Behinderung aufeinander. Für die Leserin und den Leser bietet es eine Quelle, aus Erfahrungen in unterschiedlichen Arbeits- und Praxisfeldern zu schöpfen. So zeigen die beiden Autoren auf, welche veränderten Anforderungen an soziale Hilfen für Menschen mit Behinderung sich verzeichnen lassen. Und sie legen offen, welche Kompetenzen – damit verknüpft – im Bereich der Arbeit für und mit Menschen mit Behinderung – und besonders Menschen mit geistiger Behinderung – erforderlich sind.

Daher ist Hiltrud Loeken und Matthias Windisch zu danken, dass sie aus ihren umfassenden Erfahrungsbereichen fundiertes Material gesichtet und für dieses Buch bearbeitet und aufbereitet haben. In seiner thematischen Ausrichtung setzt sich der Band konsequent mit dem beruflichen Wandel in der Sozialen Arbeit im Kontext Behinderung auseinander. Loeken und Windisch skizzieren dabei Veränderungsprozesse innerhalb beteiligter Wissenschaftsdisziplinen beim Engagement von und für Menschen mit Behinderung sowie bei Einrichtungen in der Behindertenhilfe. Sie fokussieren mit diesem Buch vor allem eine kritische Auseinandersetzung mit Herausforderungen an die Professionalität der (sozial-)pädagogischen Mitarbeiter/innen im Themenfeld Behinderung und Soziale Arbeit.

Vor diesem Hintergrund greift das Autoren-Gespann folgende Aspekte auf:

- Leitprinzipien und Ziele professioneller Hilfen für Menschen mit Behinderung,
- Diskurse zu konzeptuellen Anforderungen an (sozial-)pädagogische Professionalität und Hilfen für Menschen mit Behinderung,
- Anforderungen von Anstellungsträgern und an Arbeitsbereiche in der Sozialen Arbeit bei Behinderung,

- Pädagogische Professionalisierung und Akademisierung in der außerschulischen Behindertenhilfe,
- Berufliche Kompetenzen und Kompetenzanforderungen von bzw. an pädagogische Fachkräfte in der Sozialen Arbeit bei Behinderung.

Die dargestellten Inhalte haben die beiden Autoren auf theoretische und praktische Aspekte hin ausgerichtet; dabei greifen sie u. a. auch auf umfangreiche empirische Befunde zurück, die teilweise aus eigenen Forschungsaktivitäten heraus erstmalig veröffentlicht werden.

Der Zugang zum Thema und das darin eingebettete Verständnis über den Zusammenhang von Sozialer Arbeit und Behinderung sind der Garant für eine konsequente Fundierung einer eigenen kritischen Auseinandersetzung der Leserschaft rund um pädagogische Professionalität und Kompetenzen. Von einer kompakten Aufbereitung wesentlicher Aspekte – die durch einen weiterführenden Reader als Download-Material vor allem mit empirischen Zahlen und Fakten erweitert werden kann* – profitieren die vorgesehenen Zielgruppen: Studierende der Sozialen Arbeit sowie der Heil- und Sonderpädagogik und Wissenschaftler/innen wie auch Praktiker/innen in den unterschiedlichen Arbeitsfeldern der Behindertenhilfe, besonders auch Mitarbeiter/innen in Leitungsfunktion bei den Trägern der Behindertenhilfe.

Mit einer kurzen Einleitung führen die beiden Autoren in das Buch ein, wobei sie schon eine Skizze zu Veränderungsprozessen innerhalb der Behindertenhilfe mitliefern. Ausführlicher stellen Hiltrud Loeken und Matthias Windisch im zweiten Kapitel den Perspektivenwechsel dar, der das Thema Behinderung in den letzten Jahrzehnten begleitet hat. Ihre Auszüge zu vergangenen und aktuellen Diskursen über Behinderung haben sie dabei sinnvoll ausgewählt. Sie weisen – ohne Umwege – auf Kernaspekte und -probleme hin, die sie mit erforderlichem Material anreichern. Dem Leser verschafft dieses Kapitel somit einen Kompakteinstieg und Überblick in Veränderungsprozesse, die in der Fachwelt häufig auch als Paradigmenwechsel beschrieben werden.

Eine Vertiefung dieser Darstellungen für die professionelle Auseinandersetzung bietet das dritte Kapitel. Hier behandeln die beiden Autoren dezidiert Leitprinzipien und Ziele professioneller Hilfen, deren Wandel sie facettenreich darstellen. Ihre Beschreibungen münden in eine fokussierte Betrachtung des personenzentrierten Verständnisses innerhalb einer professionell agierenden Sozialen Arbeit in der Behindertenhilfe. Das Herausstellen der Bedeutung des Themas Gemeinwesenbezug und Sozialraumorientierung fehlt dabei nicht.

Mit konzeptuellen Anforderungen an professionelle Unterstützung setzen sich Loeken und Windisch im vierten Kapitel auseinander. In der Fortführung des vorherigen Themenstranges erläutern sie ein inklusionsorientiertes Konzept, das personenzentrierte Hilfen und Gemeinwesen- bzw. Sozialraumorientierung in einer gegenseitigen Bedingtheit veranschaulicht. Hierzu gehört im Kern das Selbstverständnis einer pädagogischen Unterstützung als dialogische Begleitung von Menschen mit (geistiger) Behinderung. Für diesen Adressatenkreis sehen die Autoren

---

* Zu finden im Online-Buchshop des Kohlhammer Verlages unter dem Titel dieses Buches.

pädagogische Hilfen in einem Unterstützungsbündnis aufgehoben, das am Selbstbestimmungsprinzip orientiert ist.

Im fünften Kapitel stellen die beiden Autoren vielfältige Arbeitsbereiche der Sozialen Arbeit bei Behinderung dar. Sie verdeutlichen die Trägerlandschaft und zeigen dabei strukturelle Merkmale der außerschulischen Behindertenhilfe auf. Dem Leser und der Leserin bieten sie somit einen Überblick über zentrale Arbeitsbereiche: Frühförderung, Offene Hilfen, wohnbezogene und arbeitsbezogenen Hilfen.

Mit einer Auswahl von empirischen Befunden angereichert, problematisieren Hiltrud Loeken und Matthias Windisch im anschließenden Kapitel die Thematik Professionalisierung und Akademisierung. Hinsichtlich der Entwicklung der Qualifikationsstruktur in der Behindertenhilfe verdeutlichen sie fundiert die Bedeutung einer pädagogischen Akademisierung. Ihre Darstellungen münden im siebten Kapitel in eine kritische Rezeption der beruflichen Kompetenz und pädagogischen Professionalität bei Behinderung. Sie zeigen dabei Spannungsfelder im Kontext beruflicher Kompetenzanforderungen auf, die sie besonders verdeutlichen anhand verschiedener Sichtweisen – dies wiederum empirisch fundiert: aus Sicht von sozialen Selbsthilfegruppen und ihrer Unterstützer/innen, aus Sicht von Trägern der Behindertenhilfe und schließlich aus Sicht pädagogischer Fachkräfte. Hier haben Britta Haldorn und Viviane Schachler zur Fundierung der Thematik Material aus eigenen, bislang nicht veröffentlichten Studien beigesteuert. Diese entstanden an der Universität Kassel im Kontext eines explorativen Forschungsprojekts von Hiltrud Loeken und Matthias Windisch.

Kurz und prägnant skizzieren Loeken und Windisch im abschließenden achten Kapitel Perspektiven für Arbeitsfelder, beruflichen Wandel und Kompetenzen im Kontext Sozialer Arbeit bei Behinderung. Ausgehend von paradigmatischen Umorientierungen in der Behindertenhilfe, beschreiben sie ein Handlungsmodell mit vernetzten Hilfen, mit dem soziale Teilhabe für Menschen mit Behinderung als Hilfeempfänger ermöglicht und eine weitgehende soziale Barrierefreiheit erreicht werden kann. Möglich ist dies nicht zuletzt durch die Fortsetzung des Wandels der Qualifikationsstruktur.

Hiltrud Loeken und Matthias Windisch legen ein Buch vor, das den im Untertitel formulierten Dreiklang »Beruflicher Wandel – Arbeitsfelder – Kompetenzen« systematisch darstellt und behandelt. Die Mischung aus Übersicht gebenden Darstellungen und empirisch fundierten Fakten ermöglicht der Leserschaft eine individuelle Lesart, die durch das bereits angesprochene Download-Material um etliche Fakten und Details für die eigene Betrachtung erweitert werden kann. Ebenfalls hilfreich ist die didaktische Aufbereitung des vorliegenden Buches durch knappe Begriffsklärungen und erläuternde bzw. komprimierte Hinweise zu einzelnen Aspekten der vielschichtigen Gesamtthematik. Auch von dieser Strukturierung werden die unterschiedlichen Zielgruppen des Buches profitieren.

Köln, im März 2013   Werner Schlummer

1 Einleitung

Das Verständnis von Behinderung und das System der Hilfen für Menschen mit Behinderung haben in den letzten Jahrzehnten einen dynamischen Wandel erfahren. Dieser Wandel geht mit veränderten normativen Ansprüchen und Zielvorstellungen einher und bringt zugleich radikal veränderte Ansprüche an professionelle Hilfen mit sich.

Das vorliegende Buch stellt nach der Skizzierung des aktuellen Behinderungsverständnisses die Leitprinzipien und Ziele professioneller Hilfen sowie ihre Einflüsse auf das Behindertenhilfesystem dar. Außerdem arbeitet es konzeptuelle Anforderungen an die professionelle Unterstützung heraus. Besonders interessieren die beruflichen Veränderungsprozesse in den relevanten Arbeitsfeldern der außerschulischen Behindertenhilfe und die Anforderungen an die Professionalität mit dem Fokus auf erforderliche Kompetenzen von Beschäftigten mit einer akademischen Qualifikation aus dem Spektrum der Sozialen Arbeit und der Pädagogik.

In der Bundesrepublik Deutschland war nach dem Zweiten Weltkrieg zunächst wieder an die Strukturen der Anstaltsversorgung für Menschen mit Behinderung – wie sie sich im 19. Jahrhundert entwickelt hatten – angeknüpft worden. Ab Ende der 1950er-Jahre setzte eine Entwicklung ein, die im Laufe der letzten Jahrzehnte zu einer Ausdifferenzierung von Angeboten für Menschen mit Behinderung geführt hat. Entscheidende Impulse gingen z. B. von Elternvereinigungen wie der 1958 gegründeten »Lebenshilfe für das geistig behinderte Kind« aus sowie von der Psychiatrie-Enquete (1975), der zufolge Menschen mit (geistiger und psychischer) Behinderung anstelle der Unterbringung in psychiatrischen Krankenhäusern und Anstalten in erster Linie (heil)pädagogische und sozialtherapeutische Hilfen benötigen. Damit wurden seit der zweiten Hälfte der 1970er-Jahre die Enthospitalisierung von Menschen mit Behinderung aus den Psychiatrien eingeleitet und pädagogische bzw. psychosoziale Hilfearrangements eingerichtet. Der eingeschränkte Blick auf Menschen mit Behinderung sowie ein in weiten Teilen rein pflegerisch versorgender und verwahrender Charakter von Einrichtungen wichen einer pädagogisch geprägten Förderorientierung.

Entscheidenden Einfluss auf Veränderungen der Sichtweise im Umgang mit Behinderung und der Struktur der Hilfen hatte ferner das Normalisierungsprinzip als sozialpolitische und handlungsleitende Orientierung, das »normale« Lebensbedingungen für behinderte Menschen verlangt. Bedeutsam waren weiterhin die Forderungen der politischen Behindertenbewegungen nach Gleichstellung und Partizipation in der Gesellschaft und der Ermöglichung einer selbstbestimmten Lebensführung mit Wahl- und Entscheidungsautonomie über die Art der Hilfe und deren Erbringung. Damit gehen auch Forderungen nach Entpädagogisierung von Hilfen einher. Gegen die fast ausschließliche Förderung in Sonderinstitutionen formierte sich die Integrationsbewegung, deren Forderungen mittlerweile in dem erweiterten Begriff der Inklusion aufgehoben sind, wie er in der UN-Behindertenrechtskonvention verankert ist.

Im Ergebnis dieser Entwicklungen hat sich ein breites Spektrum sozialer Hilfen für Menschen mit Behinderung außerhalb der schulischen Sonderpädagogik etabliert. Die Angebote bzw. die Handlungsfelder reichen von frühen Hilfen für behinderte und von Behinderung bedrohte Kinder und ihre Familien, über familienentlastende und -unterstützende Dienste, vorschulische Erziehung, wohn- und arbeitsbezogene Hilfen sowie Bildungs- und Freizeitangebote bis hin zur lebensbegleitenden Unterstützung, Beratung und Förderung Erwachsener. Unter dem Einfluss der Leitorientierungen Normalisierung, Selbstbestimmung und Inklusion werden veränderte Hilfeformen entwickelt und andere Anforderungen an das professionelle (sozial)pädagogische Handeln bei Behinderung gestellt. Diese sind zum Gegenstand von Auseinandersetzungen in der Praxis wie auch von professionstheoretischen Überlegungen und ersten empirischen Untersuchungen geworden. Disziplinär sind die Diskurse im Überschneidungsbereich von Sonder-, Heil-, Behindertenpädagogik und Sozialpädagogik bzw. Sozialer Arbeit angesiedelt.

Mit der Ausdifferenzierung der sozialen Hilfen für Menschen mit Behinderung fand zunehmend pädagogisch ausgebildetes Personal, zunächst hauptsächlich mit Fachschulabschluss und etwas zeitversetzt auch mit akademischer Qualifikation, Eingang in die Arbeitsfelder der außerschulischen Behindertenhilfe. Das breite Spektrum der vertretenen Berufe umfasst Erzieher/innen, Heilerziehungspfleger/innen, Heilpädagog/inn/en mit Fachschulausbildung, Sonder-, Heil-, Behinderten- oder Rehabilitationspädagog/inn/en sowie Sozialarbeiter/innen und -pädagog/inn/en mit Hochschulabschluss. Um den Lesefluss in der vorliegenden Publikation nicht allzu sehr zu stören, wird auf eine regelmäßige Differenzierung verzichtet und allgemein von Sozialer Arbeit gesprochen, und die Tätigkeitsfelder werden als pädagogisch oder sozialpädagogisch charakterisiert.

Im Unterschied zu den klassischen Feldern Sozialer Arbeit und zum Bereich schulischer Bildung für behinderte Kinder und Jugendliche gibt es bislang weder eine systematische umfassende Bestandsaufnahme und Übersicht zur Qualifikationsstruktur in der außerschulischen Behindertenhilfe noch zu den professionellen Anforderungen in den etablierten zentralen Arbeitsfeldern vor dem Hintergrund der veränderten normativen Rahmenbedingungen.

Vor diesem Hintergrund verfolgt das vorliegende Buch mehrere Ziele:

- Es liefert einen Einblick in die Ausdifferenzierung der Arbeitsfelder und beruflichen Entwicklungstendenzen in der Sozialen Arbeit bei Behinderung unter den Bedingungen des Wandels von institutionenbezogenen zu personenbezogenen Hilfen.
- Es stellt empirische Befunde zum Stand der Professionalisierung und Akademisierung in der außerschulischen Behindertenhilfe sowie zu Anforderungen an die pädagogische Professionalität vor.

- Es fokussiert hinsichtlich der Professionalität auf berufliche Kompetenzen und schließt damit an die Kompetenzorientierung von Ausbildungsgängen wie auch die kompetenzbezogene Professionsforschung an.
- Ergänzend zur Diskussion um die Neubestimmung pädagogischer Professionalität bei Behinderung mit primär normativer Ausrichtung geht es um die Generierung empirischen Wissens über die Aufgaben, Anforderungen und – in ersten Ansätzen – um die Performanz beruflicher Kompetenzen von pädagogischen Fachkräften mit akademischer Qualifikation in zentralen Handlungsfeldern der außerschulischen Behindertenhilfe auf der Basis eigener Pilotstudien.

2 Behinderung – ein Perspektivenwechsel

In diesem Kapitel werden verschiedene Perspektiven von Behinderung skizziert, und es wird in den aktuellen Diskurs zu Behinderung eingeführt.

> **Einstieg**
>
> Ein einheitliches Verständnis zum Begriff der **Behinderung** existiert bis heute nicht. Vielmehr variieren zum einen die Erklärungsansätze je nach disziplinärer Blickrichtung. Zum anderen unterliegen Modelle und Definitionen von Behinderung historischen Veränderungen. Auch sind sie abhängig von unterschiedlichen wissenschaftstheoretischen Positionierungen, politischen Grundüberzeugungen und ethischen Positionen. Lange Zeit bestimmte ein einseitig defizitorientiertes, medizinisch orientiertes und individuumbezogenes Verständnis von Behinderung die Diskussion. Diese Sichtweise wurde zunehmend ergänzt oder ersetzt u. a. durch:
>
> - das Verständnis von Behinderung als Resultat eines gesellschaftlichen Zuschreibungsprozesses, in welchem Behinderung in Abweichung von gesellschaftlichen Normalitätsvorstellungen definiert wird,
> - Behinderung als Folge gesellschaftlich vorenthaltener Zugangsmöglichkeiten,
> - systemisch-ökologische Sichtweisen von Behinderung, die besonders Fragen der Passung zwischen individuellen Möglichkeiten und den Bedingungen der Umwelt reflektieren sowie
> - systemtheoretische und konstruktivistische Konzeptualisierungen
>
> (Cloerkes 2007; Dederich 2009; Metzler/Wacker 2005; Moser/Sasse 2008).

Heftige Kritik am lange vorherrschenden, medizinischen Modell von Behinderung, am klinischen Blick auf Behinderung und an den als paternalistisch empfundenen Fachdiskussionen gab es sowohl von Vertretern der politischen Behindertenbewegung als auch aus dem Kontext der Disability-Studies (Ackermann/Dederich 2011). Dem medizinischen Modell wurde zunächst ein Soziales Modell von Behinderung gegenübergestellt, welches betont, dass Menschen »nicht auf Grund gesundheitlicher Beeinträchtigung behindert werden, sondern durch das soziale System, das Barrieren gegen ihre Partizipation errichtet« (Waldschmidt 2005, 18). Erweitert wurde dieses Modell anschließend um eine kulturwissenschaftliche Perspektive. Diese geht von der Annahme aus, dass »Behinderung weniger ein zu bewältigendes Problem, sondern vielmehr eine spezifische Form der Problematisierung körperlicher Differenz darstellt(e)« (ebd., 24). Es geht dabei um Fragen nach der gesellschaftlichen Konstruktion und kulturellen Bedeutung körperlicher, mentaler oder psychischer Differenzen.

Diese kulturwissenschaftliche Perspektive nimmt auch die Rolle der so genannten interventionsorientierten Disziplinen (Rehabilitationswissenschaften, Pädagogik, Soziale Arbeit etc.) kritisch in den Blick (Waldschmidt 2006, 90; Dederich 2010).

Bereits Anfang der 1970er-Jahre hatte Jantzen (1992) Behinderung als sozialen Tatbestand wie folgt beschrieben: »Behinderung kann nicht als naturwüchsig entstandenes Phänomen betrachtet werden. Sie wird sichtbar und damit als Behinderung erst existent, wenn Merkmale und Merkmalskomplexe eines Individuums aufgrund sozialer Interaktion und Kommunikation in Bezug gesetzt werden zu jeweiligen gesellschaftlichen Minimalvorstellungen über individuelle und soziale Fähigkeiten. Indem festgestellt wird, dass ein Individuum aufgrund seiner Merkmalsausprägung diesen Vorstellungen nicht entspricht, wird Behinderung offensichtlich, sie existiert als sozialer Gegenstand erst von diesem Augenblick an« (Jantzen 1992, 18). Behinderung wird nicht nur in theoretischen Entwürfen, sondern vor allem im lebensweltlichen Diskurs und in sozialpolitisch und sozialrechtlich relevanten Regelungen in Abweichung von einer mehr oder weniger klar umschriebenen Normalität definiert. Als Gegengewicht dazu steht die Forderung nach Akzeptanz der Verschiedenheit als normales Phänomen menschlicher Vielfalt, die Anerkennung behinderter Menschen als selbstbestimmte Bürger und das Recht auf Gleichstellung im Verhältnis zu nicht behinderten Bürgern.

Behinderung aus soziologischer Sicht

> **Begriffsklärung**
>
> Aus (behinderten)soziologischer Perspektive wird von Kastl (2010, 108) mit **Behinderung** eine »nicht terminierbare, negativ bewertete, körpergebundene Abweichung von situativ, sachlich, sozial generalisierten Wahrnehmungs- und Verhaltensanforderungen« bezeichnet, »die das Ergebnis eines schädigenden (pathologischen) Prozesses bzw. schädigender Einwirkungen auf das Individuum und dessen/deren Interaktion mit sozialen und außersozialen Lebensbedingungen ist«. »Schädigende Einwirkungen und Lebensbedingungen können« – so Kastl (ebd.) weiter – »soziale wie außersoziale Sachverhalte sein. Soziologisch gesehen ist Behinderung in diesem Sinne eine relationale Wirklichkeit und zwar in Hinsicht auf die individuelle und soziale Wahrnehmung als Abweichung und deren Ausdeutung, die individuelle und soziale Bewertung der Abweichung« und anderes mehr.

In Auseinandersetzungen mit dem Behinderungsbegriff wird besonders auf das Risiko verwiesen, dass dieser sich »zu einem unabänderlichen und umfassenden Personenmerkmal« entwickelt, »sodass schließlich die ganze Person vom Stigma der Behinderung erfasst wird« und die negative Bewertung eines Merkmals sich somit auf die gesamte Person erstreckt (Moser/Sasse 2008, 35).

ICF – Die Klassifikation der Weltgesundheitsorganisation

Nach langjähriger Kritik am medizinisch bestimmten und individuumbezogenen Verständnis von Behinderung hat die Weltgesundheitsorganisation 2001 ein neues Klassifikationssystem von Behinderung, die »Internationale Klassifikation der Funktionsfähigkeit, Behinderung und Gesundheit« (ICF – International Classification of Functioning, Disability and Health) vorgelegt (DIMDI 2005). Die ICF erhebt den Anspruch, ein bio-psycho-soziales Modell zu sein, das besonders auf die Wechselwirkungen zwischen Beeinträchtigungen auf der Ebene von Körperfunktionen und -strukturen und den Aktivitäten sowie der Teilhabe der betroffenen Menschen, die wiederum von individuellen und umweltbezogenen Kontextfaktoren beeinflusst werden, fokussiert (vgl. ▶ Abb. 1). »Behinderung ist [demnach – d. Verf.] gekennzeichnet als das Ergebnis oder die Folge einer komplexen Beziehung zwischen dem Gesundheitsproblem eines Menschen und seinen personenbezogenen Faktoren einerseits und den externen Faktoren, welche die Umstände repräsentieren, unter denen Individuen leben, andererseits« (DIMDI 2005, 22). Zusätzlich gibt es eine ICF-Version für Kinder und Jugendliche, die spezieller als die allgemeine Fassung auf deren Lebenswirklichkeiten eingeht (WHO 2011).

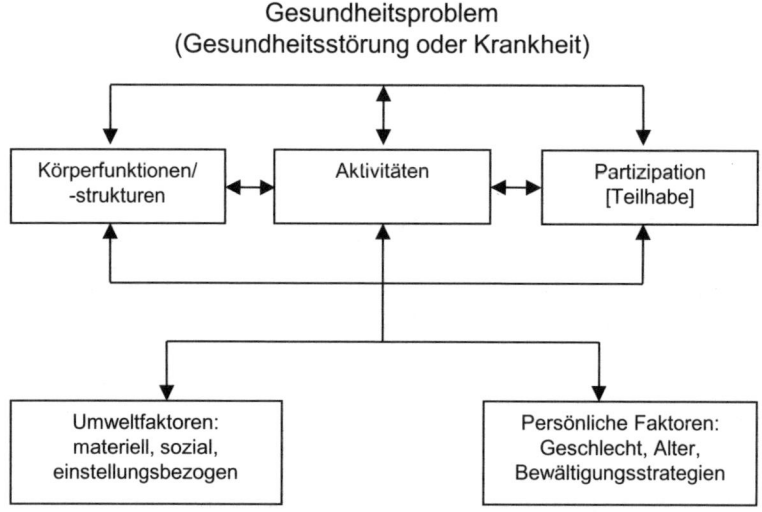

Abb. 1: Komponenten der ICF als ein bio-psycho-soziales Modell (DIMDI 2005, 23; BMFSFJ 2009, 175)

Behinderung wird mit der ICF als relationales und mehrdimensionales Geschehen aufgefasst, das immer dann entsteht, »wenn eine unzureichende Passung besteht zwischen den Fähigkeiten und Fertigkeiten einer Person, den an sie gerichteten

Erwartungen und den Umweltbedingungen« (Wacker u. a. 2005, 11). In der Konsequenz haben Hilfen für Menschen mit Behinderung die Aufgabe, die Passung zwischen persönlichen Voraussetzungen und Umweltbedingungen zu erhöhen, indem sie an beiden Ebenen ansetzen.

Das Übereinkommen der Vereinten Nationen über die Rechte von Menschen mit Behinderung (kurz: UN-Behindertenrechtskonvention – UN-BRK) geht grundlegend davon aus, »dass das Verständnis von Behinderung sich ständig weiterentwickelt und dass Behinderung aus der Wechselwirkung zwischen Menschen mit Beeinträchtigungen und einstellungs- und umweltbedingten Barrieren entsteht, die sie an der vollen, wirksamen und gleichberechtigten Teilhabe an der Gesellschaft hindern« (UN-BRK, Präambel, e).

Behinderung im Sozialrecht

> **Begriffsklärung**
>
> In der Definition des **Sozialgesetzbuchs** (SGB) **IX** werden seit 2001 im § 2 Abs. 1 Menschen dann als **behindert** bezeichnet, »wenn ihre körperliche Funktion, geistige Fähigkeit oder seelische Gesundheit mit hoher Wahrscheinlichkeit länger als sechs Monate vom für das Lebensalter typischen Zustand abweichen und daher ihre Teilhabe am Leben in der Gesellschaft beeinträchtigt ist. Sie sind von Behinderung bedroht, wenn die Beeinträchtigung zu erwarten ist.«
>
> Diese Definition des SGB IX ist zwar orientiert an der **ICF**, indem der Tatbestand einer Behinderung nicht gleichgesetzt wird mit der vorwiegend medizinisch feststellbaren Funktionsbeeinträchtigung; sie benennt aber umweltbedingte Teilhabehindernisse nicht explizit. Der § 1 des SGB IX benennt als Ziel der Leistungen für Behinderte oder von Behinderung bedrohte Menschen, die »Selbstbestimmung und gleichberechtigte Teilhabe an der Gesellschaft zu fördern, Benachteiligungen zu vermeiden oder ihnen entgegenzuwirken«.

Die Definition von Behinderung nach dem SGB IX ist mit spezifischen Modifizierungen und Akzentsetzungen in einzelnen Leistungsgesetzen für alle weiteren Sozialgesetze bindend. Da die sozialrechtlichen Definitionen von Behinderung eine Voraussetzung für die Inanspruchnahme von Hilfen und Nachteilsausgleichen darstellen, ist Behinderung in diesem Kontext vor allem eine Ressourcenkategorie. Ohne die entsprechende Klassifikation einer bestimmten Behinderung oder eines **Grades der Behinderung** (**GdB**) werden keine Leistungen gewährt. Die mit der Klassifizierung einhergehende Etikettierung als »behindert« ist aufgrund der befürchteten Stigmatisierung nicht immer gewünscht, dennoch lässt sich tendenziell eine »Ausweitung der Behinderungszone« (Felkendorf 2003, 25) beobachten, wobei Behinderung als Begriff für sehr unterschiedliche Phänomene fungiert.

3 Leitprinzipien und Ziele professioneller Hilfen im Wandel

In den letzten Jahrzehnten hat sich ein tief greifender Wandel der Zielperspektiven bei den Hilfen für Menschen mit Behinderung vollzogen. Der Wandel ist mit veränderten normativen Ansprüchen verknüpft und bringt neue Sichtweisen sowie andere Formen der Unterstützung für behinderte Menschen mit sich. Neben strukturellen Veränderungen in der Art der Hilfeerbringung ist damit ein veränderter Bedarf an fachlicher Unterstützung von Menschen mit Behinderung verbunden, der andere Qualifikationsstrukturen und fachliche Kompetenzen des Personals erfordert.

Im Folgenden wird die Entwicklung der normativen Rahmungen in Verbindung mit Veränderungen des außerschulischen Systems der westdeutschen Behindertenhilfe seit 1945 skizziert. Dabei werden die wesentlichen Impulse aus dem in Skandinavien entwickelten Normalisierungsprinzip herausgestellt. Ferner werden die Einflüsse der Psychiatrie-Enquête für die Enthospitalisierung und Deinstitutionalisierung veranschaulicht. Die Darstellungen der Behinderten-Selbsthilfebewegungen und ihre Einflüsse auf die Selbstbestimmung als neues Paradigma bilden einen weiteren Schwerpunkt. Schließlich geht es um die Bedeutung des Empowerment-Ansatzes, um die Entwicklung der Integration zur Inklusion sowie um die Reformprozesse, die u. a. in eine Personenzentrierung und den Gemeinwesenbezug der Behindertenhilfe münden.

> **Begriffsklärung**
>
> Die Bezeichnung **Behindertenhilfe** fungiert als Oberbegriff für das mittlerweile breit ausdifferenzierte Angebot der sozialrechtlich verankerten und institutionalisierten Unterstützungsleistungen für Menschen mit Behinderung in unterschiedlichen Lebenssituationen und über die gesamte Lebensspanne hinweg (Loeken 2009).

Veränderungsprozesse

Unmittelbar nach dem Zweiten Weltkrieg wurde in Deutschland zunächst wieder am Modell und an den Strukturen der Anstaltsversorgung für behinderte Menschen angeknüpft, wie sich diese im 19. Jahrhundert entwickelt hatten. Unter dem Dach der Anstalt waren alle Lebensbereiche wie Wohnen, Beschäftigung, schulische Betreuung und Freizeit vereint. Menschen mit schweren kognitiven Beeinträchtigungen und Mehrfachbehinderungen wurde bis in die 1970er-Jahre die Erziehungs- und Bildungsfähigkeit abgesprochen. Für sie dominierte lange Zeit die pflegerische Versorgung und Verwahrung in Einrichtungen des medizinisch-psychiatrischen Sektors.

Wichtige Impulse für Veränderungen gingen in Westdeutschland seit den 1950er-Jahren von Elternvereinigungen und den Anstößen der skandinavischen Sozialpolitik aus. Eine besondere Rolle für die Initiierung von neuen Angebotsformen und Durchsetzung der Anerkennung des Bildungsrechtes von Kindern mit geistiger Behinderung spielte die 1958 auf Anregung des Niederländers Tom Mutters gegründete »Lebenshilfe für das geistig behinderte Kind« (Lindmeier/Lindmeier 2006; Theunissen 2005a). Von Beginn an auch international vernetzt, engagierte sich die »Lebenshilfe« anfangs vor allem beim Aufbau von Sonderkindergärten, schulischen Einrichtungen, Tageseinrichtungen und Werkstätten für Behinderte, ab Ende der 1960er-Jahre auch bei Wohnstätten.

> **Vertiefende Literatur**
>
> Zur Auseinandersetzung mit der Behindertenhilfe in der ehemaligen DDR sei auf Theunissen (2005a, 2006a) und Barsch (2007) verwiesen.

3.1 Normalisierungsprinzip

Eine bis heute zentrale sozialpolitische Leitidee stellt das Normalisierungsprinzip dar. Das Prinzip der Normalisierung wurde bereits in den 1950er-Jahren in Dänemark postuliert und vom Juristen der Sozialverwaltung Niels Erik Bank-Mikkelsen in die dänische Sozialgesetzgebung eingebracht. Ausgangspunkt war die Kritik an den als menschenunwürdig empfundenen Lebensbedingungen in den Großanstalten für Menschen mit geistiger Behinderung und deren weitgehender Abschottung von der Außenwelt.

> **Begriffsklärung**
>
> Das **Normalisierungsprinzip** setzt auf die Normalisierung der Lebensbedingungen von Menschen mit so genannter geistiger Behinderung, um deren gesellschaftliche Integration und Lebensqualität zu gewährleisten. Im Zentrum der Reformidee steht die Grundüberzeugung, dass Menschen mit (geistiger) Behinderung die Anerkennung des Bürgerstatus mit gleichen Rechten und Pflichten zusteht (Pitsch 2006). Der Fokus richtete sich zunächst auf Veränderungen der Wohn-, Arbeits- und Freizeitbedingungen und die Forderung nach Trennung dieser Lebensbereiche.

Differenziert wurde der Ansatz Ende der 1960er-Jahre von dem Schweden Bengt Nirje. Er forderte zusätzlich die Ermöglichung eines normalen Tages-, Wochen- und Jahresrhythmus sowie altersgemäße Angebote, die einem »normalen« Lebenslauf entsprechen, die Respektierung von Bedürfnissen, angemessene Kontakte zwischen den Geschlechtern, einen »durchschnittlichen« wirtschaftlichen Standard für Menschen mit Behinderung und die angemessene Ausstattung von Einrichtungen.

Weiter ausgearbeitet wurde das Normalisierungsprinzip vom Amerikaner Wolf Wolfensberger und in Deutschland von Walter Thimm (1992, 2008), der es Ende der 1970er-Jahre in die deutsche Diskussion einbrachte. »›Normalisierung‹ als Leitvorstellung für das sozialpolitische, sozialadministrative, soziale und pädagogische Interventionssystem und als Zielperspektive dieser Interventionen besagt« nach Thimm: »Mitbürgerinnen und Mitbürger mit geistigen, körperlichen oder psychischen Beeinträchtigungen sollen ein Leben führen können, das dem ihrer nicht beeinträchtigten Mitbürgerinnen/Mitbürger entspricht. In aller Kürze: ›Ein Leben so normal wie möglich‹. Dieses ist am ehesten erreichbar, wenn die dabei eingesetzten Mittel so normal wie möglich sind« (Thimm 1992, 283 zit. n. Beck u. a. 1996, 14; Thimm 2008).

Das Normalisierungsprinzip, das sich laut Beck (2006, 105) zum international wohl bedeutendsten Reformkonzept der Hilfen für behinderte Menschen entwickelt hat, geriet des Öfteren in die Kritik, da es zum Teil verkürzt wahrgenommen oder als Anpassungsstrategie missverstanden wurde. Obgleich klargestellt wurde, dass nicht die betroffenen Menschen normalisiert werden sollen, sondern deren Lebensverhältnisse, bleiben dennoch zunächst folgende Fragen offen:

- An welcher Normalität wird sich orientiert?
- Soll die angenommene Normalität unkritisch akzeptiert werden?
- Auf welche normativen Begründungen wird dabei zurückgegriffen?

Vertiefende Auseinandersetzung

Eine starre Orientierung an Normalität ohne Orientierung an den individuellen Bedürfnissen der betroffenen Menschen und der Respekt vor diesen könnten in der Tat zu unerwünschten Normierungsprozessen führen.

Beck (1996) konkretisiert daher die Implikationen des Normalisierungsprinzips und stellt fest, dass im Verständnis von Normalität, das dem Normalisierungsprinzip unterliegt, folgende zwei Dimensionen gleichermaßen berücksichtigt sind:

- Auf der konkreten, empirisch feststellbaren Ebene der Lebensstandards als eine Dimension geht es um die Ermöglichung eines Lebens im Sinne durchschnittlicher Bedingungen, die jenen von nicht behinderten Menschen entsprechen. Das beinhaltet die Forderung nach der Teilhabe an einer nicht weiter thematisierten gesellschaftlichen Normalität gemessen an gleichen Lebensbedingungen, Rechten, Wahl- und Partizipationsmöglichkeiten.
- Die zweite, damit aber schon implizierte Dimension bezieht sich auf die normative Frage nach tragenden gesellschaftlichen Werten, die diese Teilhabe er-

schweren oder fördern sowie nach der Bewertung und Veränderung der vorfindbaren durchschnittlichen Lebenssituationen mit Blick auf die Qualität dieser »Normalität« (Beck 1996, 23).

Das Normalisierungsprinzip in der Konzeptualisierung von Thimm (1992, 2008) geht über die Forderung der Umgestaltung von institutionalisierten Angeboten weit hinaus. Ausgehend von der Annahme, dass Behinderung auch ein Problem sozialer Beziehungen ist, zielt es zugleich auf die Veränderung der Beziehungen zwischen behinderten und nicht behinderten Personen ab und impliziert eine kritische Perspektive auf Normalitätsvorstellungen. So hebt Beck (1996, 37f.) hervor: »Die Normalisierung der Beziehungen zwischen behinderten und nichtbehinderten Menschen kann sich so nicht nur an der Umkehr oder Verbesserung der Abwertung orientieren, sondern sollte darauf gerichtet sein, den binären Code von Norm und Abweichung zugunsten eines kontingenten Verständnisses von Normalität selbst in Frage zu stellen. Gesellschaftliche Entwicklung und Identitätssicherung behinderter und nichtbehinderter Menschen sollten so verstanden insgesamt nicht über einseitige (asymmetrische) Beziehungsstrukturen und normative Orientierungen erfolgen. Ein Leben so normal wie möglich bedeutet dann, die Person als Person, als eigenständiges Subjekt und die Kontingenz von Normen anzuerkennen sowie symmetrische Kommunikationsstrukturen als Basis identitätsfördernder Prozesse aufzubauen.«

Auf der Ebene der Gestaltung von Unterstützungsleistungen für Menschen mit Behinderung fordert das Normalisierungsprinzip »Deinstitutionalisierung, Dezentralisierung und die Regionalisierung des Hilfesystems. Das Handeln soll zunehmend auf gemeindenahe, integrierte, flexible Servicesysteme ausgerichtet, werden, die an den alltäglichen Sozialbeziehungen (den sozialen Netzwerken) von Klient/inn/en anknüpfen und nicht primär auf zentralisierte (Sonder-) Einrichtungen« zurückgreifen (Thimm 1994, 3).

Differenziertere Wohnformen, die Trennung der Bereiche Arbeit, Wohnen und Freizeit sowie neue ambulante Angebote für Menschen mit Behinderung und ihre Familien lassen sich auf die Maximen des Normalisierungsprinzips zurückführen und haben zur Humanisierung der Lebensbedingungen von Menschen mit Behinderung wesentlich beigetragen. Angesichts auch heute noch bestehender, zum Teil sehr großer Komplexeinrichtungen, die eine Vielzahl von Angeboten vorhalten, und der Dominanz stationärer Angebote für bestimmte Zielgruppen mit Behinderung besteht indes weiterhin Entwicklungsbedarf.

3.2 Enthospitalisierung und Deinstitutionalisierung – Einflüsse der Psychiatrie-Enquête

Während die Anerkennung des Bildungsrechts geistig behinderter Kinder nicht zuletzt durch Initiative der »Lebenshilfe« in Westdeutschland in den 1960er-Jahren durchgesetzt wurde, sah die Perspektive für Erwachsene mit schweren kognitiven Beeinträchtigungen, die als Langzeitpatienten in den psychiatrischen Krankenhäusern versorgt und verwahrt wurden, ungünstig aus. Hier herrschte noch ein »medizinisch-biologistisches, nihilistisches Menschenbild« von geistiger Behinderung (Theunissen 2005a, 40) vor. »Psychiatrisch und/oder pflegerisch institutionalisierte Menschen mit schwerer geistiger Behinderung« galten »in der überwiegenden Zahl der Fälle als bildungsunfähig, kommunikationsunfähig, lernunfähig und total pflegebedürftig« (ebd.).

Die zunehmende Kritik an den Zuständen der psychiatrischen Anstalten, die grundsätzliche Kritik an totalen Institutionen sowie die aufkommenden Ideen der Sozialpsychiatrie führten schließlich zur 1975 vorgelegten Psychiatrie-Enquête. Diese brachte wesentliche Veränderungen der Lebensbedingungen für Menschen mit geistiger Behinderung und den Aufbau neuer, veränderter Angebote auf den Weg.

Begriffsklärung

Die **Psychiatrie-Enquête** hat ausgelöst, was heute in der Regel als **Enthospitalisierung**sprozess bezeichnet wird. Die Enquête forderte 1975 die getrennte Versorgung »geistig Behinderter« und »psychisch Kranker«. Anstelle von Krankenhausversorgung sollen laut Enquete-Kommission für den Personenkreis der Menschen mit geistiger Behinderung heilpädagogisch-sozialtherapeutische Betreuungsangebote und ein differenziertes, abgestimmtes System entwickelt werden. Neben verschiedenen Wohnformen sollten diese Betreuungsangebote auch Frühförderung, ambulante Angebote, Unterstützung für Familien mit behinderten Angehörigen beinhalten und auf weitgehende Normalisierung setzen (Deutscher Bundestag 1975).

In der Folgezeit konnten viele langzeithospitalisierte Menschen mit geistiger Behinderung aus den Psychiatrien in so genannte heilpädagogische Einrichtungen umziehen (Theunissen 2005a). Damit einhergehend setzte sich allmählich ein verändertes Verständnis von geistiger Behinderung durch, »das betroffene Menschen als Persönlichkeit in ihrer Gesamtheit biologisch, psychologisch und gesellschaftlich wahrzunehmen und als Gesamtpersönlichkeit in ihrem So-Sein mit ihren Möglichkeiten Fähigkeiten zu erkennen und individuell zu fördern hatte« (Mattner 2000, 84). Die veränderte Sichtweise – verbunden mit einem zunehmend (heil-)pädagogischen Blick auf Menschen mit Behinderung – und der Aufbau zahlreicher Förder- und Rehabilitationsangebote beförderten zugleich den Ausbau des pädagogischen Personals in der Behindertenhilfe.

3.3 Selbstbestimmung als neues Paradigma – Einflüsse der Behinderten-Selbsthilfebewegungen

Als Gegenentwurf zu medizinischen und defizitorientierten Perspektiven auf Menschen mit Behinderung sowie als Reflex auf die Pädagogisierung von Hilfen setzt sich die Behinderten-Selbsthilfebewegung seit den 1960er-Jahren dezidiert für die Ermöglichung selbstbestimmter Lebensführung auch unter der Bedingung von Behinderung ein. Sie trug erheblich zur Neuformulierung von Zielvorstellungen und Innovationen bei der Konzipierung von Unterstützungsleistungen für behinderte Menschen bei. Das Leitbild der »Selbstbestimmung« avancierte in diesem Zuge zum neuen Paradigma, woran sich sowohl Behindertenpolitik als auch Behindertenhilfe und insbesondere das professionelle Handeln messen lassen soll (z. B. Bundesvereinigung Lebenshilfe 2003). Die politischen Forderungen haben in der aktuellen Sozialgesetzgebung ihren Niederschlag gefunden. Im § 1 des seit 2001 gültigen SGB IX heißt es, dass »Behinderte oder von Behinderung bedrohte Menschen« Leistungen erhalten, »um ihre Selbstbestimmung und die gleichberechtigte Teilhabe am Leben in der Gesellschaft zu fördern«.

Historische Entwicklungen

Ihren Ausgangspunkt hatte die Behinderten-Selbsthilfebewegung in den 1960er-Jahren als Bürgerrechtsbewegung in den USA. Sie fand ihr Pendant in Deutschland – zugleich inspiriert von schwedischen Vorbildern – in der Behinderten- und so genannten »Krüppelbewegung« (Steiner 2001, 28). Unter dem Dach der Independent-Living-Bewegung im angloamerikanischen und der Selbstbestimmt-Leben-Bewegung im deutschsprachigen Raum fanden sich in erster Linie Menschen mit körperlichen und Sinnesbeeinträchtigungen zusammen, die politische Forderungen nach Gleichstellung und Partizipation in der Gesellschaft mit organisierter Selbsthilfe verbanden und für die Möglichkeit der selbstbestimmten Lebensführung stritten.

Selbstbestimmung wird von den Vertreterinnen und Vertretern der Behindertenselbsthilfe im Kontrast zu Fremdbestimmung und Paternalismus des traditionellen, medizinisch-defizitorientierten Rehabilitationswesens verstanden. Stattdessen wird die Expertenschaft in eigener Sache reklamiert. Zu den zentralen Forderungen auf der individuellen Ebene gehört in der Folge die Forderung nach der größtmöglichen Kontrolle über das eigene Leben, die sich in Wahl- und Entscheidungsautonomie konkretisiert. Als Gegenentwurf zur herkömmlichen Betreuung wurde das Modell der Persönlichen Assistenz als alternative Form der Hilfe im Alltag von behinderten Menschen entwickelt. Das Konzept der Persönlichen Assistenz geht von der Forderung aus, »dass notwendige Hilfe weitestgehend unabhängig von Institutionen und deren fremdbestimmenden Zwängen und von fremdbestimmender, entmündigender Hilfe durch die so genannte Fachlichkeit von Helferinnen organisiert wird« (Steiner 2001, 25 f.). Der Begriff der Selbsthestimmung, der im deutschsprachigen Raum in bewusster Abgrenzung zum Terminus Unabhängigkeit (von Hilfen) oder Selbstständigkeit gewählt wurde, entwickelte sich somit zur »Leitformel« für eine Bewegung, die sich international vernetzte und sich lokal meist in ›Zentren für selbstbestimmtes Leben‹ organisierte (Baumgartner 2002; Rock 2001).

Analog dazu entstanden zunehmend Selbstvertretungsgruppen (Self-Advocacy) von Menschen mit so genannten geistigen Behinderungen, die sich international unter dem Namen People First formiert und auch in Deutschland mit der Bezeichnung »Mensch zuerst« ein nationales Netzwerk gebildet haben, das sich als soziale Selbsthilfeorganisation und Interessenvertretung versteht, für die Anerkennung von ›Menschen mit Lernschwierigkeiten‹ als gleichberechtigte Bürger eintritt sowie Selbstbestimmungsrechte einfordert (Rock 2001; Kniel/Windisch 2001; Kniel/Windisch 2005). Angestoßen durch die Aktivitäten der People-First-Bewegung hat sich eine Diskussion entwickelt, ob die Bezeichnung »geistige Behinderung« durch »Menschen mit Lernschwierigkeiten« ersetzt werden soll (z. B. Klauß 2008).

Begriffsklärung

Als Selbstvertretungsorganisation tritt »Mensch zuerst – Netzwerk People First Deutschland« für die Anerkennung von ›Menschen mit Lernschwierigkeiten‹ als gleichberechtigte Bürger und Selbstbestimmungsrechte ein (Rock 2001; Kniel/Windisch 2001; Kniel/Windisch 2005). Zur besonderen Entwicklung der Selbstbestimmung von Menschen mit geistiger Behinderung gehören auch in Deutschland verstärkte Bemühungen des People-First-Netzwerkes, die Bezeichnung »geistige Behinderung« durch den Begriff »Menschen mit Lernschwierigkeiten« zu ersetzen. Dieses Engagement ist nicht zuletzt als Ausdruck von Empowerment zu verstehen.

Eine vertiefende Auseinandersetzung mit dem Dilemma der **Begrifflichkeit Menschen mit geistiger Behinderung** versus Menschen mit Lernschwierigkeiten findet sich bei Klauß (2008).

Die Forderung nach Selbstbestimmung und das Assistenzkonzept beeinflussen seit Mitte der 1990er-Jahre die Diskurse der Behindertenpädagogik und der Sozialen Arbeit mit erwachsenen, so genannten geistig behinderten Menschen. Ausgehend von der Kritik an einem traditionell defizitorientierten Bild der Betroffenen und der häufig anzutreffenden beschützenden bis bevormundenden Haltung Professioneller als ›Betreuer‹, bemühen sich Fachvertreter/innen um eine Neubestimmung der professionellen Aufgaben und um Neuentwürfe der professionellen Rolle (Loeken 2005). Eine ressourcenorientierte »Stärken-Perspektive«, die auf Akzeptanz der Betroffenen als Experten für ihre Lage setzt, soll die Orientierung an Defiziten ablösen (Theunissen 2002, 180). Obgleich die direkte Übernahme der von der Selbstbestimmt-Leben-Bewegung entwickelten konzeptuellen Vorstellungen, im Bereich der Unterstützung bei so genannter geistiger Behinderung an Grenzen stößt, greifen neue Entwürfe die Zielvorstellung der Selbstbestimmung und Elemente des Assistenzkonzeptes auf (Theunissen 2001c, 266 f.). Zugleich finden sich

Forderungen nach Entpädagogisierung des Alltags von erwachsenen ›geistig‹ behinderten Menschen. Wie Niehoff (2003, 172) unterstreicht, bedeutet dies jedoch nicht, »dass Pädagog/inn/en im Leben behinderter Menschen keine Aufgaben mehr hätten oder aus jeglicher Verantwortung entlassen wären, wenn von Entpädagogisierung des Alltags gesprochen wird«. Gefordert wird aber der Verzicht auf Bevormundung, das Unterstellen jeglicher Aktivität unter das Primat der Förderung sowie Verzicht auf Infantilisierung der Betroffenen und damit verbundene Erziehungsansprüche. Stattdessen sollen losgelöst von der Alltagsbegleitung Bildungsangebote installiert werden, die auf freiwilliger Basis Kompetenzen zur Verwirklichung von Selbstbestimmung vermitteln können (Niehoff 2003, 172; Osbahr 2000, 167 ff.).

Vertiefende Auseinandersetzung

In einer grundsätzlichen Auseinandersetzung wird Selbstbestimmung von Hahn (1999, 14) anthropologisch bestimmt als »Wesensmerkmal des Menschseins«, das unmittelbar mit der Erlangung von Wohlbefinden verknüpft ist. Selbstbestimmung wird bei ihm mit Autonomie gleichgesetzt, und er geht davon aus, »dass von Anbeginn der Menschheit die individuelle Entwicklung des einzelnen Menschen (…) durch einen Zuwachs an Autonomie – trotz Abhängigkeit – gekennzeichnet war«. Nach seinem Verständnis ist Behinderung durch »ein Mehr an sozialer Abhängigkeit« und durch »die erschwerte Realisierung der humanen Autonomiepotentiale gekennzeichnet« (Hahn 1999, 26).

In der Folge ergibt sich die Aufgabe für die professionelle Unterstützung behinderter Menschen, mit geeigneten Hilfen deren Autonomiepotenziale zu erschließen und zu realisieren. Waldschmidt (1999, 2003 und 2012) bestimmt demgegenüber Selbstbestimmung weniger als anthropologische Konstante, sondern als historisch gewordene Kategorie, die im Zusammenhang mit der Philosophie der Aufklärung, allen voran mit dem Ansatz Kants, ihre besondere Bedeutung erlangte. Für Kant ist der Mensch grundsätzlich zu Selbstbestimmung fähig, »da er über praktische Vernunft verfügt«, die »ihn zu einem rational handelnden Subjekt macht« (Waldschmidt 2003, 19). Damit ist zugleich der Anspruch verbunden, diese praktische Vernunft auch zu gebrauchen, die Anerkennung der Subjekthaftigkeit eines Menschen ist gleichsam daran gebunden.

Mit Einschränkungen ihrer Selbstbestimmungsmöglichkeiten sind besonders Menschen konfrontiert, welchen »ein vernünftiger Wille nicht zuerkannt wird«, z. B. Menschen mit so genannter geistiger Behinderung oder psychischer Erkrankung (Waldschmidt 2003, 15). Der Kampf der Menschen mit Behinderungen und gesundheitlichen Einschränkungen um die Anerkennung als selbstbestimmende Subjekte und seine Erfolge wird von Waldschmidt (1999, 43) als »Auftauchen behinderter Männer und Frauen als Subjekte in der Geschichte« und »nachholende Befreiung« beschrieben.

Selbstbestimmung erweist sich indes als ambivalentes Konzept in der späten Moderne. Das Erlangen von Selbstbestimmung als ein Grundrecht beinhaltet Befreiung und Selbstermächtigung, erfolgt aber zu einem historischen Zeitpunkt, der die Tendenz erkennen lässt, dass Selbstbestimmung zunehmend im Sinne von Selbstverantwortung interpretiert und zum »neoliberalen Pflichtprogramm« (Stinkes 2000, 170) wird, mit all den individuell zu tragenden Risiken, die das für Menschen mit Bedarf an Unterstützungsleistungen haben kann (Waldschmidt 1999, 43).

Selbstbestimmung als Pflicht, welche das vernünftige, autonome Subjekt zum Vorbild nimmt, kann neue Ausschlusskriterien produzieren und Spaltungsprozesse zwischen denjenigen befördern, die in der Lage sind, dem Ideal zu entsprechen, und denjenigen, »deren Verstandeskräfte als ungenügend (...) eingestuft werden« (Waldschmidt 1999, 25). Geistig und schwerstbehinderte Menschen werden es nach Einschätzung Waldschmidts weitaus schwerer haben, am Modell des selbstbestimmenden Subjekts zu partizipieren. So befürchtet Gaedt (2003, 81), dass »bei dem prinzipiell in allen Angelegenheiten eigenverantwortlichen Individuum« der Postmoderne kein Raum mehr für Fremdverantwortung bleibt. Die Möglichkeit zur Wahl werde stattdessen »zum dominierenden Wert, in dem sich politische Freiheit und persönliche Unabhängigkeit ausdrückt« (ebd.). Ähnlich formuliert es Sennett in seiner Kritik am idealisierten Autonomiegedanken: »Nicht die Wahlfreiheit, sondern die Einsicht in die fundamentale Unvollkommenheit des Selbst ist für mich der Kern der Freiheit« (Beck/Sennett 2000, 24 zit. n. Galuske 2002, 249).

> **Konsequenzen**
>
> Das **Konzept** der **Selbstbestimmung** erweist sich als mehrdeutiges Konstrukt, zunehmend wird auf seine Schattenseiten hingewiesen. So wichtig und berechtigt die von der Behindertenselbsthilfe geforderte und angestoßene Befreiung aus bevormundenden Strukturen ist, so unerlässlich ist es zugleich, dass die Forderung nach Selbstbestimmung nicht die soziale Gebundenheit menschlicher Existenz und das grundsätzliche Verwiesensein des Menschen auf bedeutsame Andere leugnet. Dies erfordert ein dialektisches Verständnis von Autonomie und Abhängigkeit, wie es z. B. in der Grundannahme von Matzdorf/Cohn (1992), dass der Mensch autonom und interdependent zugleich ist, zum Ausdruck kommt oder in Thimms (1997, 231) Formulierung der »dialektischen Verschränkung von Autonomie und Sozialstruktur«. Mit Bezug auf Buber konkretisiert Theunissen (2009, 45), dass Selbstbestimmung eben »nicht Freisetzung von sozialen Bindungen« meint, »sondern eigenverantwortliches Entscheiden und autonomes Handeln in der Beziehung zum Du«, was die »sachliche und mitgeschöpfliche, natürliche Umwelt« einschließt.

3.4 Empowerment

Anschlussfähig an die Forderungen nach der Ermöglichung selbstbestimmter Lebensführung ist im Umgang mit Menschen mit Behinderung die Orientierung am Empowerment-Konzept, wie es im deutschsprachigem Raum etwa seit den 1990er-

Jahren in der Sozialen Arbeit und der Gemeindepsychologie rezipiert (z. B. Stark 1996; Herriger 2006) und vor allem von Theunissen (2005b, 2009) für den Bereich der Behindertenhilfe ausformuliert wird (auch Kulig/Schirbort/Schubert 2011). Seine Wurzeln hat der Empowerment-Ansatz in der Bürgerrechtsbewegung der »schwarzen Minderheitsbevölkerung in den USA« (Herriger 2006, 22) und weiteren neuen sozialen Bewegungen, zu welchen die Selbstbestimmt-Leben-Bewegung behinderter Menschen ebenso zählt wie feministische und andere Selbsthilfegruppen. Konzeptualisierungen von Empowerment im Kontext der Sozialen Arbeit in den USA aus den 1970er-Jahren siedeln den Ansatz im »Schnittfeld der Traditionslinien von Bürgerrechtsbewegung und radikal-politischer Gemeinwesenarbeit« an (Herriger 2006, 21).

> **Begriffsklärung**
>
> Übersetzt wird der offene und als Dachbegriff für unterschiedliche Strömungen firmierende **Empowerment**-Begriff in der Regel mit (Selbst-)Bemächtigung, Selbstermächtigung oder Selbstbefähigung und verweist somit zugleich auf kollektive und individuelle Prozesse der Aneignung und Selbstvertretung. Hervorgehoben werden vier Zugänge und Ebenen von Empowerment:
>
> - individuelle Selbstverfügungskräfte, Stärken und Ressourcen, politische Aktivitäten und Durchsetzungskräfte;
> - Aneignung von Macht und Wiedergewinnung von Lebenssouveränität marginalisierter Gruppen;
> - Unterstützung und Förderung von Selbstbestimmung;
> - Entdeckung sowie Nutzung eigener Gestaltungskräfte durch andere wie z. B. professionelle Kräfte (Herriger 2006; Theunissen 2005b, 2009).

Empowerment gibt einen normativen Rahmen vor und lässt sich nicht unmittelbar in pädagogische Programme übersetzen oder sozialarbeiterisches Handeln überführen. Für Herriger (o. J.) steht der Begriff Empowerment in der sozialen Praxis für alle Arbeitsansätze, »die die Menschen zur Entdeckung der eigenen Stärken ermutigen und ihnen Hilfestellungen bei der Aneignung von Selbstbestimmung und Lebensautonomie vermitteln wollen. Ziel der Empowerment-Praxis ist es, die vorhandenen (vielfach verschütteten) Fähigkeiten der Menschen zu kräftigen und Ressourcen freizusetzen, mit deren Hilfe sie die eigenen Lebenswege und Lebensräume selbstbestimmt gestalten können«. Dabei geht es um das »Anstiften zur (Wieder-)Aneignung von Selbstbestimmung über die Umstände des eigenen Lebens« (ebd.).

Der Empowerment-Ansatz scheint daher besonders geeignet zu sein, die im Umgang mit behinderten Menschen geforderte Abkehr vom Defizitblick hin zu einer Perspektive auf Stärken und Ressourcen zu stützen, die die Überwindung der häufig anzutreffenden erlernten Hilflosigkeit zum Ziel hat. Anzustreben ist dabei »ein auf Gleichberechtigung hin angelegtes Verhältnis zwischen Adressaten und Professionellen«, das auf Anerkennung und Wertschätzung beruht, ohne jedoch die Asymmetrien zwischen den Beteiligten zu leugnen (Theunissen 2003, 57). Neben Selbstbestimmung zählt »die kollaborative und demokratische Partizipation« (Theunissen 2009, 42) zu den Grundprinzipien der Empowerment-Philosophie.

Theunissen (2009, 77 f.) unterscheidet in seinem Empowerment-Konzept vier Handlungsebenen, die im Kontext der Behindertenhilfe zum Tragen kommen können (vgl. ▶ Abb. 2). Dabei konkretisieren sich Konsequenzen für das professionelle Handeln bei ihm in einer Orientierung am Assistenzgedanken.

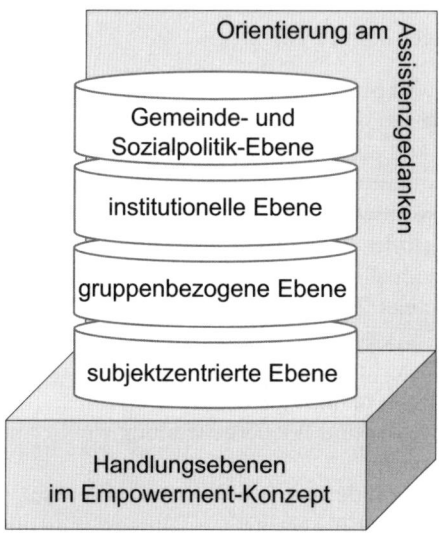

Abb. 2: Handlungsebenen des Empowerment-Konzeptes im Kontext der Behindertenhilfe (Theunissen 2009, 77 f.)

Kritisch ist anzumerken, dass das Empowerment-Konzept sehr offen formuliert und damit das Risiko verbunden ist, dass der Begriff recht beliebig benutzt werden kann. So hat der Begriff nicht nur in Managementkonzepte Eingang gefunden, wo es darum geht, Mitarbeitenden mehr Verantwortung zu übertragen (Bevollmächtigung). Empowerment spielt auch als Aktivierungsstrategie im Rahmen neuer Sozialstaatskonzepte, die die Eigenverantwortung stärken und öffentliche Aufgaben zurückfahren wollen, eine zentrale Rolle (Blanchard 1999, Theunissen 2009). Der politische Gehalt des Ursprungskonzepts geht bei diesen Konzeptualisierungen weitgehend verloren. Stattdessen besteht wie im Umgang mit dem Selbstbestimmungsparadigma das Risiko der einseitigen Betonung der Selbstverantwortlichkeit im Sinne einer »neoliberalen Freiheitsideologie« (Theunissen 2009, 62). Salustowicz (2009) zufolge verliert auch im Kontext Sozialer Arbeit das Empowerment-Konzept an Schärfe, wenn es sich auf individuelles »Self-Empowerment« beschränkt. Er plädiert für eine engere Definition, nach welcher der Empowerment-Ansatz »erst dann in Frage kommt, wenn es sich zeigt, dass sich die individuellen oder gemeinschaftlichen Ziele oder Verbesserungen der Lebenslagen bzw. -situationen von Individuen, Gruppen oder Gemeinschaften nur auf der Basis eines kollektiven Handelns erreichen lassen« (ebd., 187).

3.5 Von der Integration zur Inklusion

Während es einerseits unstrittig ist, dass der Auf- und Ausbau eines differenzierten, pädagogisch ausgerichteten Hilfenetzes für Menschen mit Behinderung wesentlich zur Verbesserung ihrer Lebenssituation beigetragen hat, gab es zugleich Kritik daran, wie diese Entwicklung verlaufen ist. Die Kritik richtet sich gegen die Dominanz von Sonderdiensten und -einrichtungen, die das Risiko der gesellschaftlichen Exklusion von Menschen mit Behinderung mit sich bringen und zu regelrechten Sonderkarrieren bei den Betroffenen führen sowie gegen die Dominanz stationärer Versorgungsstrukturen vor allem für Menschen mit geistigen Behinderungen.

Historische Aspekte

Der gesellschaftlichen Segregation von Menschen mit Behinderung durch Sondereinrichtungen wurde die Forderung nach *Integration* von Menschen mit Behinderung in die Gesellschaft entgegen gesetzt. Diese Forderung hat seit dem Engagement von Eltern und Fachleuten für die gemeinsame Erziehung behinderter und nicht behinderter Kinder im Kindergarten zu Beginn der 1970er-Jahre zu vermehrten Angeboten gemeinsamer Erziehung und Bildung geführt. Sie wirkte sich auch auf Bemühungen um die Integration behinderter Personen in den allgemeinen Arbeitsmarkt aus und schlägt sich aktuell – im Anschluss an die UN-BRK – in der Forderung nach uneingeschränkter gesellschaftlicher Teilhabe von Menschen mit Behinderung nieder (Eberwein/Knauer 2009).

Soziale Integration fand sich bereits in der Vergangenheit als langfristiges Ziel aller rehabilitativen Konzepte und auch als erklärtes Ziel von Sondereinrichtungen. Integration über den Weg der vorherigen Segregation erreichen zu wollen, scheint jedoch wenig Erfolg versprechend zu sein. Dagegen setzten z. B. Elterninitiativen die Forderung »gemeinsam von Anfang an« (Hössl 1999). Und im Hinblick auf die schulische Bildung formulierte der Deutsche Bildungsrat bereits 1973, dass die Chancen auf Integration sich erhöhen, »wenn die Selektions- und Isolationstendenz im Schulwesen überwunden und die Gemeinsamkeit im Lehren und Lernen für Behinderte und Nichtbehinderte in den Vordergrund gebracht werden; denn eine schulische Aussonderung der Behinderten bringt die Gefahr ihrer Desintegration im Erwachsenenleben mit sich« (Deutscher Bildungsrat 1973, 16, zit. n. Muth 2009, 41).

Integration war somit nicht nur ein pädagogisches, sondern von Beginn an ein politisches Anliegen, das »die Integration Behinderter in die Gesellschaft (als) eine der vordringlichen Aufgaben jedes demokratischen Staates« bestimmte (ebd.). Für

Jakob Muth (2009, 43) stand Integration in Zusammenhang mit einem Demokratisierungsprozess, der mit der Aufklärung begonnen hat. Dabei geht es um das Absichern gleicher Rechte, bei Respektierung von individuellen Unterschieden. Integration meint für Muth nicht die Nivellierung individueller Eigenarten, sondern ihre Respektierung im Zusammenleben. Diese Grundannahmen finden sich zugleich als Essentials der Konzeptualisierungen von Integrationspädagogik und der Pädagogik der Vielfalt (Prengel 2006, Eberwein/Knaur 2009).

Dennoch gab es von Beginn der Debatte an auch Kritik am Integrationsbegriff und es wurde auf gewisse Ambivalenzen hingewiesen. Vor allem die Vorstellung, dass Integration das Einfügen von etwas scheinbar Außenstehenden, zuvor Ausgegliederten, in eine größere Einheit bedeute, stieß auf Kritik, da diese Dichotomie von Innen und Außen häufig mit einer Wertehierarchie verbunden sei. Auch das mögliche Verständnis von Integration als Assimilation verbunden mit einem Anpassungsdruck auf behinderte Personen wurde früh thematisiert. Besonders in der politischen Behindertenbewegung, die ihre Schlagkraft gerade aus dem Zusammenschluss von Gleich-Betroffenen zieht, war die Skepsis verbreitet, dass Integration »Anpassung an die Normalität der Nichtbehinderten« (Köbsell 2007, 10) bedeutet.

Weitere Kritik am Integrationsbegriff wurde ab Mitte der 1990er-Jahre laut, die sich zum einen aus beobachtbaren quantitativen und qualitativen Fehlentwicklungen bei der schulischen Integration speiste und zum anderen den Anschluss an die internationale Entwicklung suchte, in der sich spätestens seit der Salamanca Erklärung der UNESCO 1994 die Begriffe »Inclusion und inclusive education« zunehmend etablierten (Hinz 2004, 2006). Die Kritik an der realen Praxis der schulischen Integration entzündete sich u. a. an der knappen, kindbezogenen Ressourcenzuweisung und neu entstandenen Selektivität, die Kinder in integrationsfähig und nicht integrationsfähig einteilte sowie an den stark auf das zu integrierende Kind fokussierten Sicht- und Handlungsweisen.

> **Begriffsklärung**
>
> Gegenüber dem **Integrationskonzept** ist das **Konzept der Inklusiven Pädagogik** normativ auf systemische Perspektiven ausgerichtet und setzt auf grundlegende Veränderungen der schulischen Bedingungen. Zugleich verbindet sich mit ihm eine Diversity-Perspektive, welche die (ohnehin vorhandene) Vielfalt der Schülerschaft wahrnimmt, respektiert und dabei verschiedene Dimensionen von Heterogenität berücksichtigt (z. B. Geschlecht, ethnische Zugehörigkeit, Erstsprache, Religionszugehörigkeit, unterschiedliche körperliche, intellektuelle, soziale, emotionale Fähigkeiten) (Hinz 2007). Die Entwürfe der Integrativen/Inklusiven Pädagogik sind vorrangig auf die gemeinsame Erziehung und Bildung in heterogen zusammen gesetzten Gruppen im Kontext pädagogischer Institutionen wie Kindertageseinrichtungen und Schule konzipiert.

Adaptiert werden Entwürfe der Integrativen/Inklusiven Pädagogik mit dem Fokus auf Kindertageseinrichtungen und Schule auch in außerschulischen Freizeit- und

Bildungsangeboten, die durch ihren Freiwilligkeitscharakter jedoch andere Strukturen aufweisen (Ackermann u. a. 2012; Loeken/Windisch 2006a). In weiteren Lebensbereichen wie Wohnen und Arbeiten wird auf Formen der Unterstützung zurückgegriffen, die sich an Assistenzkonzepten orientieren und auf den Teilhabebegriff rekurrieren.

Inklusion als Bürgerrecht – Inklusion als Menschenrecht

Jenseits des pädagogischen Rahmens steht für das Inklusionskonzept ein bürger- bzw. menschenrechtlicher Ansatz, der wesentlich durch das 2006 von der UN verabschiedete und seit März 2009 auch für Deutschland verbindliche »Übereinkommen über die Rechte von Menschen mit Behinderungen« (UN-BRK) gestützt wird.

> **Begriffsklärung**
>
> Der bürger- bzw. menschenrechtliche Ansatz der **UN-BRK** fordert, dass Menschen mit Behinderung das selbstverständliche Recht haben, Zugang zu allen gesellschaftlichen Bereichen zu haben und gleichberechtigt einbezogen zu sein. Nach dieser Sichtweise muss die Gesellschaft für den Zugang Sorge tragen, indem sie passende Unterstützung bereitstellt und adäquate Strukturen aufbaut.
>
> Das herausragende Innovationspotenzial der UN-BRK wird im Inklusionsprinzip gesehen, »dem erstmals in einem Menschenrechtsabkommen der Vereinten Nationen Rechtsqualität zugebilligt wird« (Lindmeier 2009).

Einer der allgemeinen Grundsätze der BRK ist die vollständige und wirksame Teilhabe und Inklusion in der Gesellschaft (Art. 3 c, full and effective participation and inclusion in society, deutsch: volle und wirksame Teilhabe an der Gesellschaft und Einbeziehung in die Gesellschaft). Hiermit sind zwei Richtungen benannt: Zum einen Inklusion als Veränderung und barrierefreie Gestaltung gesellschaftlicher Strukturen, in deren Rahmen sich strukturelle Öffnungen von Möglichkeitsräumen vollziehen; sowie zum anderen Teilhabe als subjektbezogener aktiver Prozess der Nutzung dieser Möglichkeitsräume, der sich nach verschiedenen Lebensbereichen differenzieren und operationalisieren lässt (Wansing 2012, Windisch 2012, Bartelheimer 2005). Die BRK fordert, dass Menschen mit Behinderung vollen Zugang zur physischen, sozialen, wirtschaftlichen und kulturellen Umwelt, zu Gesundheit und Bildung sowie zu Information und Kommunikation haben sollen. Für führende deutsche Völker- und Menschenrechtsexperten spricht die UN-Konvention eine eindeutige Sprache. So weist Heiner Bielefeld (2008, 10), Direktor des mit dem Monitoring beauftragten Deutschen Instituts für Menschenrechte, auf die in einer Menschenrechtskonvention bislang ungebräuchliche »Zielsetzung eines verstärkten Zugehörigkeitsgefühls« (»enhanced sense of belonging«, Präambel m) hin.

Das Verständnis von Behinderung in der Konvention entspricht zum einen dem relationalen Behinderungs-Modell der WHO (ICF), zum anderen wird Behinderung als »Bestandteil menschlicher Vielfalt und Menschlichkeit« angesehen, die es zu respektieren und anzuerkennen gilt. Es folgt damit einem Diversity-Ansatz, ohne jedoch darauf zu verzichten, gleichzeitig auf soziale Problemlagen und Unrechtserfahrungen behinderter Menschen hinzuweisen. Ein weiterer zentraler Aspekt ist für Bielefeld (ebd.), dass »nach der Konvention (…) individuelle Autonomie und soziale Inklusion unauflöslich zusammen« gehören. »Ohne soziale Inklusion kann Autonomie praktisch nicht gelebt werden, und ohne Autonomie nimmt soziale Inklusion fast zwangsläufig Züge von Bevormundung an.«

Inklusion im Sinne der BRK markiert damit eine eindeutige Richtung: Beschrieben wird ein Recht auf umfassende Teilhabe, nicht aber eine individuelle Pflicht, sich überall zu inkludieren. Vielmehr kommt der selbstbestimmten Lebensführung in sozialen Bezügen eine herausragende Bedeutung zu. Diese konkretisiert sich beispielweise in Art. 19 der BRK, der sich mit der unabhängigen (in der Schattenübersetzung: *selbstbestimmten*) Lebensführung und Einbeziehung in die Gemeinschaft (»being included in the community«, Netzwerk Artikel 3 2010) befasst. Hier wird dezidiert darauf hingewiesen, dass Menschen mit Behinderungen die Möglichkeit haben sollen, ihren Aufenthaltsort zu wählen und zu entscheiden, wo und mit wem sie leben, und nicht verpflichtet sind, in besonderen Wohnformen zu leben. Gleichzeitig werden Zugangsmöglichkeiten zu Unterstützungsdiensten und personellen Hilfen im Gemeinwesen gefordert, die zur Unterstützung des Lebens in der Gemeinschaft sowie zur Verhinderung von Isolation und Absonderung notwendig sind. Dienstleistungen und Einrichtungen für die Allgemeinheit sollen auch den Bedürfnissen von Menschen mit Behinderung Rechnung tragen und für diese nutzbar sein.

Die BRK wird nach Ansicht von Aichele (2008, o. S.) – Leiter der Monitoringstelle beim Deutschen Institut für Menschenrechte – »zur Leitlinie und zum Maßstab für Politik und gesellschaftliche Veränderungen in den kommenden Jahrzehnten. Die faktische Lebenslage von Menschen mit Behinderungen ist mit dem Anspruch der Konvention in Übereinstimmung zu bringen«.

Ergänzende Hinweise

In der UN-BRK finden sich insgesamt zahlreiche Aspekte, die seit einigen Jahren als Forderungen an die Neuausrichtung von Hilfen für Menschen mit Behinderung diskutiert und zumindest ansatzweise umgesetzt werden. Die Idee der Inklusion wird vielfach als Vision oder auch als »neue alte Vision« bezeichnet (Klauß 2009). Inklusion artikuliert für Klauß (2009, 5) »die Hoffnung, die Probleme der bisherigen Praxis durch einen neuen Anlauf beheben zu können«. Die aktuelle deutsche Debatte um die Konvention offenbart aber auch kontroverse Sichtweisen, was an der alternativen Übersetzung (Schattenversion) abzulesen ist.

Zugleich ist ein geradezu inflationärer Gebrauch des Inklusionsbegriffs zu verzeichnen, der häufig mit Etikettenschwindeln einhergeht (Frühauf 2012). Auch sind Probleme, die es zuvor mit dem Integrationsbegriff gab, nicht automatisch durch den neuen Begriff zu vermeiden. Kronauer (2002) z. B. weist auf die Grenzen eines dichotomisierenden Exklusionskonzepts hin, da es immer eine Innen-Außen-Spaltung suggeriert, die problematisch sein kann.

Währenddessen ist die BRK mit einem eindeutigen Wertbezug ausgestattet und arbeitet mit einem positiv konnotierten Inklusionsbegriff, der in dieser Betonung die derzeitige Diskussion um Behindertenpolitik und das Hilfesystem für Menschen mit Behinderung stark bestimmt. Kritisch ist festzustellen, dass sowohl in dieser Diskussion als auch in den Debatten um die Inklusionspädagogik nur vereinzelt Bezüge zu sozialwissenschaftlichen Diskursen über gesellschaftliche Exklusionsprozesse oder systemtheoretische Analysen hergestellt werden (Wansing 2005; Dederich 2006; Kulig 2006; Puhr 2009; Terfloth 2007).

3.6 Personenzentrierung und Gemeinwesenorientierung

Die vorgestellten Innovationen haben veränderte Sichtweisen auf Menschen mit Behinderung und eine veränderte Hilfelandschaft mit sich gebracht. Im Mittelpunkt steht die Anerkennung behinderter Menschen als Subjekte mit Bürgerrechten, die nicht mehr länger behandlungsbedürftige Objekte von Fürsorgemaßnahmen sein wollen und sollen. Diese Sichtweise löst eine bisherige Institutionenorientierung ab. Stattdessen kommt der Personenzentrierung und selbstbestimmten Lebensführung, der gesellschaftlichen Teilhabe sowie der Steigerung und Absicherung von Lebensqualität große Bedeutung zu.

> **Begriffsklärung**
>
> **Lebensqualität** umfasst sowohl objektive Lebensbedingungen als auch das subjektive Wohlbefinden. Unter Bezugnahme auf die internationale Lebensqualitätsforschung werden folgende Dimensionen als zentral erachtet, die vor allem für die Ausgestaltung wohnbezogener Hilfen von großer Bedeutung sind:
>
> - emotionales Wohlbefinden,
> - soziale Beziehungen,
> - materielles Wohlbefinden,
> - Persönlichkeitsentwicklung,
> - physisches Wohlbefinden,
> - Selbstbestimmung,
> - soziale Zugehörigkeit und Anerkennung sowie
> - Rechte
>
> (Beck 2000; Seifert 2006; Seifert u. a. 2001).

Mit der Inklusionsforderung wird »der Blick weg von einer Logik der anbietenden Institution hin zu den Chancen auf ein Leben der Teilhabe im Gemeinwesen gelenkt« (BMFSFJ 2009, 174). Das erfordert ein Umdenken und Umsteuern bei den

Hilfeangeboten für Menschen mit Behinderung. Diese sollen so organisiert sein und ausgeführt werden, dass sie eine selbstbestimmte Lebensführung in sozialen Bezügen ermöglichen. Dafür sollen sie personenzentriert, d. h. konsequent am individuellen Unterstützungsbedarf orientiert sein und lebensweltorientiert erbracht werden. Verwirklichen lässt sich dies am ehesten durch ambulante und flexible Unterstützungsstrukturen im Gemeinwesen sowie individuell angepasste, personenbezogene und sozialraumorientierte Hilfen, die zugleich eine Vernetzung von professioneller und informeller Unterstützung erreichen.

Die Ausdifferenzierung und Modernisierung der Behindertenhilfe nach den skizzierten innovativen Zielvorstellungen und die damit einhergehende Individualisierung der Hilfen haben für behinderte Menschen im Ansatz verbesserte Lebensbedingungen und größere Chancen auf Verwirklichung eigener Lebensentwürfe erbracht. Allerdings sind die Möglichkeiten der Realisierung dieser Chancen nach wie vor ungleich verteilt, was sich insbesondere an den Wohn- und Arbeitsmöglichkeiten für Menschen mit so genannter geistiger Behinderung ablesen lässt.

Trotz der allgemeinen Chancen des Modernisierungsprozesses in der Sozialen Arbeit bei Behinderung sind auch die Risiken im Blick zu behalten, worauf im Zusammenhang von Selbstbestimmung und Empowerment bereits hingewiesen wurde. So stehen etwa beim Thema Selbstbestimmung auf der einen Seite erkämpfte Freiheiten von behinderten Menschen. Auf der anderen Seite fügen sich die Ziele der Selbstbestimmung oder die ambulante Versorgung unter Einbeziehung bürgerschaftlichen Engagements und privater Netzwerke bis hin zur Rolle des Kunden, der mit Hilfe eines persönlichen Budgets Dienstleistungen einkauft, nahtlos in das neue und kritisch diskutierte Konzept des Aktivierenden Sozialstaats ein (Galuske 2002; Dingeldey 2006; Stinkes 2006; Loeken 2006).

Mit dem Umbau des Sozialstaats der letzten Jahrzehnte wird u. a. das Ziel verfolgt, mehr Wettbewerb bei der Erbringung sozialer Dienstleistung einzuführen, die Effizienz zu steigern und staatliche Sicherungselemente zugunsten von mehr Eigenleistung der Bürger zurückzufahren. Von den Nutzer/inne/n sozialer Leistungen werden Eigeninitiative und Selbstverantwortung verlangt, diese werden gleichsam zur Pflicht. Zum zentralen Leitbild der aktivierenden Sozialpolitik sind nach Kessl/Otto (2002, 135) Bürger als »Unternehmer ihrer selbst« geworden. Kritiker sehen bei dieser Entwicklung nicht nur einen mit der Privatisierung von Risiken einhergehenden Verlust von Solidarität, sondern auch neue Ausgrenzungsphänomene bei all denjenigen, deren individuellen oder sozialen Ressourcen nicht ausreichen, um dem propagierten Ideal zu entsprechen.

Zugleich besteht das Risiko der Entprofessionalisierung bei den sozialen Hilfen. Im Falle der Behindertenhilfe zeigen sich ökonomisch motivierte »Reformbemühungen« gegenwärtig z. B. bei der so genannten »Ambulantisierung«, d. h. vor allem beim Ausbau ambulanter Wohnformen, der auch von Kostenträgerseite favorisiert wird. Damit wird die Hoffnung verknüpft, die seit Jahren steigenden Ausgaben bei den Eingliederungshilfen zu bremsen. Mit dieser Entwicklung wird zwar zum einen auf Forderungen nach normalisierten Lebensbedingungen und Selbstbestimmung für behinderte Menschen eingegangen, zum anderen bringen die damit verknüpften Sparzwänge und die magere Ausstattung der Hilfeangebote Nebeneffekte für Menschen mit großem Unterstützungsbedarf wie auch für Einrichtungen mit sich.

4 Konzeptuelle Anforderungen an professionelle Unterstützung

Die aktuellen Diskurse um Leitprinzipien und Ziele von Hilfen für Menschen mit (geistiger) Behinderung formulieren veränderte Anforderungen an eine sozial- und heilpädagogische Professionalität. Trotz unterschiedlicher Gewichtungen innerhalb der einzelnen Diskussionsstränge (Windisch 2004; Loeken 2005) lassen sie Schwerpunkte erkennen, die im Folgenden vorgestellt werden.

So geht es zunächst um die grundsätzliche Anforderung an die professionelle Unterstützung bei Behinderung, Hilfeleistungen als inklusionsorientiertes Konzept auf Handlungsfelder in der außerschulischen Behindertenhilfe sowohl personenzentriert als auch gemeinwesen- bzw. sozialraumorientiert auszurichten. Daran schließt sich eine Profilierung von einzelnen aktuellen Konzepten professioneller Unterstützung an (Loeken/Windisch 2005; Loeken/Windisch 2010):

- einmal Assistenz als Gegenmodell zu institutionenorientierten und pädagogischen Hilfeleistungen auf der Basis von Selbstbestimmung und Selbstverantwortung der Menschen mit Hilfebedarf;
- zum anderen pädagogische Unterstützung im Spannungsfeld von Assistenz und advokatorischer Intervention, als dialogische Begleitung und Assistenz oder als Konzept verschiedener Assistenzformen;
- schließlich in kritischer Abgrenzung und eigener Perspektive pädagogische Unterstützung als Unterstützungsbündnis mit der Orientierung am Selbstbestimmungsprinzip sowie verknüpft mit einem gemeinwesen- bzw. sozialraumorientierten Anspruch.

> **Begriffsklärung**
>
> Professionelle Unterstützung als **personenbezogene soziale Hilfen** soll in ihrer Ausgestaltung der dialektischen Interdependenz von Individuum und Gesellschaft bzw. Individuum und Gemeinwesen Rechnung tragen, indem sie unter Bezug auf Niediek (2010, 89) »Person und Sozialraum gleichzeitig« denkt. Mit einer Vernetzung der personen- und gemeinwesen- bzw. sozialraumorientierten Perspektive wird zugleich die Zielsetzung der Inklusion von Menschen mit Behinderung in der Gesellschaft verfolgt. Dieser Ansatz greift konsequent die Vorgaben der UN-Behindertenrechtskonvention auf.
>
> Ein derartiges Verständnis professioneller Hilfen ermöglicht und fordert im Kontext sozialer Prozesse und individueller Lebenssituationen die Reflexion von

- individuellen Bedürfnissen und Interessen,
- Lebensumständen und -perspektiven,
- Ressourcen und Erfordernissen,
- Selbstbestimmung und Selbstverantwortung sowie
- Partizipation.

4.1 Personenzentrierte Hilfen und Gemeinwesen-/ Sozialraumorientierung als inklusionsorientiertes Konzept

Der Perspektivenwechsel in der Behindertenhilfe von der Institutionenorientierung zur Personenzentrierung (auch Rohrmann 2007) und zur Inklusion als Leitziel führt zu einer Neubestimmung sozialer Dienstleistungen und zur Neuakzentuierung professioneller Handlungsstrategien in der Sozialen Arbeit bei Behinderung. Gefordert ist ein inklusionsorientiertes und ganzheitliches professionelles Handeln in der sozialen Unterstützung von Menschen mit Behinderung jenseits der nach wie vor vorherrschenden institutionenorientierten Hilfen sowie neben finanziellen Leistungen und informellen Hilfen durch soziale Netzwerke (Angehörige, Nachbarn, Freunde, Selbsthilfegruppen usw.). Damit wird sowohl eine Personenzentrierung als auch eine Ressourcen- und Gemeinwesen- bzw. Sozialraumorientierung von sozialen Hilfen in den Blick gerückt (z. B. Seifert 2010; Rohrmann 2010).

Mit der Personenzentrierung sozialer Hilfen korrespondiert der flexible Einsatz eines breiten Spektrums von traditionellen bis hin zu neuen operationalen Handlungsansätzen und Methoden, Verfahren und Techniken, die sich situationsspezifisch nach Lebenslauf und Lebensbereichen ausdifferenzieren (z. B. Entwicklungs- und Förderdiagnostik, Förderplanung und -methoden etwa zur Motorik und Wahrnehmung, Unterstützte Kommunikation, tiergestützte Interventionen, Körperarbeit, Validation, Erlebnispädagogik). Außerdem enthält das Spektrum Interventionsansätze mit situationsübergreifendem, teilweise planendem und vernetzendem Charakter (z. B. Methoden der Beratung und pädagogischer Intervention/ Begleitung, individuelle Hilfe- bzw. Teilhabeplanung, Persönliche Zukunftsplanung, Biografiearbeit, soziale Netzwerkarbeit). Eine Übersicht darüber, welche unterschiedlichen Handlungsansätze und -methoden für Kinder, Jugendliche und Erwachsene als Operationalisierung der individuenbezogenen Perspektive der Behindertenhilfe und -pädagogik in Frage kommen können, findet sich bei Theunissen/Wüllenweber (2009).

Finanziert werden die Hilfen bislang einzelfallbezogen auf variierender gesetzlicher Grundlage in erster Linie als Sachleistungen (z. B. über Eingliederungshilfe des SGB XII) trotz des Persönlichen Budgets als eine durch das SGB IX vorgesehene alternative Form individualisierter sozialer (Geld)Leistung (Windisch 2006).

Die mit der individuenzentrierten Perspektive zu verknüpfende gemeinwesen-/sozialraumbezogene Blickrichtung ermöglicht, die Zusammenhänge der individuellen Situation und Teilhabebarrieren oder -chancen mit der infrastrukturellen Gestaltung sowie den sozialen Beziehungen und Ressourcen im Gemeinwesen zu erkennen und einzuschätzen (z. B. Seifert 2010; Niediek 2010). Thimm (1997, 2001) hat schon frühzeitig im Kontext der Normalisierungsdiskussion auf die Bedeutung der Gemeinwesenorientierung für die personenbezogenen sozialen Hilfen hingewiesen, um eine annähernd vergleichbare Lebensqualität von behinderten und nicht behinderten Menschen über die materielle Dimension hinaus auch auf sozialer Ebene zu erreichen. Kritisch konstatiert er, dass die »Reklamierung von individuellen Hilfen zur Integration und Partizipation (…) ins Leere [laufen – d. Verf.], wenn nicht gleichzeitig die Gestaltung der Infrastruktur der nahen sozialen Räume, in denen Partizipation und Integration alltagspraktisch verwirklicht werden müssen, in Angriff genommen werden« (Thimm 2001, 355).

Ausgehend vom Konzept der Sozialraumorientierung in der Sozialen Arbeit (Hinte 2007, 2008) und dem Diskurs um die Sozialraumorientierung in der Behindertenhilfe (DHG 2008; Schablon 2009) verdeutlicht Seifert (2010, 37) einen sowohl individuum- wie auch sozialraumbezogenen Ansatz wie folgt: »Sozialräumliches Arbeiten bedeutet (…) nicht allein die Hinwendung zum Kiez und die Erschließung von Ressourcen im Kiez durch den Helfer, sondern vor allem auch die Befähigung der Betroffenen, selbst aktiv zu werden im Wohnquartier.« Ihr zufolge geht es nicht um die Motivierung eines behinderten Menschen zu Aktivitäten, sondern »vielmehr darum, die Motivation, den Willen des Menschen aufzuspüren und ihn in seiner Bereitschaft, seine Vorstellungen umzusetzen, zu stützen« (ebd.). Unter Umständen ist – vor allem bei Menschen mit so genannter geistiger Behinderung – ein längerer Lern- und Bewusstseinsbildungsprozess einzukalkulieren, persönliche Bedürfnisse zu erkennen und zu artikulieren sowie »sich aktiv bei der Realisierung der Wünsche zu engagieren oder auch Barrieren, wie z. B. Fremdbestimmung oder mangelnde öffentliche Akzeptanz, zu überwinden« (ebd.). Er beinhaltet einen Prozess des Empowerment, der zunächst auf der individuellen Ebene angesiedelt ist und sich von dort aus bis hin zur strukturellen Ebene des Gemeinwesens (z. B. Bildung oder Teilnahme an einer Gruppe zur lokalen Interessenvertretung) und der Gesellschaft (z. B. Teilhabe an einer überregionalen gruppenspezifischen Interessenvertretung oder Behindertenbewegung wie »Mensch zuerst«) erstrecken kann.

Ebenso können persönliche Ressourcen von Menschen mit Behinderung im Hinblick auf Möglichkeiten ihrer sozialen Vernetzung und Einbindung im sozialen Raum, insbesondere die Förderung ihrer sozialen Netzwerke und Unterstützungspotenziale wie auch die strukturellen Bedingungen und ihre Veränderungsmöglichkeiten im Gemeinwesen Berücksichtigung finden.

Beide Ansätze, die individuenzentrierte und gemeinwesen-/sozialraumorientierte Perspektive als integrale Bestandteile der personenbezogenen sozialen Hilfen, stellen nicht zuletzt konzeptuelle Bedingungen und Wege zur Umsetzung innovativer Anforderungen insbesondere des Artikels 19 der UN-BRK dar. Nach Artikel 19 UN-BRK ist das Recht auf ein gleichberechtigtes und selbstbestimmtes Leben, die soziale Einbindung und auf den umfassenden Zugang zu den Angeboten im

Gemeinwesen verankert; die Realisierung dieser Rechte ist zu sichern. Mit dem Artikel verbindet Rohrmann (2010) weit reichende Anforderungen für eine regionale bzw. kommunale Teilhabeplanung, die eine radikale Umsteuerung und Veränderungen der Hilfeangebote avisiert. In ihrem Rahmen sollen personenbezogene soziale Hilfeleistungen umfassend weiterentwickelt und umgesetzt werden. Das erfordert jedoch auch über einzelfallabhängige Finanzierungsmodi hinaus gehende einzelfallunabhängige Finanzierungsbudgets für gemeinwesen-/sozialraumorientierte Leistungen durch Professionelle.

Die skizzierten Entwicklungen werden seit Jahren von einem Diskurs um die Qualität der Gestaltung personenzentrierter Hilfen und der Konzeptualisierung der pädagogischen Professionalität bei Behinderung begleitet. Trotz unterschiedlicher Akzentsetzungen ist den Neuentwürfen gemeinsam, dass sie auf die Überwindung der tradierten Institutionenorientierung der Hilfen und der Orientierung an Defiziten der Menschen mit Behinderung, des lebenslangen Förderprinzips sowie der professionellen Expertenmacht zugunsten von begleitender Unterstützung, Dialog und Assistenz abzielen. Dabei sind zentrale gemeinsame Maßstäbe: Respekt vor den Bedürfnissen und Wünschen, die Entscheidungskompetenz und (Selbst)Verantwortung, die Mobilisierung von Ressourcen, die Partizipation und Gleichstellung sowie soziale Inklusion der Adressat/inn/en personenbezogener Hilfeleistungen.

4.2 Assistenz als Gegenmodell zu institutionenorientierten und pädagogischen Hilfeleistungen

Als radikale Alternative zu den herkömmlichen, institutionenorientierten Hilfeleistungen und als Instrument für deren Überwindung ist das »klassische« Modell der Persönlichen Assistenz aus der Selbstbestimmt-Leben-Bewegung hervorgegangen.

Begriffsklärung

Das klassische Modell der **Persönlichen Assistenz** reklamiert eine individuenzentrierte Form notwendiger Hilfen für Menschen mit Behinderung bei der Alltagsbewältigung auf der Basis von Selbstbestimmung, Selbstorganisation und Selbstverantwortung. Mit ihm verbinden sich zentral die Forderungen nach Entinstitutionalisierung, Entmedizinisierung, Entpädagogisierung und – im Hinblick auf Teilbereiche – Entprofessionalisierung von Hilfeleistungen. Damit geht ein Empowerment-Anspruch der in der Selbstbestimmt-Leben-Bewegung organisierten Menschen mit Behinderung einher. Im Kern geht es darum, Assistenz als Ausgleich für diejenigen Dinge zu sehen, die Menschen mit Behinderungen selbst nicht ausführen können (MOBILE/Zentrum für selbstbestimmtes Leben Köln 2001).

Aus der Perspektive dieses klassischen Assistenzmodells stellt Steiner (2001, 25 f.) klar, »dass notwendige Hilfe weitestgehend unabhängig von Institutionen und deren fremdbestimmenden Zwängen und von fremdbestimmender, entmündigender Hilfe durch die so genannte Fachlichkeit von Helferinnen organisiert wird«. Hierarchien und Machtverhältnisse in Hilfestrukturen sollen zugunsten der Übergabe von Macht bzw. Entscheidungskompetenz und Selbstverantwortung in die Hände der Menschen mit Behinderung umgestaltet werden. Es wird eine neue Fachlichkeit gefordert, welche die Kompetenz der Betroffenen, selbst Experte für die eigene Lage zu sein, akzeptiert und die Fähigkeit zur Kooperation mit ihnen beinhaltet (ebd.).

Eine in diesem Sinne zu verstehende Assistenz als Modell individuenzentrierter Hilfeleistungen hat sich in den vergangenen 30 Jahren mit unterschiedlichen organisatorischen Formen in Deutschland profiliert. Diesen Organisationsformen ist gemeinsam, dass Assistenz als Ausgleich für diejenigen Dinge dienen soll, die Menschen mit Behinderungen selbst nicht ausführen können. Assistenz kann z. B. Hilfestellungen bei der Körperpflege oder im Haushalt, bei der Kommunikation und Mobilität etwa zur Teilnahme am gesellschaftlichen Leben umfassen. Ihr kommt eine kompensatorische Funktion zu, die sich bildlich etwa durch folgende Formulierung charakterisieren lässt: Assistenz soll fehlende Arme und Beine ersetzen.

Die verschiedenen Organisationsformen von Assistenz lassen sich in Anlehnung an Drolshagen/Rothenberg (2001) und Rock (2001) nach dem Grad von Kontrolle, Macht und Einfluss der Adressat/inn/en bei der Organisation und Gestaltung persönlicher Hilfen im Alltag voneinander abgrenzen. Danach sind folgende Formen der Organisation von Assistenzleistungen auf der Basis von arbeitsrechtlich fundierten Dienstleistungsverhältnissen und Entgeltvereinbarungen zu unterscheiden:

- Persönliche oder Direkte Assistenz,
- Indirekte Assistenz,
- Assistenz durch ambulante Dienste.

Persönliche oder Direkte Assistenz

Mit Persönlicher oder Direkter Assistenz verknüpft sich das Modell der behinderten Arbeitgeber/innen. Charakteristisch dafür ist, dass die in Anspruch genommenen Dienstleistungen von den Leistungsnehmer/inne/n selbst gesteuert und auf ihren jeweiligen Bedarf zugeschnitten werden. Voraussetzungen sind Wahlmöglichkeiten über Art und Form der Hilfen sowie Entscheidungskontrolle, die an eine selbstverantwortliche Organisation der erforderlichen Hilfeleistungen gebunden ist. Insofern müssen die Assistenznehmer/innen über die Personal-, Anleitungs-, Organisations- und Finanzkompetenz verfügen, die durch spezielle Fortbildungen erworben und geschult werden können (Drolshagen/Rothenberg 2001). Diese Kompetenzen beinhalten die vollständige Kontrolle und Entscheidung in allen Fragen der Sicherstellung und Finanzierung von Hilfe und Pflege. Im Rahmen eines verfügbaren Finanzbudgets können die Assistenznehmer/innen als Arbeitgeber/innen ihre Assistent/inn/en für die erforderlichen persönlichen Hilfen im Alltag vollkommen selbst akquirieren, auswählen, nach den gesetzlichen Regelungen anstellen, bei der Gestaltung der Hilfen anleiten und entlohnen.

Obgleich es sich bei Persönlicher Assistenz um bezahlte Dienstleistungen handelt, die sich von informeller Hilfe wie etwa Freundschaftsdiensten unterscheiden, baut das Modell nur auf einem geringen Professionalisierungsgrad auf. Häufig wird bewusst auf Laienhilfe gesetzt. Außer für einen Teil sehr klar bestimmbarer Leistungen gibt es keine standardisierten Qualifikationsanforderungen.

Oft werden Arbeitskräfte beschäftigt, die diese Tätigkeit nur in Teilzeit oder zeitlich befristet ausüben. Die Arbeitsbedingungen von Assistent/inn/en sind in der Regel durch hohe »Flexibilität der Arbeitszeit«, fehlende Einbindung in kollegiale Strukturen oder »fehlende berufliche Aufstiegs- und Qualifizierungsmöglichkeiten« gekennzeichnet (Rock 2001, 60).

Eine Interessenkollision zwischen den Ansprüchen auf Selbstbestimmung der Assistenznehmer/innen und Arbeitnehmerinteressen von Assistent/inn/en ist durchaus einzukalkulieren. Da die Dienstleistungen meist im Rahmen des Privatraumes der Assistenznehmer/innen und eines engen persönlichen Kontaktes erbracht werden, ergeben sich auf der Interaktionsebene besondere Anforderungen an die Beteiligten (MOBILE/Zentrum für selbstbestimmtes Leben Köln 2001).

Neben der Persönlichen Assistenz nach dem Arbeitgebermodell haben sich weitere Organisationsformen von Assistenz entwickelt, in deren Rahmen ein Teil der beschriebenen Kompetenzen an eine Organisation abgegeben wird, z. B. an Assistenzgenossenschaften oder ambulante Dienste (Drolshagen/Rothenberg 2001).

Indirekte Assistenz

Die Indirekte Assistenz beinhaltet Assistenzleistungen, die über eine Assistenzvereinigung (Assistenzgenossenschaft oder -verein) organisiert werden, in der die Assistenznehmer/innen Mitglied sind. In diesem Fall wird ihre Personalkompetenz unter Umständen eingeschränkt, wenn die Assistenzorganisation etwa Aushilfskräfte anstellt. Außerdem wird die Finanzkompetenz an die Assistenzorganisation abgetreten. Allerdings kommt eine Kontrolle der Assistenznehmer/innen als Instrument zum Einsatz, die Mehrheitsentscheidungen der Assistenznutzer/innen im Rahmen ihrer Organisationsmitgliedschaft umfasst und so grundsätzlich deren Kontrolle über die Organisation gewährleistet.

Assistenz durch ambulante Dienste mit Orientierung an den Maßstäben Persönlicher Assistenz

Im Unterschied zur üblichen Praxis von ambulanten Pflegediensten ermöglicht die Organisationsform der Assistenz durch ambulante Dienste mit Orientierung am klassischen Modell der Persönlichen Assistenz den Nutzer/inne/n, ganz oder teilweise die Anleitungs-, Organisations- und Personalkompetenz wahrzunehmen. Die Finanzkompetenz obliegt dem ambulanten Dienst. Sofern dort eine Vertretung der Assistenznehmer/innen eingerichtet ist, kann sie sich für deren Interessen und Belange gegenüber dem Dienst einsetzen. Ebenfalls ist eine gewisse Kontrolle über den ambulanten Dienst über eine Mitgliedschaft in dessen Trägerorganisation gewährleistet, wenn die Trägerorganisation ein gemeinnütziger eingetragener Verein (e. V.) ist.

Festzuhalten ist, dass es sich bei den Hilfeleistungen nach den verschiedenen Organisationsformen der Assistenz ausdrücklich nicht um eine pädagogische Tätigkeit handelt. Die Übernahme des Assistenzbegriffs im Behindertenhilfesystem wird von den Vertreter(inne)n der Selbstbestimmt-Leben-Bewegung kritisch und ablehnend gewertet. Drolshagen/Rothenberg (2001, 20) betonen, dass »insbesondere pädagogisch geprägte Hilfen, aber auch therapeutische oder sozialarbeiterische Hilfen« sich nicht »im Rahmen Persönlicher Assistenz (...) organisieren« lassen. Der Assistenzbegriff ist ihnen zufolge für Formen pädagogischer Hilfen unangemessen und nicht zulässig. Steiner (2001, 37) befürchtet eine »sinnentleerte Inflationierung« und die »Unterwerfung des Selbstbestimmungs- und Assistenzgedankens unter die Macht der Pädagogisierung der Assistenznehmerinnen«. Nachdrücklich unterstreicht er: »Man kann in diesem Sinne Pädagoginnen, Sonderpädagoginnen und alle Fachleute des überkommenen Behindertenhilfesystems nur davor warnen, die Kampfbegriffe der Politischen Behindertenbewegung zu inflationieren oder zu pädagogisieren, Behinderte also unter der Wahrung alter Machtverhältnisse Fähigkeiten zur Selbstbestimmung und zur Persönlichen Assistenz vermitteln zu wollen« (ebd., 45).

4.3 Pädagogische Unterstützung im Spannungsbogen zwischen Assistenz und advokatorischer Intervention

Gegen eine undifferenzierte Übernahme des Assistenzbegriffes richtet sich schon frühzeitig ein handlungsbezogener Ansatz im Rahmen von pädagogischen Hilfen bei so genannter geistiger Behinderung von Urban (1995), der auf den innovativen Leitorientierungen der Behindertenhilfe (Selbstbestimmung, Empowerment, Inklusion) basiert und sich von einem traditionellen Fürsorge-, Versorgungs- und Betreuungsverständnis abgrenzt. Für Urban kommen die Begriffe Selbstbestimmung und Assistenz bei Hilfen für Menschen mit so genannter geistiger Behinderung nur gebrochen oder vermittelt in Betracht. Unter Berücksichtigung der Maßstäbe des Modells Selbstbestimmt-Leben mit Persönlicher Assistenz beinhalten nach Urban (1995) pädagogische Hilfen ein breites Spektrum von professionellen Rollen mit einem variierenden Orientierungsgrad am Prinzip der Selbstbestimmung und Selbstverantwortung der Betroffenen. Sie bewegen sich in einem Spannungsbogen zwischen Selbst- und Fremdbestimmung. In ihm ist Assistenz als ein basales und leitendes Element des professionellen Rollenhandelns verankert, wodurch selbstbestimmtes Handeln der Hilfeempfänger grundsätzlich ermöglicht und gewährleistet werden soll. Gleichwohl können Einschränkungen des Selbstbestimmungsprinzips mit unterschiedlicher Intensität durch professionelle Maßnahmen auf Grund verschiedener Bedingungen erfolgen. Mit der folgenden Abbildung nach Urban (1995) lässt sich professionelle pädagogische Hilfe für Menschen mit geistiger Behinderung danach unterscheiden, in welchem Maße sie Selbstbestimmung gewährleistet und die professionelle Rolle zwischen Selbst- und Fremdbestimmung oszilliert.

Art der Hilfen	Professionelle Rollen
Begleitung, Assistenz, Pflege	Professionelle/r als Ausführungsgehilfe
Unterstützung, Beistand, Angebote	Professionelle/r als Vermittler/in zur Umwelt
Anregungen, Anleitung, Aktivierung, Vermittlung von Kompetenzen, Förderung	Professionelle/r als Pädagogin/Pädagoge
------------------------------ *Grenze der Selbstbestimmung* ------------------------------	
Betreuung	Professionelle/r als Experte und Vertretung nach gesetzlichem Auftrag
Versorgung	Professionelles Handeln nach eigenem Maßstab im Hinblick auf angenommene Bedürfnisse
Fürsprache, Intervention	Stellvertretendes (advokatorisches) Handeln im angenommenen Bedürfnis und allgemeinen Interesse

Abb. 3: Spannungsbogen pädagogischer Unterstützung zwischen Selbst- und Fremdbestimmung (Urban 1995)

Aus praxisorientierter Sicht beschreibt Urban (1995) Grenzen der Selbstbestimmung, die durch eine professionelle Rolle mit advokatorischen Tendenzen (stellvertretende Maßnahmen wie Betreuung, Versorgung und Fürsprache) sowie einem Zuwachs an professioneller Macht und Verantwortlichkeit entstehen. Ihm zufolge (ebd., 69) ist durch Selbstreflexion zu klären, »wo aus einer Arbeitsbeziehung oder aus Formen der Partnerschaft, Herrschaftsbeziehungen zu werden drohen«. Somit gilt es aufzudecken, inwieweit professionelles Handeln den Merkmalen des Selbstbestimmungsprinzips ent- oder widerspricht. Diese Perspektive korrespondiert mit den Anforderungen der Selbstbestimmt-Leben-Bewegung an die Fachlichkeit pädagogischen Handelns (Drolshagen/Rothenberg 2001), Merkmale struktureller Gewalt und Fremdbestimmung nicht zu verschleiern, sondern zu reflektieren und offen zu legen.

4.4 Pädagogische Unterstützung als dialogische Begleitung und Assistenz

Gegenüber der konzeptuellen Orientierung von Urban (1995) beansprucht Osbahr (2000) mit dem Ansatz einer dialogischen Begleitung und Assistenz eine umfassendere Sichtweise von Assistenz für professionelle Hilfen bei Menschen mit kognitiven Beeinträchtigungen. Ihm zufolge verdeckt der handlungsbezogene pädagogische Ansatz nach Urban (1995), dass Assistenz als übergreifende Bezeichnung für behinderungsbezogene professionelle Hilfen im Auftrag einer behinderten Person zu verstehen ist.

Assistenz begreift Osbahr (2000, 143) eher als eine »Formel« für das Ziel, Selbstbestimmung zu ermöglichen und zu erweitern, und weniger als »eine konkrete, beobachtbare Form der Hilfe«. Der Assistenzbegriff ist ihm zufolge über praktische Handreichungen bzw. instrumentelle Dienste hinaus um »beziehungsbezogene Angebote der Begleitung« bei Hilfen für Menschen mit so genannter geistiger Behinderung zu erweitern. Beispielhaft verdeutlicht er, dass es »Aufgabe einer persönlichen Assistentin bzw. Begleitperson sein kann, der geistig behinderten Person beim Restaurantbesuch in Bezug auf die Essensbestellung so zu assistieren, dass diese Person etwas wählt, was mit dem verfügbaren Geld auch bezahlbar ist« (ebd., 143).

Mit Assistenz verknüpft Osbahr (2000) eine dialogische Begleitung mit dem Ziel, Kompetenzen der Betroffenen aufzubauen oder zu stärken und Begrenzungen von Selbstbestimmungsmöglichkeiten zu reduzieren. Ausgehend von einer ressourcenorientierten Sichtweise, wonach Menschen generell über Kompetenzen verfügen, um ihre Entwicklung und ihr Leben aktiv zu gestalten, sind ihm zufolge Hilfen durch Professionelle subsidiär zu den individuellen Möglichkeiten der Alltagsbewältigung anzubieten. Dabei fällt ihnen die Aufgabe zu, Handlungs- und Entscheidungsbedürfnisse von Betroffenen sensibel wahrzunehmen und zu verstehen sowie ihnen bei der Umsetzung von Bedürfnissen und Vorstellungen dialogisch begleitend, d. h. als verlässliche Beziehungspartner zur Seite zustehen.

> **Begriffsklärung**
>
> Das klassische Modell der Persönlichen Assistenz wird durch Osbahr (2000) um die **dialogische Begleitung** als notwendig erachtete Beziehungsdimension mit der Intention erweitert, Überforderungen und Desorientierungen Betroffener zu vermeiden. Auf diese Weise wird die Definitionsmacht von Betroffenen als Experten und die Umkehrung der traditionellen Machtstruktur nach dem klassischen Modell der Persönlichen Assistenz durch die dialogische Begleitung in einen dynamischen, offenen Beziehungs- und Verhandlungsprozess transformiert. Danach sind Professionelle als Begleiter von Menschen mit so genannter geistiger Behinderung nicht bloß Ausführungsgehilfen für Dienstleistungen, sondern gestalten gemeinsam mit den Betroffenen »sinnstiftende Wirklichkeit«. Mit Begleitung ist nach Hähner (2003) konzeptuell nicht intendiert, vorhan-

dene Machtstrukturen zwischen Professionellen und Menschen mit geistiger Behinderung umzukehren. Allerdings erfordert sie nach Osbahr (2000, 185 f.):

- sensible Beobachtungskompetenz,
- Zurückhaltung,
- Dialogorientiertes Handeln,
- Herstellen von Vertrauen,
- Respekt gegenüber Betroffenen,
- Betroffene als Entscheidungsträger sehen,
- Ermöglichen von gestaltungs- und entwicklungsförderlichen Bedingungen,
- Empowerment der Betroffenen,
- Individuell abgestimmte Hilfe- und Begleitangebote,
- Geduld und Toleranz,
- Empathisch-intuitives Verstehen,
- Verhandeln statt Behandeln,
- Eröffnung von Handlungsspielräumen und Wahlmöglichkeiten,
- »Verantwortbare Risikobereitschaft«.

4.5 Pädagogische Unterstützung als Spektrum verschiedener Assistenzformen

Über den Ansatz der dialogischen Begleitung und Assistenz von Osbahr (2000) hinaus nimmt Theunissen (2001c, 2002) eine pädagogische Profilierung des Assistenzmodells vor, indem er die pädagogischen Hilfen für Menschen mit so genannter geistiger Behinderung in variierende Assistenzrollen differenziert.

Aufbauend auf einer Empowerment-Orientierung beim beruflichen Handeln plädiert Theunissen (2001c) dafür, den bisherigen Begriff der Betreuung durch Assistenz als tragfähigeren und angemessenen Begriff für die pädagogischen Aufgaben in der Behindertenhilfe zu übernehmen. Gleichwohl wendet er sich dagegen, das Modell der Persönlichen Assistenz im Sinne der Selbstbestimmt-Leben-Bewegung linear auf die pädagogische Hilfe und Unterstützung für so genannte geistig behinderte Menschen zu übertragen. Ihm zufolge sind zum einen die erforderlichen Kompetenzen für die Umsetzung der Persönlichen Assistenz angesichts intellektueller Einschränkungen der Betroffenen nicht vorbehaltlos anzunehmen. Zum anderen sieht er in der »erlernten Bedürfnislosigkeit« und »erlernten Hilflosigkeit«, dem fehlenden oder mangelnden Selbstbewusstsein und -wertgefühl der Betroffenen ungenügende Voraussetzungen. Ebenso wie Osbahr (2000) ist er der Ansicht, dass die Betroffenen nicht nur alltagspraktische und instrumentelle Hilfen bedürfen, sondern auch Professionelle als wichtige Bezugs- bzw. Begleitpersonen für die individuelle Kommunikation und Lebensgestaltung.

Um den unzureichenden Voraussetzungen der Betroffenen Rechnung zu tragen, favorisiert Theunissen (2001c, 2002) ein Konzept von Assistenz, das bedarfs- und situationsabhängig folgende acht verschiedene Assistenzrollen bzw. -formen der Professionellen vorsieht:

- Lebenspraktische Assistenz: instrumentelle Hilfen zur Bewältigung alltäglicher Anforderungen (z. B. Pflege, Hauswirtschaft, Begleitung).
- Dialogische Assistenz: Gewährleistung einer vertrauensvollen Beziehung und Kommunikation, einfühlsames Wahrnehmen und Verstehen, biographische Spurensuche, Authentizität, Offenheit, Wertschätzung gegenüber Betroffenen.
- Konsultative Assistenz: »reflexives Sich-Beraten, gemeinsames Durchdringen von Lebensfragen oder Suchen nach Problemlösungen« (Theunissen 2001c, 270).
- Advokatorische Assistenz: anwaltschaftliche Funktion des Professionellen als Vertrauensperson, Fürsprecherfunktion, stellvertretendes Handeln oder die Funktion der Übersetzungs- und Mitteilungshilfe bei Personen mit Kommunikationsschwierigkeiten.
- Intervenierende Assistenz: bei abweichenden, auffälligen Verhaltensweisen, zur Lösung von Widersprüchen oder Konflikten schlichtend oder regelnd eingreifen, unterstützende und haltgebende Hilfen geben, ohne Selbstbestimmungsmöglichkeiten Betroffener unberücksichtigt zu lassen.
- Facilitatorische Assistenz: individuelle, subjektzentrierte Unterstützung, Wegbereitung, Initiierung und Motivation zum aktiven Lernen in offenen, angepassten Lernprozessen.
- Lernzielorientierte Assistenz: systematische Hilfen und didaktisch-strukturierte Unterstützung, orientiert an den Wünschen und Interessen der Betroffenen, zur Aneignung subjektiv relevanter Kompetenzen, sinnvollen Gestaltung und Bewältigung der Umwelt und Alltagsanforderungen sowie zur Selbsthilfe.
- Sozialintegrierende Assistenz: Hilfen zur Entwicklung, Pflege und Verbesserung von tragfähigen sozialen Beziehungen sowie zur Teilnahme in Gruppen, Vereinen, Freizeitclubs, Selbsthilfegruppen bzw. Selbstvertretungsgruppen, Begegnungsstätten oder an kulturellen und politischen Aktivitäten bzw. Veranstaltungen.

4.6 Pädagogische Hilfen als Unterstützungsbündnis mit Orientierung am Selbstbestimmungsprinzip

Die vorangegangenen Ansätze zeigen generell ein Bemühen um eine veränderte Sichtweise der professionellen Unterstützung von Menschen mit kognitiven Beeinträchtigungen, indem sie Bezug auf die Forderungen der Selbstbestimmt-Leben-Bewegung nehmen und Zielsetzungen des Konzepts der Persönlichen Assistenz aufgreifen. Trotz unterschiedlicher Akzentsetzung verdeutlichen sie im Grundsatz übereinstimmend, dass die professionellen Hilfeleistungen bei Menschen mit intellektuellen Einschränkungen in weiten Teilen anders strukturiert sein müssen als im Konzept der Persönlichen Assistenz.

Ungeachtet der Unterschiede zwischen dem Assistenzkonzept im Sinne der Selbstbestimmt-Leben-Bewegung und den erforderlichen pädagogischen Aufgaben im Rahmen der Hilfen von Menschen mit kognitiven Beeinträchtigungen, propagieren Osbahr (2000) und Theunissen (2001, 2002) in ihren konzeptuellen Entwürfen dennoch, die pädagogische Unterstützung begrifflich als Assistenz zu fassen. Damit werden die Befürchtungen von Vertretern der Selbstbestimmt-Leben-Bewegung genährt, dass der Assistenzbegriff durch dessen Pädagogisierung eine Inflationierung und Sinnentleerung erfährt. Mit dem Assistenzbegriff lassen sich weder die Paradoxien bzw. Antinomien pädagogischen Handelns adäquat erfassen noch die Machtkonstellationen und Fremdbestimmung im Prozess der Hilfeerbringung durch Umetikettierungen bzw. das Einführen neuer Begriffe aufheben.

> **Konsequenzen**
>
> Im Kontext Sozialer Arbeit sind dem **Assistenz**begriff konzeptuell Begriffe wie »**Unterstützung**« oder »**Begleitung**« vorzuziehen. Orientiert an den mit dem Assistenzkonzept verbundenen Zielvorstellungen der Selbstbestimmung lassen sich mit ihnen spezielle Erfordernisse der Zielgruppe wie auch strukturelle Machtverhältnisse, institutionelle Gegebenheiten und die professionelle Beziehung kritisch reflektieren und offen legen. Diesen Anforderungen kommen die pragmatischen, handlungsorientierten Überlegungen von Urban (1995) zum Spannungsfeld pädagogischer Unterstützung zwischen Selbst- und Fremdbestimmung entgegen.

Im Gegensatz zum Konzept der Persönlichen Assistenz ist für die pädagogischen Hilfeleistungen charakteristisch, dass diese nicht ausschließlich im Auftrag ihrer Adressat/inn/en erbracht werden, sondern sich im Spannungsfeld zwischen der Orientierung an Interessen, Zielen und Kompetenzen der Adressat/inn/en einerseits und Ansprüchen von Erziehung, Bildung und Förderung sowie begrenzender und beschützender Intervention andererseits bewegen. Darauf weisen auch empirische Befunde zu den Vorstellungen von Menschen mit kognitiver Beeinträchtigung zu Hilfeleistungen hin. Die jeweilige Entscheidung zu treffen, wann welche Intervention und mit wessen Mandat angebracht ist, gehört zu den zentralen Aufgaben professioneller Unterstützer/innen. Als besonders sensibler Bereich kann die Frage nach der Machtverteilung und der Hierarchie innerhalb der Interaktion gelten, die sich in den pädagogisch strukturierten Handlungsprozessen nicht einseitig auf die Adressatenseite verschieben lässt. Gefragt ist stattdessen »Selbstkritik des pädagogischen Handelns«, um die »Verführung zur Macht und zum Machtmissbrauch in der Position dessen, der Vorgaben macht« (Thiersch 2002, 213), zu verhindern.

Letztlich zeigt sich hier ein Grundthema pädagogischen Handelns, die »Antinomie von Sein-Lassen, Gewähren- oder Wachsenlassen und Einmischen, Einbringen oder Ein*führen*« (Theunissen 2001c, 261). In der Professionalisierungsdiskussion der Sozialen Arbeit wird diese paradoxe Struktur mit dem Hinweis darauf diskutiert, dass Soziale Arbeit einerseits die Respektierung und Erhöhung der Autonomie der Lebenspraxis zum Ziel hat, dass professionelles pädagogisches Handeln andererseits aber qua Auftrag – gesellschaftlich lizenziert und institutionell abgesichert – in die Lebenswelt seiner Adressaten eingreift und somit Autonomie begrenzen oder auch verhindern kann. Dieser Widerspruch ist von Professionellen reflexiv zu bearbeiten und immer wieder neu auszuloten.

In Teilen der Professionalisierungsdiskussion zur Sozialen Arbeit wird dafür votiert, die professionelle Interaktionsbeziehung als Arbeitsbündnis zu konzipieren, das Professionelle verpflichtet, Wirkungen und Nebenwirkungen ihres Handelns zu reflektieren und Grenzen des eigenen Handelns einzuhalten (Loeken 2005).

Begriffsklärung

Ausgangspunkt eines **Arbeitsbündnisses in der Sozialen Arbeit** ist ein innerer wie auch äußerer (durch Zwangslagen bedingter) Druck oder ein spezifischer Unterstützungsbedarf, der Menschen dazu bewegt, Einschränkungen ihrer Autonomie in Kauf zu nehmen, um eine Verbesserung ihrer Lage zu erreichen (Müller 2002). Ausgehend von der spezifischen Motivation der Adressat/inn/en und von den Aufgaben, von Möglichkeiten und Grenzen der professionellen Hilfe sollte durch eine Auftragsklärung Transparenz über den Hilfeprozess hergestellt werden. Dazu bedarf es eines kontinuierlichen Aushandlungsprozesses, der an den jeweiligen Kompetenzen des Gegenübers ansetzt. Um dem Gegenüber die Chance auf eine informierte Wahl und das Nutzen selbstbestimmter Entscheidungen zu geben, ist nach Müller (2002) professionelle Abstinenz nötig, was u. a. bedeutet, dass sich Sozialpädagog/inn/en/Sozialarbeiter/innen dazu verpflichten, weder als Retter aufzutreten noch ihre Gegenüber zu bevormunden, sondern »einerseits die Möglichkeiten, andererseits aber auch die Grenzen ihrer Hilfeangebote verkörpern« (ebd., 85).

Analog zum Ansatz eines Arbeitsbündnisses ist ein Unterstützungsbündnis für die pädagogische Unterstützung von Menschen mit Behinderung als sinnvoll anzusehen. In diesem Rahmen ist ein Unterstützungsvertrag mit prozessabhängigen Veränderungs- und Anpassungsmöglichkeiten zu vereinbaren, etwa im Zusammenhang einer personenzentrierten Hilfe- bzw. Teilhabeplanung (Rohrmann/Schädler 2006; Rohrmann u. a. 2011) oder als Ergebnis einer »sozialen Diagnostik« (Röh 2009). Dieser Vertrag legt Aufgaben, Rechte und Pflichten der Beteiligten fest. Darüber hinaus muss er eine Selbstverpflichtung des Professionellen beinhalten, die Autonomie des Gegenübers zu respektieren und Chancen für selbstbestimmte Entscheidungen zu eröffnen (Loeken/Windisch 2005).

> **Begriffsklärung**
>
> Ein **Unterstützungsbündnis** von Menschen mit Behinderung und Professionellen könnte etwa enthalten:
>
> - vereinbarte Ziele und Leistungen der pädagogischen Unterstützung als Ergebnis einer prozesshaften personenzentrierten Hilfe- und Teilhabeplanung,
> - eine bedürfnis- und bedarfsgerechte Organisation von Unterstützungsleistungen – orientiert an dem Selbstbestimmungsprinzip und Assistenzgedanken,
> - Vereinbarungen von Bedingungen und Formen der Interventionen mit einschränkenden Wirkungen für die Selbstbestimmung der Betroffenen, von stellvertretendem Handeln und dem Recht, unter Umständen auch Maßnahmen zum Schutz der Betroffenen zu treffen,
> - Handlungsoptionen der Klienten,
> - Recht auf Ablehnung von Angeboten,
> - Möglichkeit zur Kündigung von Unterstützungsleistungen.

4.7 (Sozial)Pädagogische Hilfen mit gemeinwesen-/sozialraumorientiertem Anspruch

Pädagogische Unterstützung auf der Basis eines Unterstützungsbündnisses als eine professionelle personenzentrierte Hilfeleistungen bedarf der Vernetzung mit sozialen Ressourcen im Gemeinwesen und sozialraumbezogenen Interventionen, um exkludierende Tendenzen bei Behinderung im Gemeinwesen zu überwinden und die soziale Teilhabe als eine zentrale Dimension von Lebensqualität zu fördern. Die Einbeziehung und Aktivierung informeller Unterstützungsressourcen der Adressat/inn/en von Hilfeleistungen und von Ressourcen des Gemeinwesens sind Kernbestandteile der Diskussion um Sozialraumorientierung und Community Care als Handlungsstrategien in der Behindertenhilfe. In ihrem Rahmen wird den Leitprinzipien der Behindertenhilfe wie Inklusion und Empowerment angemessen Rechnung getragen.

Auch wenn Ökonomisierungstendenzen und Effizienzbestrebungen bei der Aktivierung informeller Hilfen und Ressourcen im Gemeinwesen zu berücksichtigen sind, werden durch die Gemeinwesen- bzw. Sozialraumorientierung aber berechtigte Erkenntnisse aufgegriffen, dass für die Teilhabe von Menschen mit Behinderung im Gemeinwesen individuenzentrierte, professionelle Hilfen allein nicht ausreichend sind. Die Aufgabe professioneller (sozial- oder behinderten-)pädagogischer Unterstützung wird daher zukünftig verstärkt in der Organisation, Vernetzung und Koordination einer im Gemeinwesen verankerten Mischung aus formellen und informellen Hilfen liegen. Ihre Bewältigung kann am ehesten mit einem ganzheitlich orientierten Handlungskonzept gelingen, das auf der Grundlage einer umfassenden individuellen und umfeldbezogenen Hilfeplanung (z. B. einer integrierten Teilhabeplanung) in Abstimmung mit Betroffenen aufbaut und nach Bedarf über professionelle Unterstützungsleistungen hinaus informelle Ressourcen aus dem direkten Umkreis der Menschen mit Hilfebedarf und Ressourcen des Gemeinwesens einbezieht.

> **Begriffsklärung**
>
> Mit der **Gemeinwesen-/Sozialraumorientierung** der professionellen Unterstützung kommen drei Handlungsformen bzw. -ebenen in den Blick, die für Gemeinwesenarbeit charakteristisch sind (Noack 1999, 11):
>
> - Erstens handelt es sich um die Form der territorialen Gemeinwesenarbeit, die sich auf einen bestimmten geographischen Sozialraum, wie etwa einen Stadtteil einer Großstadt oder eine Kleinstadt im ländlichen Raum erstreckt. Dort kann es um sozialplanerische Aufgaben oder um die Koordination von Angeboten der sozialen Einrichtungen gehen.
> - Zweitens gibt es die Form der funktionalen Gemeinwesenarbeit, welche etwa die Lebensbereiche Wohnen, Freizeit, Bildung und Arbeit in den jeweiligen Sozialräumen ins Auge fasst. Diese beinhalten das soziale Leben mit je spezifischen und vielfältigen Ausdrucksformen. Hierbei kann die Aufgabe beispielsweise darauf abzielen, Wohnbedingungen und Bildungsmöglichkeiten, Freizeitangebote und deren Zugänglichkeit zu verbessern.
> - Drittens ist die Form der kategorialen Gemeinwesenarbeit bedeutsam, die sich auf bestimmte benachteiligte Gruppen in der Bevölkerung wie etwa Jugendliche aus ›bildungsfernen‹ und armen Familien, Menschen mit Behinderungen oder ältere bzw. hochaltrige Menschen bezieht. Hiermit kann sich das Ziel verbinden, die Lebensqualität und Teilhabe im Gemeinwesen zu ermöglichen oder zu erhöhen.
>
> Diese drei Handlungsformen sind nicht losgelöst von einander zu denken und zu praktizieren, sondern bilden eine Einheit.

Vor diesem Hintergrund ist für eine professionelle Unterstützung mit Gemeinwesenorientierung im Rahmen von Behindertenhilfe in erster Linie der Zielgruppenbezug auf Menschen mit Behinderungen konstitutiv, der unmittelbar mit funktionalen und territorialen Bezügen bzw. Handlungsebenen zu verknüpfen ist. Unter Bezugnahme auf konzeptuelle Merkmale von Gemeinwesenarbeit (Boulet/Krauß/Oelschlägel 1980; Noack 1999; Oelschlägel 2007), worauf die konzeptuelle Fassung der Sozialraumorientierung (z. B. Hinte 2007, 2011) aufbaut, fällt der Unterstützung für ein Leben mit Behinderung im Gemeinwesen die Funktion zu, ein ganzheitliches Arrangement von Umweltbedingungen, sozialen Handlungssituationen und Unterstützungsleistungen herzustellen, um so auf geeignete Weise eine Bewältigung von Hilfebedarf und »be-hindernden« Problemen zu erreichen.

Es geht um die Organisationsstrategie einer »ent-hindernden« Umweltgestaltung und sozialen Unterstützung, mit der individuelle und soziale Ressourcen in den Blick genommen, mobilisiert und vernetzt werden können (Seidel u. a. 1996; Herriger 2006; Theunissen 2006c). Es »sollen sowohl geeignete Dienstleistungsangebote und Formen informeller sozialer Unterstützung eruiert, mobilisiert und koordiniert als auch die Arbeit verschiedener Institutionen oder Dienstleistungsanbieter vernetzt, abgestimmt und gesteuert werden, so dass (...) ein transparenter, passgenauer und eben ganzheitlicher Unterstützungsprozess zur ›vollen gesellschaftlichen Teilhabe‹ im Sinne von Inklusion und Partizipation realisiert werden kann« (Theunissen 2006c, 217).

> **Begriffsklärung**
>
> In Übereinstimmung mit Seifert (2010) ist es die Aufgabe einer **gemeinwesen- bzw. sozialraumorientierten Unterstützung**, regional und funktional ein System sozialer Unterstützung für behinderte Menschen mit Hilfebedarf zu generieren, in dem Einrichtungen, unterschiedliche Einzelpersonen und soziale Gruppen im Gemeinwesen aufeinander abgestimmte Beiträge zur Problembewältigung und Teilhabe liefern. Um dieser Aufgabe nachkommen zu können, ist neben einem Unterstützungsbündnis zwischen professionellen Erbringern sozialer Dienstleistungen und deren Nutzer/inne/n nach Theunissen (2006c, 217) auch ein »Arbeitsbündnis« erforderlich, in das »Personen aus dem privaten Umfeld oder Bekanntenkreis, engagierte Bürger oder sog. Laien einzubeziehen bzw. am Unterstützungsprozess zu beteiligen« sind. Personen aus dem engeren und weiten sozialen Umfeld von Menschen mit Unterstützungsbedarf werden gegenüber Professionellen eine Schlüsselrolle für Teilhabeprozesse, etwa für die Partizipation an Freizeit- und Bildungsangeboten wie auch für eine »natürliche« und bedürfnisorientierte Alltagsunterstützung zugeschrieben (z. B. Theunissen 2006c; Knust-Potter 2006; Aselmeier 2008; Loeken/Windisch 2009a; Schablon 2009). Dabei ist es unerlässlich, dass diese Personen in ein gemeinwesenorientiertes Unterstützungsmanagement einzubinden sind, um Raum für den Austausch und die Reflexion von Erfahrungen und Handlungsperspektiven zu ermöglichen.

Mit dem Bezug auf konzeptuelle Elemente der Gemeinwesenarbeit bzw. Sozialraumorientierung (Hinte/Lüttringhaus/Oelschlägel 2007), die mit dem Empowerment-Ansatz (Stark 1996; Herriger 2006) und »Community Living«-Konzept (Knust-Potter 1998; Stein 2007) sowie dem »Community Care«-Ansatz (Aselmeier 2008; Schablon 2009) und der damit einhergehenden sozialen Netzwerkarbeit (Kniel/Windisch 1987; Bullinger/Nowak 1998) korrespondieren, lassen sich abschließend folgende handlungsleitende Prinzipien für die professionelle Unterstützung festhalten:

Erkennen und ganzheitliche Bewältigung der Probleme

Die Reflexion und Bearbeitung der Probleme behinderter Menschen soll auf der Basis ihrer multidimensionalen Bezüge, interdisziplinären Wissens sowie der Erfahrungen der Betroffenen stattfinden. In diesem Zusammenhang gilt es, Menschen mit Behinderung bzw. mit Hilfebedarf als Experten in eigener Sache zu verstehen und paternalistische Haltungen zu vermeiden.

Autonomie und Selbstbestimmung der Betroffenen

Ausgangspunkt und Ziel des Unterstützungshandelns sind Entwicklung und Verbesserung von Kontrolle und Kontrollbewusstsein, Selbstbestimmung und Mitbestimmung bei der Gestaltung der eigenen Lebensumstände, Vertrauen in eigene Fähigkeiten zur Erreichung von Zielen bei Behinderung (einschließlich Selbstrespekt und -würde in Problemsituationen). Damit geht die Aufgabe einher, Bedingungen zu schaffen, die eine Entdeckung oder (Wieder-)Aneignung eigener Fähigkeiten und Stärken zulassen und fördern.

Verteilungsgerechtigkeit/Soziale Gerechtigkeit

Gesellschaftliche und politische Dimensionen sozialer Probleme sind bei ihrer Bearbeitung mit kritischem Blick auf gesellschaftliche Verteilung von Gütern und Macht zu reflektieren. Im Hinblick auf Menschen mit Behinderung kann dies präzisierend auch Schutz vor Vernachlässigung unter Berücksichtigung der Selbstbestimmung beinhalten.

Aktivierung und Partizipation der Menschen mit Behinderung und Hilfebedarf

Ein wesentliches Prinzip ist die Aktivierung der Menschen in ihrer Lebenssituation, um Subjekt des Handelns sein und werden zu können. Von Interventionen betroffene Menschen müssen Teile von Entscheidungsprozessen sein, sie sollen Entscheidungen zur Gestaltung ihrer Lebensverhältnisse zunehmend selbst kontrollieren oder zumindest mitbestimmen bzw. in angemessener Form daran mitwirken. Hierzu gehört auch die Förderung individueller und gemeinsamer Interessenvertretung hinsichtlich der Lebensgestaltung in der Gesellschaft. Beispiele auf der kollektiven Ebene sind etwa soziale Selbsthilfebewegungen wie Mensch zuerst – Netzwerk People First Deutschland (Kniel/Windisch 2005).

Gleichberechtigte, kooperative soziale Beziehungen und Vernetzung von Ressourcen

In Verbindung mit den Zielen Partizipation und Kooperation, Gleichberechtigung und Respekt aller Beteiligten ist es von grundlegender Bedeutung, zur Veränderung der Beziehungsverhältnisse zwischen Menschen mit Unterstützungsbedarf und Professionellen einerseits und dem sozialen Umfeld im Gemeinwesen andererseits beizutragen. Darin eingebettet ist die Aufgabe, soziale Aktivitäten und Ressourcen im Gemeinwesen zu mobilisieren und mit professionellen personenbezogenen Unterstützungsleistungen zur Problembewältigung und Verbesserung der Lebensqualität passgenau zu vernetzen.

5 Arbeitsbereiche der Sozialen Arbeit bei Behinderung

Unter dem Dach der außerschulischen Behindertenhilfe findet sich heute ein breit ausdifferenziertes Angebot verschiedenster Hilfen für Menschen mit Behinderung über die gesamte Lebensspanne hinweg, die im Überschneidungsbereich von Sozialer Arbeit und Sonder- bzw. Heilpädagogik angesiedelt sind.

Die Angebote reichen von frühen Hilfen für behinderte und von Behinderung bedrohte Kinder und ihre Familien, vorschulische Bildung und Erziehung, Offenen Hilfen wie Familienentlastende bzw.-unterstützende Dienste (Fed/FuD) sowie Beratung und Organisation von Assistenz, Bildungs- und Freizeitangeboten bis hin zu unterschiedlich organisierten und akzentuierten wohn- und arbeitsbezogenen Hilfen (Loeken 2009).

Dieses Kapitel gibt einen Überblick über die Trägerlandschaft, strukturelle Merkmale und zentrale Arbeitsfelder der außerschulischen Behindertenhilfe.

5.1 Trägerlandschaft und strukturelle Merkmale der außerschulischen Behindertenhilfe

Die Ausdifferenzierung und Ausweitung der Unterstützungsangebote für Menschen mit Behinderung hat die Behindertenhilfe zu einem bedeutsamen und wachsenden Segment im Rahmen der Freien Wohlfahrtspflege werden lassen. Wie aus den Veröffentlichungen der ›Bundesarbeitsgemeinschaft der Freien Wohlfahrtspflege‹ (2009, 15) hervorgeht, war die Behindertenhilfe im Jahr 2008 – gemessen an der Zahl der Einrichtungen – nach der Jugendhilfe und der Altenhilfe – der drittgrößte Bereich. Diese Rangfolge bleibt auch bestehen, wenn die hier mitgezählten Schulen in Trägerschaft der freien Wohlfahrtspflege herausgerechnet werden (ebd., 35f.). In den Statistiken der Wohlfahrtspflege werden in der Regel Angebote für Menschen mit Behinderung und Menschen mit psychischer Erkrankung zusammen ausgewiesen. Gemessen an der Zahl der »Plätze/Betten« liegt die Behindertenhilfe ebenfalls an dritter Stelle hinter der Alten- und der Jugendhilfe, die hierbei den größten Anteil aufweist (ebd., 14).

Im Vergleich zum Jahr 2004 verzeichnete die Behindertenhilfe in 2008 einen überdurchschnittlichen Zuwachs bei der Zahl der Einrichtungen, was »im Wesentlichen« auf die »Erhöhung des Angebotes an Beratungsstellen, ambulanten Diensten und Integrationsfachdiensten« zurückgeführt wird (ebd., 33). Wie im

Gesamtbereich der freien Wohlfahrtspflege übersteigt auch in der Behindertenhilfe im Jahr 2008 die Zahl der Teilzeitbeschäftigten erstmals die Zahl der Vollzeitkräfte.

Der organisatorische Rahmen Sozialer Arbeit mit behinderten Menschen zeichnet sich ähnlich wie in der Kinder- und Jugendhilfe durch ein breites Spektrum von Trägern mit verschiedenen Angeboten, Einrichtungen und Diensten aus (Klapprott 1987; Windisch u. a. 1989; Pothmann 2002), präsentiert sich jedoch aufgrund fehlender einheitlicher und »Vergleich ermöglichender Erhebungsverfahren ... in der Wohlfahrtspflege« (Boeßenecker 2006, 65) unübersichtlich.

Zu den Trägern und Organisationen der Behindertenhilfe zählen freie gemeinnützige Träger wie Verbände und Vereine, Selbsthilfegruppen und Selbsthilfeorganisationen, öffentliche Träger und mittlerweile auch gewerbliche Träger. Die freien gemeinnützigen Träger sind in der Regel in den Spitzenverbänden der Freien Wohlfahrtspflege organisiert.

Traditionell spielen die konfessionell gebundenen Träger eine große Rolle im System der Behindertenhilfe. Diese haben mittlerweile eigene überregionale Fachverbände gegründet: »So umfasst der 1998 gegründete Bundesverband Evangelischer Behindertenhilfe e. V. (BeB) 276 selbständige Rechtsträger, die insgesamt mehr als 600 Einrichtungen mit über 100.000 Plätzen unterhalten. (...) Das katholische Pendant ist der Caritas Behindertenhilfe und Psychiatrie e. V. (CBP), der 2001 als neuer Dachverband ehemals eigenständiger katholischer Behindertenverbände gegründet wurde. Insgesamt umfasst die katholische Behindertenhilfe über 1.900 Einrichtungen mit rund 113.000 Plätzen« (Boeßenecker 2006, 70).

Gemessen an der Zahl der repräsentierten Einrichtungen steht der ›Deutsche Paritätische Wohlfahrtsverband‹ (DPWV) als Spitzenverband vieler freier, kleinerer und mittlerer Anbieter nach den konfessionellen Trägern inzwischen an dritter Stelle (ebd.).

Bei den Organisationsformen der Hilfeangebote findet sich noch häufig der traditionell gewachsene Typus der Komplexeinrichtung, besonders bei Angeboten für Menschen mit geistiger oder mehrfacher Behinderung. »Ein wesentliches Merkmal von Komplexeinrichtungen ist die Vollversorgung der Menschen in den Feldern Wohnen, Arbeit, Bildung, Freizeit und häufig auch Therapie sowie die medizinische und pflegerische Versorgung. In der Regel findet diese Versorgung an Orten statt, die außerhalb von Städten oder Dörfern gelegen sind« (BEB 2008, 5). Um den aktuellen innovativen Anforderungen an die Behindertenhilfe Rechnung zu tragen, finden sich derzeit an verschiedenen Stellen Bemühungen um eine Konversion von Komplexeinrichtungen in dezentrale, orts- oder stadtteilorientierte Einheiten mit stärker personenorientierter Dienstleistungsorganisation (ebd.).

5.2 Zentrale Arbeitsfelder der außerschulischen Behindertenhilfe

Die folgende Darstellung orientiert sich in ihrer Systematik an vorhandenen institutionellen bzw. institutionalisierten Hilfeangeboten für Menschen mit Behinderung in bestimmten Lebensphasen, bei speziellen Problemlagen und verschiedenen Lebensbereichen. Schulische Angebote und Kindertagesstätten sind aus pragmatischen Gründen ausgenommen.

Im Einzelnen geht es um folgende Arbeitsbereiche:

- Frühförderung
- Offene Hilfen
- Wohnbezogene Hilfen
- Arbeitsbezogene Hilfen.

5.2.1 Frühförderung

> **Begriffsklärung**
>
> Unter **Frühförderung** werden Hilfen für behinderte und von Behinderung bedrohte Kinder von 0 bis 6 Jahren und deren Familien verstanden, die sowohl medizinische Leistungen als auch nicht-ärztliche therapeutische, psychologische, heilpädagogische, sonderpädagogische und psychosoziale Leistungen und Beratung umfassen können (§ 30 SGB IX).

»Frühförderung schließt die Bereiche Früherkennung (Diagnostik), Behandlung (Therapie) und (heil-)pädagogische Förderung sowie die Beratung der Eltern ein. Das Ziel der Frühförderung besteht darin, Schädigungen oder Störungen in der körperlichen, geistig-seelischen oder sozialen Entwicklung von Kindern frühzeitig zu erkennen, zu verhindern, zu heilen oder in ihren Auswirkungen zu mindern« (ISG 2008, 2).

Gängigerweise wird zwischen Leistungen zur medizinischen Rehabilitation und heilpädagogischen Leistungen unterschieden, die von verschiedenen Akteuren und (meist) unterschiedlichen Institutionen komplementär erbracht werden, wie in der Frühförderungsverordnung (FrühV) ausgeführt. Im Kontext der medizinischen Rehabilitation nehmen die Sozialpädiatrischen Zentren (SPZ) eine besondere Stellung ein, die häufig an Krankenhäuser oder Universitätskliniken angegliedert sind und vor allem Aufgaben in der Diagnostik und Behandlung von Krankheiten, Behinderungen, Entwicklungsstörungen, »Verhaltens- oder seelische(n) Störungen jeglicher Ätiologie« (Weiß u. a. 2004, 29) bei Kindern und Jugendlichen bis zum 18. Lebensjahr übernehmen, die im üblichen Rahmen »wegen Art, Dauer oder Schwere ihrer Behinderung« (§ 4 FrühV) nicht hinreichend behandelt werden können (Weiß u. a. 2004, 29). Für das Jahr 2008 werden in Deutschland insgesamt 128 Sozialpädiatrische Zentren genannt (ISG 2008, 95).

Während die Sozialpädiatrischen Zentren mit ihrer Zugehörigkeit zum Gesundheitssystem ein größeres Einzugsgebiet abdecken, setzt das flächendeckend ausgebaute Netz an pädagogischen bzw. interdisziplinären Frühförderstellen auf die wohnortnahe, ambulante, »mobil und auf häusliche Förderung« ausgerichtete Arbeit (Orthmann/Bless 2009, 20) und bietet pädagogische Leistungen im weitesten Sinne an. In der Regel arbeiten die Interdisziplinären Frühförderstellen in gemischten Teams mit verschiedenen pädagogischen, teilweise psychologischen und medizinisch-therapeutischen Fachkräften, die eine integrierte Förderung gewährleisten sollen. Die Frühförderstellen sind mehrheitlich als allgemeine Frühförderstelle angelegt, die ihr Angebot nicht auf spezifische Beeinträchtigungen ausrichtet. Das allgemeine Angebot wird durch spezielle Frühförderstellen ergänzt, die sich schwerpunktmäßig an Kinder mit Sinnesbeeinträchtigungen wenden und häufig als Ambulanz an entsprechende Förderschulen angeschlossen sind. Auch für Kinder mit autistischen Störungen finden sich spezialisierte Angebote. Aufgrund besonderer Regelungen in einzelnen Bundesländern haben sich teilweise noch andere Organisationsformen und Schwerpunktsetzungen entwickelt. Zum Ende des Jahres 2006 wird bundesweit von »insgesamt 635 allgemeinen Frühförderstellen (…) sowie 108 speziellen Frühförderstellen (zuzüglich rd. 332 Sonderpädagogischen Beratungsstellen in Baden-Württemberg)« ausgegangen (ISG 2008, 41).

Die Finanzierung von Frühförderleistungen erfolgt zum einen als Leistung der Krankenversicherung für medizinisch-therapeutische Leistungen und zum anderen über die Eingliederungshilfe des SGB XII und teilweise über die Jugendhilfe (Eingliederungshilfe für seelisch behinderte Kinder gemäß § 35a SGB VIII) für die heilpädagogischen Leistungen. Das SGB IX (§ 30, § 56) und die Frühförderverordnung (§ 8) sehen vor, dass Frühförderung in »gemeinsamer Verantwortung von Sozialhilfe, Kinder- und Jugendhilfe und Krankenkassen« als Komplexleistung sowie auf der Basis eines gemeinsamen Förder- und Behandlungsplans durch interdisziplinäre Frühförderstellen und Sozialpädiatrische Zentren erbracht wird (BMFSFJ 2009, 15). Die Umsetzung dieser Vorgaben ist allerdings aufgrund der dazu vor Ort nötigen konkreten Leistungsvereinbarungen mit Regelungen zur Aufteilung der Kosten bislang noch wenig vorangeschritten, wie in einer Expertise für den 13. Kinder- und Jugendbericht (2009) berichtet wird (BMFSFJ 2009; Höfer/Behringer 2009; ISG 2008).

Während der Schwerpunkt der Frühförderarbeit in der Anfangszeit auf kindbezogenen und funktionalen Übungsbehandlungen lag, wird heute auf Familienorientierung und Kooperation mit den Eltern sowie veränderte Akzentsetzungen in der Förderung gesetzt (Speck 1998; Orthmann/Bless, 2009; Nek 2006). Mehr Gewicht erhält das Aufgreifen und die Förderung der Eigenaktivität des Kindes, die Anregung von Entwicklung (eingebettet in Spielhandlungen), die Förderung einer responsiven Beziehung zwischen Eltern und Kind »als sichere Basis für kindliche Entwicklung und Lernen« sowie Hilfen für Eltern zur Bewältigung ihrer Situation (Höfer/Behringer 2009, 8; Hellmann 2009; Nek 2006). Um dem Anspruch auf Interdisziplinarität gerecht zu werden, gehört die Kooperation und Vernetzung mit anderen Einrichtungen zu den zentralen Aufgaben der Frühförderung, wobei die wichtigsten Kooperationspartner Angehörige des Gesundheitswesens und der Kinder- und Jugendhilfe, z. B. Kindertageseinrichtungen sowie themenbezogene Netzwerkpartner sind.

Mit Blick auf die Entwicklung der letzten Jahrzehnte zeigt sich zum einen ein deutlicher Anstieg des Gesamtumfangs der in der Frühförderung betreuten Kinder, zum anderen eine veränderte Zusammensetzung der Adressat/inn/en (Weiß u. a. 2004, 56; Höfer/Behringer 2009; ISG 2008). »Nach *Sohns* (2003) machen die klassischen Behinderungsformen (manifeste geistige und körperliche Behinderung), die vor 20 Jahren im Mittelpunkt der Frühförderung standen, inzwischen nicht einmal mehr ein Viertel der Frühförderkinder aus (...). An erster Stelle stehen nun allgemeine Entwicklungsauffälligkeiten unklarer Genese gefolgt von psychosozialen Auffälligkeiten, die zusammen drei Viertel aller Frühförderleistungen ausmachen« (Höfer/Behringer 2009, 19). Einhergehend mit der Veränderung des Adressatenkreises werden in der Frühförderung in den letzten Jahren verstärkt Risiken der Entwicklungsgefährdung bei Kindern in Armutslagen thematisiert (Weiß u. a. 2004, 63 ff.).

5.2.2 Offene Hilfen

Begriffsklärung

Offene Hilfen bezeichnen ein breites Spektrum von Hilfen, welche ambulant erbracht und flexibel am Bedarf und an den Wünschen der Adressat/inn/en sowie an deren Alltag ausgerichtet werden. Sie sollen als »Wahlalternative zu stationär organisierten Angeboten« (Hamel/Kniel/Windisch 1995, 12 f.) Menschen mit Behinderung »ein Leben in alltäglichen sozialen Zusammenhängen und in Selbstbestimmung« (ebd.) ermöglichen, ihre Informations- und Entscheidungskompetenzen stärken sowie Selbsthilferessourcen und Peer-Support fördern. Offene Hilfen umfassen verschiedene ambulante Dienstleistungen wie Frühförderung, Familienentlastende bzw. -unterstützende Dienste (FeD/FuD), Beratung, Assistenzdienste, wohnbezogene Unterstützung oder unterstützte Beschäftigung sowie Angebote der Erwachsenenbildung und der Freizeitgestaltung. Unter ihrem Dach werden unter Berücksichtigung entwicklungsbezogener Aspekte und finanzieller Förderprogramme in Bundesländern Beratung, FeD/FuD und mobile Dienste für Persönliche Dienste subsumiert.

Entwicklung und Prinzipien der Offenen Hilfen

Bei der Konzeptualisierung der Offenen Hilfen in den 1980er-Jahren wurde zum einen an die rechtlichen Regelungen des ehemaligen BSHG (§ 3a) angeknüpft, die seit 1984 den Vorrang offener vor stationären Hilfen festlegten, zum anderen an die Forderungen der Behindertenselbsthilfe nach ambulant verfügbaren Hilfen und Assistenzleistungen zur Führung eines selbstbestimmten Lebens (Hamel/Kniel/Windisch 1995; Schädler 2007; Rohrmann 2007). Neben dem Anspruch, Hilfen sachgerechter und menschenwürdiger zu erbringen, war mit der Präferenz für ambulante Hilfen auf Seiten der Politik und der Kostenträger von Anfang an auch die Vorstellung verbunden, Kosten dämpfende Effekte zu erzielen. Der Vorrang ›ambulant vor stationär‹ ist inzwischen in allen relevanten Sozialgesetzen verankert (z. B. § 13 SGB XII; § 3 SGB XI; § 19 SGB IX) und zugleich mit einem Mehrkostenvorbehalt verknüpft. So heißt es im Sozialhilferecht, dass der Vorrang der ambulanten Leistung nicht gilt, wenn eine Leistung für eine geeignete stationäre Einrichtung zumutbar und eine ambulante Leistung mit unverhältnismäßigen Mehrkosten verbunden ist (§ 13 SGB XII). Das Wunsch- und Wahlrecht von Leistungsberechtigten (SGB IX,) wird im SGB IX (§ 9) indessen dezidiert abgesichert.

Bis heute liegt ein großes Konfliktpotenzial im Spannungsfeld zwischen Wunsch- und Wahlrecht, Bedarfsdeckung und Zumutbarkeit einerseits und dem Mehrkostenvorbehalt andererseits, und Betroffene benötigen Durchsetzungsfähigkeit und Durchhaltevermögen, um sich gegen eine vorgeschlagene stationäre Unterbringung zu wehren (Frehe 2008).

Die starke Fokussierung der Diskussion auf den Gegensatz »offen – geschlossen« (Urban 1995, 61 f.) oder die Alternative »ambulant – stationär« wurde mehrfach kritisiert und gilt heute als nicht mehr zeitgemäß (Rohrmann 2007, 124 ff.). Eine größere Bedeutung kommt dem Prinzip der Hilfeerbringung zu, das »durch eine größere Offenheit und eine spezifische Nutzer- und Alltagsorientierung gekennzeichnet ist« (Schädler 2007, 245). Die dem Anspruch der Offenen Hilfen entsprechenden individualisierten, personenbezogenen Hilfen benötigen als Basis personenbezogene Hilfeplanungsverfahren und zugleich gemeinwesenorientierte Interventionen sowie vernetzte, flexible Angebote (ebd.; Rohrmann 2007, 132 ff.).

Unter der Überschrift ›Offene Hilfen‹ haben sich in den letzten Jahrzehnten vielfältige innovative und qualitativ anspruchsvolle Unterstützungsdienstleistungen entwickelt. Die quantitative Verbreitung der Offenen Hilfen bleibt jedoch hinter dem Bedarf zurück. Dieser Umstand dürfte neben dem allgemeinen Mehrkostenvorbehalt wesentlich der nach wie vor dominierenden stationären und einrichtungsgebundenen Versorgung von Menschen mit geistigen und mehrfachen Behinderungen geschuldet sein (Rohrmann u. a. 2000; Rohrmann, 2007; BMAS 2009, S. 66).

Im Folgenden ist an dieser Stelle auf zwei Angebote, die sich als Offene Hilfen durch Förderprogramme in Bundesländern besonders profiliert haben und zu deren Aufgaben jeweils die Beratung gehört, genauer einzugehen:

- Familienentlastende/-unterstützende Dienste (Fed/FuD)
- Mobile ambulante Dienste für Persönliche Assistenz.

Familienentlastende/-unterstützende Dienste

Familienentlastende/-unterstützende Dienste oder Hilfen (Fed/FuD oder FuH) stellen ambulante Hilfen für Familien mit behinderten Angehörigen bereit. Abzugrenzen ist dieses Angebot vom Begriff Familienunterstützender Dienstleistungen, wie er als Sammelbegriff für verschiedene, z. B. haushaltsnahe Dienstleistungen Verwendung findet (BMFSFJ/ISS 2008).

Zu den Aufgaben der FeD/FuD gehört es, Familien mit Unterstützungsbedarf über ihre Ansprüche und Möglichkeiten der Entlastung bzw. Unterstützung zu beraten sowie notwendige Hilfen wunschgemäß zu organisieren und durchzuführen.

Die FeD/FuD haben sich seit den 1980er-Jahren entwickelt, 1984 wurde der Begriff ›Familienentlastender Dienst‹ erstmals verwendet. »Initiatoren waren (…) vor allem Orts- und Kreisvereinigungen der Lebenshilfe e. V., die auch gegenwärtig der größte Träger sind« (Wachtel 2007, 114). Seit einigen Jahren wird dem Begriff ›Familienunterstützender Dienst‹ der Vorzug gegeben. Die meisten Kinder mit Behinderung wachsen heute in ihren Familien auf, die die erforderlichen Betreuungs- und Pflegeleistungen selbst und mit Hilfe ihrer informellen, meist verwandtschaftlichen Netzwerke erbringen. Vor allem wenn ein umfassender pflegerischer Hilfebedarf besteht, können sich daraus sehr spezifische Belastungssituationen ergeben (Häußler u. a. 1996; Wacker 1995; Beck 2002; Thimm u. a. 2002, Schäfers/Wansing 2009). Auch ohne speziellen Pflegebedarf kann von einem erhöhten Aufwand für die Betreuung im Alltag und die Organisation von Hilfen ausgegangen werden, der eine Entlastung des Familienalltags nötig macht (Engelbert 1999, 278).

Das Ursprungskonzept der FeDs setzte vor allem auf stundenweise Entlastung für Familien in Form von Betreuung und Angeboten für die behinderten Angehörigen, etwa in Form von Begleitung zu Freizeitaktivitäten. Das Angebot der FuD wurde inzwischen erheblich erweitert und umfasst u. a. die Beratung von Hilfe suchenden Familien, Gruppen- und Freizeitangebote, Freizeiten und Reisen, Bildungsangebote, Begleitung des Ablöseprozesses vom Elternhaus im Erwachsenenalter wie auch Leistungen aus dem Spektrum des Kinder- und Jugendhilfegesetzes. Betreuungsleistungen sollen jeweils flexibel und ausgehend von den Wünschen der Betroffenen erfolgen und sich am Assistenzkonzept orientieren. Seit Gründung der Dienste wurde der Einsatz von ›Laienhelfern‹ favorisiert, die von sozialpädagogischen Fachkräften angeleitet und eingesetzt werden (Thimm u. a. 1997). Ergänzt wird die sozialpädagogische Leitung der Dienste heute häufig um eine Fachkraft mit pflegerischer Qualifikation oder der Kooperation mit einem anerkannten Pflegedienst (Rohrmann u. a. 2000, 155).

Leistungen der FeD/FuD werden mit regionalen Unterschieden meist über die Sozialhilfe (SGB XII) und die Pflegeversicherung (SGB XI, z. B. häusliche Pflege bei Verhinderung der Pflegeperson, so genannte Verhinderungspflege gemäß § 39) sowie gegebenenfalls nach weiteren gesetzlichen Regelungen (SGB VIII, SGB V) finanziert. Wachtel (2007, 114) gibt an, dass die Rechtsgrundlage und die Finanzierung der FeD/FuD insgesamt nach wie vor ungesichert ist, was trotz Förderprogramme die Regiekosten betrifft.

Wenngleich das Netz der FeD/FuD stark ausgebaut wurde, ist auch in diesem Teilbereich der Offenen Hilfen davon auszugehen, dass der Ausbau nicht bedarfsdeckend ist und die Dienste nicht in allen Regionen gleichermaßen erreichbar sind. Als weitere Hürden für die Nutzung gelten die mangelnde Information über das Vorhandensein der Dienste und die vergleichbar hohen Ansprüche an die Eigenaktivität der potentiellen Nutzer/innen (Rohrmann u. a. 2000) und deren Co-Produktionsleistung (Engelbert 1999). Es wird davon ausgegangen, dass nur ein Bruchteil der Anspruchsberechtigten das FeD/FuD-Angebot tatsächlich nutzt

(Rohrmann u. a. 2000, Wachtel 2002a und 2000b; Häußler u. a. 1996; Schäfers/ Wansing 2009). Engelbert (1999) hat in ihrer Studie herausgearbeitet, dass der Grad der Informiertheit von Familien über verfügbare Hilfen und die Möglichkeiten der Inanspruchnahme von sehr unterschiedlichen Faktoren abhängt. Von großer Relevanz sowohl für den Grad der Informiertheit als auch für die Nutzung von Leistungen erweisen sich in der Studie die Berufsposition und der Bildungsstand sowie die sozialen Kompetenzen vor allem der Mütter und die Zugehörigkeit zu Selbsthilfegruppen. In verschiedenen Befragungen von Familien, die Offene Hilfen des FeD/FuD nutzen, wird angegeben, dass sie gelegentlich weitere Hilfen benötigen, vor allem Betreuung zu ungünstigen Zeiten, z. B. in Abendstunden, an Wochenenden oder in plötzlichen Notsituationen (Thimm u. a. 1997; Häußler u. a. 1996; Böttner u. a. 1997; Hirchert 2002; Wachtel 2002a und 2000b, Schäfers/Wansing 2009).

Mobile ambulante Dienste für Persönliche Assistenz und Beratung

Seit Anfang der 1980er-Jahre haben sich spezielle zugehende bzw. mobile Dienste entwickelt, um Menschen mit körperlicher Beeinträchtigung und Sinnesschädigung, die Bedarf an Unterstützung im Alltag aufweisen, durch ambulante Leistungen ein selbstbestimmtes Leben in der eigenen Wohnung zu ermöglichen. Diese Dienste sind häufig als gemeinnützige Vereine organisiert und orientieren sich an den Zielen der ›Selbstbestimmt-Leben-Bewegung‹ und dem Ziel der sozialen Integration bzw. Inklusion.

Von Anbeginn an ist es ein zentrales Anliegen der Dienste, den Einfluss der Betroffenen auf die Organisation und Erbringung erforderlicher Hilfen zu erhöhen bzw. ihnen ein Maximum an Regiekompetenz einzuräumen. Zunächst gab es meist ambulante Dienste mit der Bezeichnung ›Individuelle Schwerstbehinderten Betreuung‹ (ISB), die vor allem mit Zivildienstleistenden arbeiteten (Hamel/Kniel/Windisch 1995). Zunehmend entstanden auch freie ambulante Dienste oder ambulante Dienste von Betroffenen für Betroffene nach dem Modell der »Centers of Independent Living« in den USA, die sich später unter dem Dach eines Zentrums für selbstbestimmtes Leben verorteten.

Diese ambulanten Dienste mit ihren je unterschiedlichen Entstehungszusammenhängen und Organisationsformen orientieren sich gegenwärtig mehr oder weniger am Modell der ›*Persönlichen Assistenz*‹, um die erforderlichen Hilfen im Alltag für Menschen mit Behinderung zu organisieren und zu erbringen. Ihre Assistenzleistungen reichen von der Grundpflege (z. B. Körperpflege) und haushaltsbezogenen Hilfen über Mobilitäts- oder Kommunikationshilfen bis hin zu Hilfestellungen zur Teilhabe am gesellschaftlichen Leben. Daneben ist die Beratung von Assistenznehmer/inn/en (in der Regel Kunden genannt) eine grundlegende Aufgabe der Assistenzdienste. Dabei spielt die Beratung zu etwaigen Ansprüchen auf Hilfen und Möglichkeiten der Organisation und Durchführung von Persönlicher Assistenz eine große Rolle. In Abstimmung mit den Betroffenen kann die Assistenzorganisation vom ambulanten Dienst übernommen werden. Dazu gehören das Vorschlagen, Anstellen und Anleiten von Assistent/inn/en, das Koordinieren von Teams und

Schulungen sowie das Erbringen von Querschnittsleistungen. Daneben ist die psychosoziale Beratung von Menschen mit Behinderung ein zentraler Baustein. In Diensten, die der Behindertenselbsthilfe angehören, wird dabei besonders auf Peer-Counseling (Betroffene beraten Betroffene) gesetzt (Kan/Doose 1999).

Mittlerweile hat sich das Angebotsspektrum mobiler ambulanter Dienste um Assistenzleistungen für Menschen mit so genannter geistiger Behinderung erweitert. Diese werden weitgehend ergänzend zu bzw. in Kombination mit zugehenden ambulanten (sozial)pädagogischen Hilfen in Form ambulanter wohnbezogener Hilfen (Ambulant Betreutes Wohnen/Unterstütztes Wohnen) erbracht.

5.2.3 Wohnbezogene Hilfen

> **Begriffsklärung**
>
> **Wohnen** ist ein zentraler Lebensbereich des Menschen, der nicht nur Unterkunft und Versorgung umfasst. Vielmehr gehören Geborgenheit und Sicherheit sowie Vertrautheit, Autonomie, Handlungs- und Entscheidungsspielräume, Privatheit, Intimität, Entfaltung einer eigenen Kultur, Selbstverwirklichung und Selbstdarstellung und selbstbestimmte Gestaltung der Kommunikation und des Zusammenlebens zu den subjektiv wichtigen Bereichen, die sich mit dem Wohnen verbinden (Thesing 2009).

Die Wohnbedürfnisse und Wünsche der Menschen mit Behinderung unterscheiden sich nicht grundlegend von denen der nicht behinderten Menschen. Allerdings gelingt es unter der Bedingung größerer sozialer Abhängigkeit und behindernder Umweltbedingungen schwerer, diese zu verwirklichen. In einer Befragung von Schüler/inne/n der Abgangsklassen von 125 Schulen für so genannte geistig Behinderte und jüngeren Mitarbeiter/innen von 89 Werkstätten für behinderte Menschen (WfbM) in Baden-Württemberg gaben nur 13 % an, in der Wohngruppe eines Wohnheimes leben zu wollen. Die meisten Befragten wünschten sich, entweder mit einem Partner oder einer Partnerin (42 %), im Ambulant Betreuten Wohnen (22 %), mit Familienmitgliedern (20 %), mit Freunden in einer Wohngemeinschaft oder Hausgemeinschaft (18 %) oder in anderen Arrangements (5 %) zu wohnen (Metzler/Rauscher 2004 zit. n. Lindmeier 2008; Lindmeier 2005; Metzler/Rauscher 2008).

Zwischen den formulierten Zielen der Inklusion und der Forderung nach ambulanter, flexibler, personenbezogener und bedarfsgerechter Unterstützung im Gemeinwesen sowie des Grundsatzes ›ambulant vor stationär‹ und der realen Wohnsituation vieler Menschen mit Behinderung bestehen gegenwärtig noch größere Diskrepanzen. Zwar ist es für eine größere Zahl von Menschen mit körperlichen Beeinträchtigungen aufgrund der Entwicklungen der letzten Jahrzehnte heute eher möglich, mittels ambulant verfügbarer Hilfen in der eigenen Wohnung zu leben. Für Menschen mit umfänglichem Hilfebedarf, insbesondere bei so genannter geistiger Behinderung und chronischer psychischer Erkrankung (seelischer

Behinderung) oder mehrfachen Beeinträchtigungen (z. B. Behinderung und Suchterkrankung), trifft dies jedoch deutlich weniger zu.

Der erste Heimbericht der Bundesregierung, der sich auf eine Studie der überörtlichen Träger der Sozialhilfe stützt, die »Angaben zu Leistungsempfängerinnen und Leistungsempfängern mit Eingliederungshilfe in stationären Wohneinrichtungen *nach Art der Behinderung*« (BMFSFJ 2006, 232, Hervorhebung im Original) enthält, gibt Aufschluss über die Zusammensetzung der Bewohner/innen in stationären Wohneinrichtungen der Behindertenhilfe. »Demnach bilden die größte Gruppe nach wie vor die geistig und geistig-mehrfachbehinderten Menschen mit 65 % der Leistungsempfängerinnen und -empfänger. Die zweitgrößte Gruppe sind seelisch behinderte Menschen und Suchtkranke mit knapp 25 %. Die übrigen 10 % entfallen auf Menschen mit körperlicher Behinderung; darin enthalten sind nur sehr geringe Anteile blinder (1,4 %) und gehörloser (1,3 %) Menschen« (ebd.). Dementsprechend sind ungefähr »60 % der Wohneinrichtungen der Behindertenhilfe ... Einrichtungen für Menschen mit geistiger Behinderung, 15 % der Einrichtungen nehmen schwerpunktmäßig Menschen mit geistigen und körperlichen Behinderungen auf, 16 % sind Einrichtungen für Menschen mit psychisch-seelischen Behinderungen« (ebd., 231 f.).

Gleichzeitig ist davon auszugehen, dass ein nennenswerter Teil von Menschen mit geistiger Behinderung auch im Erwachsenenalter noch in der Herkunftsfamilie wohnt (Seifert 2006; Röh 2009; Schäfers/Wansing 2009).

Außerdem finden sich in der Studie von Wacker u. a. (1998) zu Wohneinrichtungen der Behindertenhilfe klare Hinweise auf eine eingeschränkte Freiheit bei der Wahl des Wohn- und Lebensortes von Heimbewohnern. In über drei Viertel der Fälle war der Wechsel in ein Heim versorgungsorientiert und erfolgte aus einer Notsituation, ohne dass die Betroffenen Einfluss auf die Entscheidung hatten (auch BMAS 1998, 85). Dies betrifft besonders das hohe oder das sehr junge Alter, in dem »der Übergang von einer familiären Wohnsituation in ein Heim (...) häufig aus einer Notlage heraus (stattfindet), wenn die betreuenden Angehörigen nicht mehr ausreichend Hilfe leisten können« (Wacker 2001, 52). Gelegentlich wird auch von Fehlplatzierungen berichtet, z. B. von Menschen mit Behinderung unter 60 Jahren und besonderem pflegerischen Bedarf, die in Alteneinrichtungen untergebracht werden (Brings/Rohrmann 2002).

Für das Jahr 2003 wird die Gesamtzahl der ›Heime für behinderte Menschen‹ mit 5.118 beziffert, die Platzzahl mit 178.924 (BMFSFJ 2006, 230). Demgegenüber wurde für das Jahr 1996 die Zahl von 2.857 Heimen genannt mit 130.586 Plätzen (BMAS 1998, 84). Damit fällt der Anstieg bei den Platzzahlen geringer aus als der (ca. 1,8-fache) Anstieg der stationären Einrichtungen, was als Hinweis auf den Trend zu kleineren Einrichtungen gedeutet werden kann. Ende der 1990er-Jahre gehörten etwa drei Viertel der Einrichtungen (73 %) zu den kleineren Einrichtungen mit weniger als 50 Bewohnerinnen und Bewohnern, in welchen jedoch nur rund ein Viertel der Bewohner/innen stationärer Einrichtungen lebte. Knapp 20 % der Einrichtungen hatte zu diesem Zeitpunkt 50 bis 150 Plätze und 5 % mehr als 150 Plätze; darunter einige sehr große Einrichtungen mit mehr als 500 Bewohnerinnen und Bewohnern (BMAS 1998, 87; BMFSFJ 2006; Wacker u. a. 1998).

Menschen mit so genannter geistiger Behinderung und Mehrfachbehinderung leben häufiger in den größeren Einrichtungen, »fast ein Viertel der Menschen mit geistiger Behinderung in Einrichtungen mit 300 und mehr Plätzen« (BMAS 1998, 87). In der Regel handelt es sich dabei um »Komplexeinrichtungen mit integrierten Arbeits-, Beschäftigungs- und Freizeitangeboten« sowie verschiedenen Fachdiensten (Seifert 2006, 379). Dazu kommen häufig größere Wohngruppen und eine schlechtere Ausstattung mit Einzelzimmern für diese Zielgruppe. »Lediglich 38 v. H. der Menschen mit geistigen und Mehrfachbehinderung steht ein Einzelzimmer zur Verfügung, während dies bei fast 60 v. H. der Bewohner mit psychischer oder Körperbehinderung der Fall ist« (BMA 1998, 88).

Das Wohnangebot für Menschen mit Behinderung hat sich in den letzten Jahrzehnten erheblich ausdifferenziert und im stationären Sektor findet sich eine Tendenz zu kleineren Wohneinheiten mit dem Bestreben nach Gemeindenähe (z. B. Wohnstätten/Wohnheime mit und ohne Tagesstruktur, Wohngruppen). Dennoch gelten viele Wohngruppen und Einrichtungen heute immer noch als zu groß, um der Forderung nach Inklusion in das Gemeinwesen nahe zu kommen: »Wohneinrichtungen mit 30 Plätzen und mehr gelten im europäischen Kontext als Großeinrichtungen, deren Auflösung aus Menschenrechtsgründen dringend angezeigt ist« (Schädler/Rohrmann 2009, 69; Theunissen 2006b, 64).

Seit vielen Jahren steht die Dominanz der stationären Angebote in der Kritik von Selbsthilfegruppen und der Fachöffentlichkeit mit der Forderung nach Etablierung ambulanter und gemeindeintegrierter Versorgungsstrukturen sowie echter Wahloptionen. Gestützt werden diese Forderungen gegenwärtig auch durch den Artikel 19 der UN-BRK, demzufolge die Vertragsstaaten gewährleisten sollen, dass Menschen mit Behinderungen gleichberechtigt die Möglichkeit haben, ihren Aufenthaltsort zu wählen und zu entscheiden, wo und mit wem sie leben, und nicht verpflichtet sind, in besonderen Wohnformen zu leben. Der Ausbau ambulant betreuter Wohnformen wird indessen auch von Kostenträgerseite favorisiert, da damit die Hoffnung verknüpft ist, die seit Jahren steigenden Ausgaben bei den Eingliederungshilfen abzubremsen (BAGüS 2010).

Unter der Überschrift ›Ambulantisierung‹ wird derzeit versucht, das Verhältnis zwischen stationär und ambulant betreuten Wohnformen zugunsten der ambulanten zu verschieben. Der Sozialhilfestatistik für 2007 (Statistisches Bundesamt 2009, 12) ist zu entnehmen, dass im Laufe des Jahres 2007 39 % aller Empfänger von Eingliederungshilfe Leistungen zum (stationär und ambulant) betreuten Wohnen erhielten, das waren 264.000 Personen. »Die meisten der betreut Wohnenden (176.000 Personen) lebten in einer Wohneinrichtung, 82.000 Personen lebten ambulant betreut in einer eigenen Wohnung und 11.000 in einer ambulant betreuten Wohngemeinschaft« (ebd.). Legt man die letztgenannten Zahlen zugrunde, hätte das Verhältnis von stationär zu ambulant 2007 65 % zu 35 % betragen.

Die Bundesarbeitsgemeinschaft der überörtlichen Träger der Sozialhilfe (BAGüS) berichtet in ihrer 2010 veröffentlichten Erhebung, »dass die Ambulantisierungsbemühungen erfolgreicher waren, als zuvor angenommen« (BAGüS 2010, 4). Bei den Fallzahlen in stationären Wohneinrichtungen fand sich im Zeitraum von 2005 bis 2008 ein moderater Anstieg von 2,5 %, während die Fallzahlen beim Ambulant Betreuten Wohnen um 44, 4 % anstiegen (ebd., 4).

Die Entwicklung zeigt allerdings auch, dass die Gesamtzahl der Menschen mit Behinderung in Wohnangeboten weiter angestiegen ist. Die BAGüS zieht daraus den Schluss, »dass die verstärkten Ambulantisierungsangebote zu einer erhöhten Nachfrage nach Leistungen geführt haben« (ebd., 6).

> **Begriffsklärung**
>
> **Ambulant Betreute Wohnformen** für Menschen mit Behinderung gibt es in Deutschland bereits seit Mitte der 1980er-Jahre. Heute wird in der Fachdiskussion die Bezeichnung ambulant ›Betreutes Wohnen‹ als ambulante pädagogische Leistung zunehmend durch ›Unterstütztes Wohnen‹ ersetzt, um auf den Paradigmenwandel in der Behindertenhilfe hinzuweisen. Etabliert haben sich ambulant betreute Wohnformen wie Einzelwohnen, Wohnen in einer Partnerschaft oder Wohngemeinschaft und auch das begleitete Wohnen in einer Familie. An einigen Orten finden sich ebenfalls so genannte integrative Wohngemeinschaften, in denen ein Teil der Assistenzleistungen von den nicht behinderten Bewohner/inne/n übernommen wird (Jerg 2001).

Bundesweit stellen derzeit Menschen mit seelischen Behinderungen die größte Gruppe im Ambulant Betreuten Wohnen, aber auch Menschen mit geistigen Behinderungen werden zunehmend einbezogen (BMFSFS 2006, 232). Die inhaltlichen Schwerpunkte der professionellen pädagogischen Unterstützungsarbeit im häuslichen Umfeld reichen von der Unterstützung bei der Bewältigung von lebenspraktischen Anforderungen, der Gesundheitssorge, Behördenkontakten und der Finanzplanung bis zu psychosozialer Beratung sowie der Förderung sozialer Kontakte und Hilfen zur Teilhabe im Gemeinwesen.

Gegenwärtig ist das Ambulant Betreute Wohnen so ausgestaltet, dass es sich in der Regel nur für diejenigen realisieren lässt, die ohne allzu großen Unterstützungsbedarf in einem eigenen Haushalt leben können, da die zur Realisierung bewilligten Mittel meist recht knapp bemessen sind (Metzler/Rauscher 2008; Loeken/Windisch 2009b). Wenngleich die sozialpädagogische Hilfe bei Bedarf durch hauswirtschaftliche, pflegerische und begleitende Hilfen in begrenztem Umfang aufgestockt werden kann, ist dies für Menschen mit höherem Hilfebedarf oft nicht ausreichend (ebd.). Ein Risiko der ›Ambulantisierung‹ in der gegenwärtigen Form ist daher der negative Nebeneffekt, dass Menschen mit vergleichsweise geringem Hilfebedarf, die so genannten ›Fitten‹, die stationären Einrichtungen verlassen und dort ausschließlich Menschen mit hohem Hilfebedarf oder besonderen Problemlagen verbleiben und so genannte Restgruppen entstehen (Dalferth 2006).

Damit Menschen mit hohem Unterstützungsbedarf nicht weiterhin fast ausschließlich auf stationäre Versorgungsangebote angewiesen sind, gibt es zum einen Bemühungen, zusätzliche Hilfen zu akquirieren und beispielsweise bürgerschaftliches Engagement in ein Hilfearrangement einzubinden oder über Unterstützerkreise zusätzliche Netzwerkressourcen zu erschließen (Boban 2003; Metzler/Rauscher 2008; Loeken/Windisch 2009b). Zum anderen finden sich Ansätze, in welchen kleine stadtteilintegrierte Wohngruppen für Menschen mit besonderen

Bedarfslagen – z. B. massiven Verhaltensauffälligkeiten – erprobt werden (Hahn 2004).

Die angestrebte Teilhabe von Menschen mit Behinderung im Gemeinwesen wird sich unter den gegenwärtigen strukturellen Rahmenbedingungen wohl kaum durch ambulant unterstütztes Wohnen erzielen lassen. Dazu bedarf es weiterer gemeinwesenbezogener Interventionen und Vernetzungen, wie sie sozialraumorientierte Ansätze und Entwürfe von ›Community Care‹ thematisieren (Maas 2006; Aselmeier 2008; Schablon 2009).

Weitere Herausforderungen für die Entwicklung wohnbezogener Hilfen ergeben sich durch die demografische Entwicklung. Bereits seit einigen Jahren zeichnet sich eine starke Zunahme von älteren Menschen mit geistiger Behinderung ab, die im Ruhestand (nach dem Ausscheiden aus einer Werkstatt für behinderte Menschen) sind und häufig zu den langjährigen Wohnheimbewohnern gehören. Hinsichtlich deren Wohnsituation ergeben sich sowohl Erfordernisse zu baulichen Umgestaltungen (Barrierefreiheit, Maßnahmen zur besseren Orientierung) als auch zu konzeptionellen Veränderungen, z. B. Angebote zur Tagesstrukturierung, Kooperationen von Einrichtungen der Behindertenhilfe mit Einrichtungen der Altenhilfe und Pflegeeinrichtungen, zielgruppenorientierte Zusammenarbeit mit der offenen Altenhilfe (Wacker 2001; BMFSFJ 2006; Havemann/Stöppler 2010). Dabei offenbart sich eine besondere Problematik bei den Bewohner/inne/n in Einrichtungen, die weitgehend über die Eingliederungshilfe finanziert werden, wenn zusätzlich ein Pflegebedarf mit Anspruch auf Hilfe zur Pflege eintritt. »Nach § 43a SGB XI haben [zwar – d. Verf.] auch die in vollstationären Einrichtungen der Behindertenhilfe lebenden Menschen im Bedarfsfall Anspruch auf Leistungen der gesetzlichen Pflegeversicherung (SGB XI), allerdings nur bis zu einer Höhe von 256 Euro monatlich« (BMFSFJ 2006, 227). Entsteht ein höherer Bedarf, wird über das Umziehen in eine Pflegeeinrichtung nachgedacht. Da der Umzug in ein ›klassisches‹ Altenpflegeheim als nicht geeignet angesehen wird, entstehen teilweise spezielle Pflegeeinrichtungen oder -abteilungen bei Trägern der Behindertenhilfe (ebd.).

Angesichts der existenziellen Bedeutung, die das Wohnen für den Menschen hat, ist die *Lebensqualität* behinderter Menschen in Wohneinrichtungen in den Fokus der fachlichen Auseinandersetzung gekommen (Beck 2000; Seifert 2006; Seifert u. a. 2001). Sie ist gleichzeitig ein Bestandteil von Qualitätsentwicklung in der Behindertenhilfe.

5.2.4 Arbeitsbezogene Hilfen

Begriffsklärung

Der **Arbeit** kommt – vergleichbar mit dem Wohnen – eine besondere Bedeutung und Funktion für den Menschen zu. Auch wenn es eine Reduktion menschlicher Tätigkeit bedeutet, wird heute und in den folgenden Ausführungen Arbeit meist mit Erwerbsarbeit gleich gesetzt. Während die Dominanz der Erwerbsarbeit als sinnstiftendes Element in der Gesellschaft weiterhin besteht, gibt es aber auch Bestrebungen, andere und gesellschaftlich unverzichtbare Tätigkeiten wie

> Familien- und Erziehungsarbeit, Pflege oder Bürger- und Freiwilligenarbeit aufzuwerten und somit über Alternativen zur Erwerbsarbeit nachzudenken (Grampp u. a. 2010; Lelgemann 2009; Bieker 2005a).

Unverändert ist mit Bieker (2005a) eine nach wie vor bestehende hohe Bedeutung der Erwerbsarbeit in der Gesellschaft zu konstatieren. Ihm zufolge ist zu beobachten, dass »je knapper die Arbeit wird, umso bedeutsamer ... die individuelle Partizipation an der Arbeitsgesellschaft für die persönliche Statusdefinition und das Gefühl [wird – d. Verf.], nicht zu dem exkludierten Drittel der Arbeitsmarktverlierer zu gehören« (ebd., 14).

Demnach scheint der Erwerbsarbeit weiterhin eine zentrale Funktion für die menschliche Identität zuzufallen (ebd.; Kardoff 2000). Nach Kardoff (2002, 2) vermittelt »Erwerbsarbeit ... soziale Einbindung, allein schon deshalb, weil Erwerbstätige den größten Teil ihrer Tages- und einen erheblichen Teil ihrer Lebenszeit in der Arbeitswelt verbringen; Erwerbsarbeit strukturiert Zeitabläufe und dient damit als ordnender und orientierender Faktor«. Sie wird als Herausforderung und sinnstiftend erlebt (Bieker 2005a; Lelgemann 2009). Zugleich wird der Einzelne über Erwerbsarbeit »in kollektive Ziele und Zwecksetzungen eingebunden« (Bieker 2005a, 15).

All dies trifft grundsätzlich auch für Menschen mit Behinderung zu. In einer Befragung von Menschen mit schweren Beeinträchtigungen, die entweder in einer Werkstatt für behinderte Menschen (WfbM) oder einer Tagesförderstätte tätig waren, äußerten die meisten Befragten neben dem Wunsch nach stabilen personellen Beziehungen den Wunsch, einer sinnvollen Arbeit nachgehen zu können (Lelgemann 2000).

Zur Förderung der Teilhabe von behinderten Menschen am Arbeitsleben, sei es in Form von Erwerbsarbeit auf dem allgemeinen Arbeitsmarkt oder der Beschäftigung auf dem Sonderarbeitsmarkt, gibt es eine Vielzahl von Hilfen, Nachteilsausgleichen, Fördermöglichkeiten für Betriebe, Schutzregelungen und besonderen institutionellen Angeboten (SGB IX, Teil 2; Haines 2005; Rauch 2005; Grampp u. a. 2010). Alle Maßnahmen sind grundlegend gebunden an das Vorliegen einer so genannten ›Schwerbehinderung‹ bei den betroffenen Menschen, d. h. eines durch Behindertenausweis dokumentierten Behinderungsgrades von mindestens 50 % (§ 2 Abs. 2 SGB IX). Hierbei handelt es sich um eine rein formale Leistungsvoraussetzung, die keine Aussage über die tatsächlichen, die Arbeit betreffenden Schwierigkeiten und den Bedarf an Hilfen beinhaltet. Auf Antrag an die Arbeitsagentur können behinderte Menschen mit einem Grad der Behinderung (GdB) von mindestens 30 % den ›Schwerbehinderten‹ gleichgestellt werden. Zusätzlich können beeinträchtigte Jugendliche für die Zeit der Berufsausbildung ebenfalls den ›Schwerbehinderten‹ gleichgestellt werden, auch wenn der GdB weniger als 30 % beträgt oder nicht festgestellt ist.

Zum verzweigten System der beruflichen Rehabilitation gehören Berufsvorbereitung und Berufsausbildung, Umschulung und Fortbildung, Eingliederung in Arbeitsverhältnisse – regulär oder auf dem Sonderarbeitsmarkt – und Unterstützung während der Erwerbstätigkeit. Vom Grundsatz her stehen zwar auch Menschen mit Behinderung alle Ausbildungs-, Umschulungs- und Beschäftigungsmöglichkeiten offen, in der Praxis zeigen sich jedoch erhebliche Hürden hinsichtlich der Teilhabe am Arbeitsleben.

So liegt die Arbeitslosigkeit so genannter ›Schwerbehinderter‹ regelmäßig über dem Durchschnitt der allgemeinen Arbeitslosigkeit und hält im Schnitt länger an (BA 2002). »Während in 2011 die allgemeine Arbeitslosigkeit gegenüber dem Vorjahr um weitere 7,85 Prozent« gesunken ist, stieg »die Arbeitslosigkeit schwerbehinderter Menschen entgegen diesem Trend im zweiten Jahr in Folge um 6,13 Prozent« (BIH 2011, 6). Als Ursachen für die höhere Arbeitslosigkeit bei »schwerbehinderten« Personen werden sowohl Erschwernisse auf Seiten der Betroffenen als auch Hindernisse durch die Bedingungen auf dem Arbeitsmarkt genannt. Erschwernisse auf Seiten der Arbeitgeber können insbesondere »unzutreffende und generalisierende Vorstellungen über den Personenkreis der schwerbehinderten Menschen und ihre Leistungsfähigkeit, über die Reichweite des gesetzlichen Schutzes für schwerbehinderte Menschen sowie fehlende Information über die möglichen Hilfen zur Rehabilitation« sein (BA 2002, 284; Niehaus 1997; Rauch 2005).

Auch zwischen der Pflichtquote zur Beschäftigung schwerbehinderter Menschen (5 %) in Betrieben mit mehr als 20 Angestellten (§ 71 ff. SGB IX) und ihrer tatsächlichen Beschäftigungsquote zeigen sich Diskrepanzen. Mit Hilfe verschiedener Förderprogramme und Kampagnen der Bundesregierung gelang es, ihre Beschäftigungsquote zu erhöhen, so dass sie 2009 insgesamt 4,5 % betrug (im öffentlichen Dienst 6,3 %, in der privaten Wirtschaft 3,9 %) (BIH 2011, 11). Traditionell spielen bei der Erfüllung der Beschäftigungsquote betriebsintern rekrutierte schwerbehinderte Personen, d. h. diejenigen, die während ihrer Beschäftigungsverhältnisse eine Behinderung erwerben, eine große Rolle im Gegensatz zur Neueinstellung behinderter Menschen. Montada (1997, 6) geht von 80 % intern rekrutierten beschäftigten Schwerbehinderten aus (auch Niehaus 2007).

Begriffsklärung

Eine wichtige Funktion zur Förderung schwerbehinderter Menschen im Arbeitsleben kommt den **Integrationsämtern** der Bundesländer zu, die zugleich die Ausgleichsabgabe von den Betrieben einziehen, die die gesetzlich definierte Beschäftigungsquote nicht erfüllen. Zentrale Instrumente der Integrationsämter zur Beschäftigungsförderung sind die begleitenden Hilfen im Arbeitsleben, wozu behinderungsgerechte Einrichtungen oder Umbaumaßnahmen an Arbeitsplätzen, Leistungen an Arbeitgeber bei außergewöhnlichen Belastungen und die Gewährung von Arbeitsassistenz zählen (BMAS 2009; BIH 2011).

Das Spektrum von Arbeitsassistenz als ein Instrument der Integrationsämter zur Beschäftigungsförderung von Menschen mit Schwerbehinderung beinhaltet beispielsweise Mobilitätsassistenz für körperlich beeinträchtige Menschen, Kommunikationshilfen wie Vorlesekräfte für blinde Menschen oder Gebärdendolmetscher für gehörlose Personen. Den Assistenzleistungen wird eine große Bedeutung für die arbeitsbezogene Teilhabe, besonders beim Berufseintritt zugeschrieben.

Zugleich haben die Integrationsämter eine grundlegende Strukturverantwortung für die Integrationsfachdienste (IFD) und fördern Integrationsprojekte.

> **Begriffsklärung**
>
> **Integrationsfachdienste** sind ein ambulantes Angebot, das sich an schwerbehinderte Menschen mit einem »besonderen Bedarf an arbeits- und berufsbegleitender Betreuung« (§ 109 SGB IX) sowie an Arbeitgeber wendet, die schwerbehinderte Menschen beschäftigen. Ein besonderer Unterstützungsbedarf wird bei behinderungsbedingten Erschwernissen und zusätzlichen vermittlungshemmenden Umständen angenommen. Weitere Zielgruppen der Integrationsfachdienste sind nach dem Gesetz Menschen, die von der Werkstatt für behinderte Menschen auf den allgemeinen Arbeitsmarkt wechseln und schwerbehinderte Schulabgänger.

Seit Inkrafttreten des SGB IX wurden die IFD flächendeckend ausgebaut. Nach Beauftragung durch das Integrationsamt oder einen Rehabilitationsträger arbeiten die IFD in den beiden Schwerpunkten Integrationsberatung und Vermittlung in ein Arbeitsverhältnis sowie der beruflichen Begleitung und Sicherung eines bestehenden Arbeitsverhältnisses (Schartmann 2005; Schüller 2009; BIH 2011).

Die Aufgaben des sonder- oder sozialpädagogischen, teils auch psychologischen Personals der IFD, das sehr gute Kenntnisse betrieblicher Strukturen benötigt, umfassen ein breites Spektrum an Tätigkeiten. Sie sind sowohl an den Belangen der behinderten Adressat/inn/en als auch an den Erfordernissen der betrieblichen Integration ausgerichtet. Zu ihnen gehören das Erstellen individueller Fähigkeitsanalysen und Interessensprofile, die Akquise von Arbeitsplätzen, die Begleitung am Arbeitsplatz und bei Bedarf Training im betrieblichen Umfeld (Job Coaching), das Erstellen von Arbeitshilfen, die Abklärung des spezifischen Hilfebedarfs und die Information von Arbeitgebern über mögliche Leistungen sowie bei Bedarf das Gespräch mit Kolleg/inn/en und die Suche nach innerbetrieblichen Unterstützungsressourcen (Schartmann 2005; Schüller 2009). Das Vorgehen orientiert sich am Konzept der *Unterstützten Beschäftigung (supported employment)* (Doose 2007; Hohmeier 2007).

Zu den Adressat/inn/en der IFD gehörten im Jahr 2010 rund 24 % Menschen mit einer seelischen Behinderung, 35 % Menschen mit körperlichen Beeinträchtigungen, 17 % waren sinnesbehindert, 14,5 % geistig behindert oder lernbehindert (BIH 2011, 28 ff.). Die passgenau an den Erfordernissen des Einzelfalles ausgerichtete Arbeit der IFD gilt als erfolgreich. Die Vermittlungsquote lag im Jahr 2010 bei 32,3 %, »die Quote der erfolgreich gesicherten Arbeitsverhältnisse (...) bei 80 Prozent« (BIH 2011, 31). »Die Zahl der Übergänger aus Schulen und WfbM hat sich seit 2005 (...) im Jahr 2010 fast verdreifacht. ...Mit insgesamt 7,4 Prozent (...) lag der Anteil dieser beiden Zielgruppen an allen Klienten zwar immer noch niedrig, steigt aber seit Jahren kontinuierlich an« (ebd., 30).

Mit verschiedenen Förderprogrammen auf Bundesebene und in einzelnen Bundesländern wird versucht, verstärkt die Vermittlung von Abgängern der Förderschulen (besonders des Förderschwerpunktes geistige Entwicklung) auf den allgemeinen Arbeitsmarkt in den Blick zu nehmen, um den Automatismus der Einmündung in die WfbM zu unterbrechen (BMAS 2009; Schüller 2009; Ebert 2009).

> **Begriffsklärung**
>
> **Werkstätten für behinderte Menschen (WfbM)** sind für eine immer größer werdende Zahl von Menschen mit Behinderung, die laut Gesetz »wegen Art oder Schwere der Behinderung nicht, noch nicht oder noch nicht wieder auf dem allgemeinen Arbeitsmarkt beschäftigt werden können« (§ 136 SGB IX) und ein Mindestmaß an wirtschaftlich verwertbarer Arbeit erbringen können, der zentrale Ort der beruflichen Bildung, Förderung und Beschäftigung.

Menschen, die das geforderte Mindestmaß an verwertbarer Arbeit nicht erbringen können und auf besondere Betreuung angewiesen sind, haben die Gelegenheit, gesonderte Gruppen zu besuchen, die (mit regionalen Unterschieden) meist als Tagesfördergruppen institutionell an die WfbM angebunden sind.

Ungeachtet der Kritik am separierenden Sonderarbeitsmarkt der WfbM übernimmt diese besonders für Menschen mit so genannter geistiger Behinderung meist eine zentrale Funktion als sozialer Lebensort ergänzend zu den häufig eingeschränkten Netzwerken und den professionellen Kontaktpartnern (Bieker 2007, 377).

Zum differenzierten Angebot der WfbM gehören das Eingangsverfahren, der Berufsbildungs-, der Arbeits- und der Tagesförderbereich sowie begleitende Dienste. Zum Arbeitsbereich, vereinzelt auch zum Berufsbildungsbereich, können so genannte Außenarbeitsplätze in regulären Betrieben gehören, auf welchen Beschäftigte der Werkstatt arbeiten. Des Weiteren gehört die Vermittlung auf den allgemeinen Arbeitsmarkt zum Auftrag der Werkstätten (Grampp u. a. 2010; Bieker 2005b; Hirsch 2009). Zu den begleitenden Diensten zählen zum einen der Soziale Dienst mit komplexen Beratungs-, Planungs-, Administrations- und Organisationsaufgaben und zum anderen vielfältige Angebote der Weiterbildung, zur Persönlichkeitsentwicklung und Freizeitangebote (Bieker 2005b).

Die beschäftigten Mitarbeiter/innen mit Behinderung im Arbeitsbereich der WfbM waren in den Mitgliedseinrichtungen der BAG WfbM 2011 zu 77,41 % Menschen mit geistiger Behinderung, 18,9 % waren psychisch beeinträchtigt und 3,69 % hatten eine Körperbehinderung (BAG WfbM 2011). Die Beschäftigtenstruktur der ursprünglich für geistig behinderte Menschen gegründeten Werkstätten ist heute heterogener. So wird ein Anstieg von Menschen mit psychischen Erkrankungen und von Personen mit besonders auffälligen Verhaltensweisen in Kombination mit Behinderungen (z. T. milieubedingte sekundäre Behinderungen) beschrieben (ISB 2008, 6). Zugleich ist ein stetiges Anwachsen der Gesamtbeschäftigtenzahl zu verzeichnen. Während im Jahr 1974 noch von 15.000 beschäftigten Schwerbehinderten in den Werkstätten ausgegangen wurde, werden für 2007 bereits 275.492 Beschäftigte angegeben und für 2011 277.839 Beschäftige und 13.863 Personen im Förderbereich allein bei den Mitgliedseinrichtungen der Bundesarbeitgemeinschaft (BAG) WfbM (BMAS 2009, 60; BAG WfbM 2011). »Vor dem Hintergrund dieses unerwarteten Anstiegs und aus der Sorge heraus, dass das flächendeckende Netz von WfbM in Deutschland finanzierbar bleiben muss« (ISB 2008, 5), gab das Bundesministerium für Arbeit und Sozialordnung (BMAS) eine Studie in Auftrag, in der die Gründe für den Anstieg untersucht und Handlungsempfehlungen erarbeitet werden sollten. Wenngleich sich keine zentrale Einzelursache für den Anstieg finden ließ, sondern eher Bündelungen verschiedener Faktoren dazu führten, dass es zur Werkstattaufnahme kam, entsteht der deutliche Eindruck, dass es neben dem Anstieg der Förderschulabsolvent/inn/en ganz zentral arbeitsmarktbedingte Faktoren und Veränderungen der Arbeitsprozesse sind, die zu fehlenden Alternativen zur WfbM führen, und z. B. »den steigenden Anteil seelisch behinderter Menschen« erklären (ebd., 15).

Die Zahl der Vermittlung von Beschäftigten auf den allgemeinen Arbeitsmarkt, die zum gesetzlichen Auftrag der Werkstätten gehört, blieb trotz leichtem absoluten Anstieg insgesamt im marginalen Bereich von 0,17 % im Jahr 2006 (ebd., 11). Dabei zeigen sich große Differenzen zwischen den Werkstätten in den Bundesländern.

Einzig in Hessen bieten die WfbM für die Vermittlung auf den allgemeinen Arbeitsmarkt einen gesonderten Dienst durch die Fachkraft für berufliche Integration (FBI) an, die dem Sozialen Dienst zugeordnet ist. In einer Verbleibsstudie von Doose (2005), der die Situation der durch die FBI auf den allgemeinen Arbeitsmarkt vermittelten Beschäftigten untersuchte, zeigt sich besonders bei Menschen mit so genannter geistiger Behinderung (Lernschwierigkeiten) eine hohe Stabilität und Dauer der Arbeitsverhältnisse. Die Situation bei den Menschen mit psychischer Behinderung stellt sich etwas anders dar: »Von den Menschen mit psychischer Behinderung sind über fünf Jahre nach der Vermittlung 39 % in Arbeit, 32 % in (Erwerbsunfähigkeits-/EU-)Rente, 21,4 % sind in die WfbM zurückgekehrt, 3,6 % erwerbslos und 3,6 % in Berufsausbildungsmaßnahmen« (ebd., 28 f.). Als zentraler Faktor für die dauerhafte Integration von Menschen mit geistiger Behinderung in den allgemeinen Arbeitsmarkt erweist sich die Passgenauigkeit, die durch die intensive Gestaltung der Arbeitsplatzauswahl und der entsprechenden Begleitung vor allem in der Anfangsphase erreicht wird, wobei auch hier auf das Konzept der *Unterstützen Beschäftigung* (supported employment) zurückgegriffen wird.

Seit Anfang 2009 steht mit dem neu in das SGB IX aufgenommenen § 38a »Unterstützte Beschäftigung« ein weiteres Instrument zur Verfügung, um behinderten Menschen mit einem besonderen Unterstützungsbedarf, die nicht das spezielle Angebot der WfbM benötigen und einen sozialversicherungspflichtigen Arbeitsplatz anstreben, eine individuelle betriebliche Qualifizierung und anschließend gegebenenfalls eine Begleitung auf einem Arbeitsplatz des allgemeinen Arbeitsmarktes zu ermöglichen (z. B. BAG UB 2012).

Gleichsam zwischen der WfbM und regulären Betrieben sind *Integrationsprojekte* bzw. Integrationsfirmen oder Integrationsabteilungen (§ 132 SGB IX) angesiedelt.

> **Begriffsklärung**
>
> **Integrationsprojekte** beschäftigen nichtbehinderte und mindestens 25 % bis höchstens 50 % behinderte Menschen. Ab einem Anteil von 40 % schwerbehinderter Mitarbeiter erhält ein Integrationsprojekt den Status der Gemeinnützigkeit und finanzielle Entlastungen. Gefördert werden Integrationsprojekte unter anderem aus Mitteln der Ausgleichsabgabe durch die Integrationsämter.

Die für das Jahr 2010 genannten 634 Integrationsprojekte (Integrationsunternehmen/-abteilungen) beschäftigten rund 8.710 schwerbehinderte Mitarbeiter (BIH 2011, 23 f.). Integrationsprojekte sind Teil des allgemeinen Arbeitsmarkts und müssen sich dort mit ihren Angeboten behaupten. Sie sind in unterschiedlichen Branchen tätig, wobei Gastronomie und Hotelgewerbe sowie verschiedene Haus- oder Internetdienstleistungen als Branchen mit Bedeutungszuwachs gelten (Schwendy/Senner 2005). Nicht nur für die beschäftigten schwerbehinderten Mitarbeiter/innen haben Integrationsprojekte eine große Bedeutung, sondern auch im Hinblick auf ihre öffentliche Wirkung, besonders im Bereich von Gastronomie und Hotelgewerbe (Boban/Hinz 1995).

Von Bedeutung für die berufliche Erstausbildung junger Menschen mit Behinderung oder Benachteiligung sind die 52 *Berufsbildungswerke*, die als außerbetriebliche Einrichtungen Berufsvorbereitung, Ausbildung und begleitende pädagogische, psychologische und medizinische Dienste anbieten (Grünke u. a. 2009; BAG BBW 2012).

Zuständig für Weiterbildung und ggf. Umschulung von Erwachsenen mit schwerpunktmäßig körperlichen und Sinnesbehinderungen oder auch psychischen Erkrankungen sind ›Berufsförderungswerke‹ mit je unterschiedlichen Schwerpunkten (AG BFW/BAG BBW 2010).

> **Vertiefende Literatur**
>
> Die Entwicklung der beruflichen Bildung von Menschen mit Behinderung ist in der Publikation von Hirsch/Lindmeier (2006) vertiefend dargestellt.

6 Professionalisierung und Akademisierung

Der Aufbau und die Ausdifferenzierung von Erziehungs-, Bildungs- und Hilfeangeboten für behinderte Menschen über alle Lebensalter hinweg hat seit 1945 zu einer bedeutenden Zunahme von Handlungsfeldern in der Sozialen Arbeit geführt. Für den Bereich der schulischen Förderung von Schülern mit sonderpädagogischem Förderbedarf gibt es regelmäßig von der Kultusministerkonferenz (KMK) veröffentlichte Daten, die einen Überblick über die Zahl der Schüler/innen, die Förderorte und die Zahl der sonderpädagogischen Lehrkräfte geben. Diese Zahlen belegen über die Jahre hinweg eine deutliche Zunahme der Stellen (KMK 2010).

Währenddessen stellt sich die Situation in den außerschulischen Feldern der Pädagogik bzw. der Sozialen Arbeit bei Behinderung weniger übersichtlich dar. Obwohl dazu keine umfassenden und in allen Punkten vergleichbaren Daten vorliegen, ist auch dort von einer größeren Zahl akademisch qualifizierter, pädagogischer Fachkräfte mit unterschiedlichen Studienabschlüssen an Hochschulen für angewandte Wissenschaften/FH oder Universitäten (z. B. Sonder-, Heil-, Behinderten-, Rehabilitations- oder Sozialpädagogik oder Soziale Arbeit) auszugehen. Diesen Entwicklungen wird im Folgenden nachgegangen.

Zunächst zeigt das Kapitel Entwicklungen der Qualifikationsstruktur in der Behindertenhilfe nach älteren Untersuchungen und Absolventenstudien auf. Die weiteren Ausführungen beziehen sich auf die berufliche Qualifikation und pädagogische Akademisierung im Spiegel eigener, jüngerer Untersuchungsergebnisse. Diese verdeutlichen – auf der Basis erhobener Daten in Hessen – vielschichtige Zusammenhänge im Kontext beruflicher Qualifikationen und Handlungsfeldern.

> **Begriffsklärung**
>
> **Pädagogische Professionalisierung** beschreibt hier den Prozess, zunehmend Fachkräfte mit einer pädagogischen Grundausbildung oder einer Ausbildung mit pädagogischen Schwerpunkten in der Sozialen Arbeit bei Behinderung zu beschäftigen.
>
> Unter **Akademisierung** ist die Zunahme der Beschäftigten mit einem Hochschulabschluss (Hochschulen für angewandte Wissenschaften/FH oder Universitäten) in der außerschulischen Behindertenhilfe zu verstehen.

6.1 Entwicklung der Qualifikationsstruktur in der Behindertenhilfe nach älteren Untersuchungen und Absolventenstudien

Im Vergleich zum Bereich der Förderschulen und zu klassischen Feldern Sozialer Arbeit (z. B. Jugendhilfe) zeichnet sich eine nennenswerte pädagogische Professionalisierung in Feldern der Pädagogik bzw. Sozialen Arbeit bei Behinderung deutlich später ab.

Bis in die 1970er-Jahre war die Versorgung von Menschen mit Behinderung (vor allem geistiger oder mehrfacher wie auch mit psychischer Beeinträchtigung) in großen Institutionen bzw. Anstalten und in psychiatrischen Kliniken nach dem »Satt- und Sauberprinzip« und medizinisch-psychiatrischen Behandlungsplänen charakteristisch. Erst durch die Psychiatrie-Enquête von 1975 und das Normalisierungsprinzip wurde eine Entwicklung in Richtung »(heil)pädagogische Betreuung« angeregt und gefördert. Zugleich ist seit den 1960er-Jahren ein Aufbruch in der Behindertenhilfe zu beobachten; dieser wurde u. a. durch Elternvereinigungen mit angestoßen, die ihrerseits die Gründung von zahlreichen Förder-, Rehabilitations- und Sondereinrichtungen für behinderte Kinder, Jugendliche und Erwachsene initiierten, die sich bis heute stark ausdifferenziert haben (Hähner 2003; Mattner 2000).

Einhergehend mit dieser Entwicklung fand zunehmend pädagogisches Personal Eingang in die Einrichtungen der Behindertenhilfe. Nach einer bundesweiten Befragung von Depner u. a. (1983) belief sich ihr Anteil zu Beginn der 1980er-Jahre bereits auf etwa ein Drittel der Beschäftigten. Den Autoren zufolge spiegelt sich darin ein enormer Anstieg von pädagogischen Fachkräften im Vergleich zu den etwa zwei Jahrzehnten nach dem 2. Weltkrieg, in der noch viele ungelernte Kräfte in Einrichtungen für Menschen mit Behinderung beschäftigt waren. Allerdings war unter den pädagogischen Fachkräften der Anteil der akademisch Ausgebildeten zu diesem Zeitpunkt sehr gering. Unter ihnen waren in erster Linie Erzieher/innen und Heilerziehungspfleger/innen vertreten. Den Trend zur pädagogischen Professionalisierung in der Behindertenhilfe in den 1980er-Jahren mit einer erheblichen Dominanz von dort beschäftigten Erzieher/inne/n verdeutlichen ebenfalls die Ergebnisse einer Regionalstudie von Windisch u. a. (1989) zur Beschäftigungssituation und zu Beschäftigungsperspektiven von Sozialpädagog/inn/en/Sozialarbeiter/innen bei Trägern der Sozialen Arbeit in Nordhessen.

Arbeitsfeldbezogene amtliche Statistiken, die eine Personalstatistik enthalten und genauere Aussagen über die Zusammensetzung des Personals erlauben, gibt es lediglich für das Gesundheitswesen und detaillierter für die Kinder- und Jugendhilfe (Cloos/Züchner 2002, Züchner/Cloos 2010). Hinweise auf die weitere Entwicklung der Qualifikationsstruktur des Personals (pädagogisches/nicht-pädagogisches Personal) und den Akademisierungsgrad in der Sozialen Arbeit bei Behinderung in den 1990er-Jahren und zu Beginn der Jahrhundertwende enthalten verschiedene Absolventenstudien und Arbeitsmarktanalysen, obgleich diese aufgrund uneinheitlicher Klassifikationen ungenau und nur bedingt vergleichbar sind

(Kerkhoff 1998; Schaeper/Minks 2002; Kleifgen/Züchner 2003; Krüger u. a. 2003; Krüger/Rauschenbach 2004; Rauschenbach/Züchner 2004; Seeling 2004a, b).
Während Cloos/Züchner (2002, 721) zu Beginn der Jahrhundertwende feststellten, dass der Akademisierungsgrad in der Behindertenhilfe gegen Null tendiere, ist nach den Ergebnissen der vorgenannten Arbeitsmarkanalysen und Absolventenstudien davon auszugehen, dass die Akademisierung der Sozialen Arbeit in den letzten 30 Jahren auch in der Behindertenhilfe einhergehend mit der Expansion ihrer Handlungsfelder nachhaltig Spuren hinterlassen hat. So gaben 9 % von befragten universitären Absolvent/inn/en erziehungswissenschaftlicher Studiengänge im bundesweiten Diplom-Pädagogen-Survey 2001 an, in der »Arbeit mit Behinderten« (Kleifgen/Züchner 2003, 76) tätig zu sein. Nach Seeling (2004b) hat der Rehabilitationsbereich in ihrer empirischen Analyse, der zu den Bereichen Soziale Arbeit, Erwachsenenbildung/Weiterbildung, Schule und sonstige pädagogische Arbeitsfelder abgegrenzt wird und erhebliche Schnittmengen mit der außerschulischen Behindertenhilfe beinhaltet, teils an zweiter und teils an dritter Stelle zur Beschäftigung von Absolvent/inn/en mit sozialarbeiterischen und pädagogischen Fachhochschul- oder Universitätsabschlüssen beigetragen. Auf der Basis einer Befragung von Absolvent/inn/en des Studiengangs Sozialarbeit/Sozialpädagogik und Absolvent/inn/en des Studiengangs Heilpädagogik, die seit 1990 ihre Diplomprüfung an der Evangelischen Fachhochschule Hannover absolviert haben, weisen Schaeper/Minks (2002) die außerschulische Behindertenhilfe als den wichtigsten Beschäftigungsbereich neben den Bereichen der Arbeit mit Jugendlichen und Kindern aus. In welche Handlungsfelder der Behindertenhilfe Absolvent/inn/en von Heilpädagogik-Studiengängen an Fachhochschulen einmünden, dokumentieren verschiedene Absolventenbefragungen sowie eine Befragung unter Mitgliedern des heilpädagogischen Berufsverbandes (Schumann 2007; Krätzschmar u. a. 2002; Hebenstreit/Michalczik 2005; Hedderich 2004).
Ergebnisse einer eigenen Regionaluntersuchung gegen Ende der 1990er-Jahre zum Fort- und Weiterbildungsbedarf von Fachkräften mit Beratungs- und Leitungsfunktion in der Behindertenhilfe (Kniel/Windisch 1999) zeigen auf, dass unter ihnen ein relativ hoher Akademisierungsgrad vorzufinden ist. Von 202 befragten Fachkräften in 500 Einrichtungen der Behindertenhilfe in Nordhessen besitzt fast die Hälfte (44 %) einen pädagogischen Fachhoch- oder Hochschulabschluss. Allerdings sind darunter nahezu ebenso viele Erzieher/innen (42 %) wie auch ein beachtlicher Anteil von Fachkräften mit pflegerischen oder anderen, fachfremden Ausbildungen (14 %) anzutreffen.
Trotz verschiedener empirischer Hinweise der vorangegangenen Untersuchungen wird nicht hinreichend und systematisch geklärt, in welcher Weise sich der Prozess der pädagogischen Professionalisierung und Akademisierung in der Sozialen Arbeit bei Behinderung mit den unterschiedlichen Handlungsfeldern entwickelt hat.

6.2 Berufliche Qualifikation und pädagogische Akademisierung im Spiegel jüngerer Untersuchungsergebnisse

Methodische Grundlage

Gegenüber den vorangegangenen Studien liefert eine eigene Untersuchung (Loeken/Windisch 2008) mit der ausschließlichen Ausrichtung auf die Träger der Behindertenhilfe und ihre Leistungsbereiche in Hessen erste weitergehende, grundlegende und systematisch gewonnene Anhaltspunkte zu Qualifikationsstruktur, Stand und Perspektiven der pädagogischen Akademisierung in den folgenden Handlungsfeldern der Sozialen Arbeit mit behinderten Menschen (▶ **Abb. 4**).

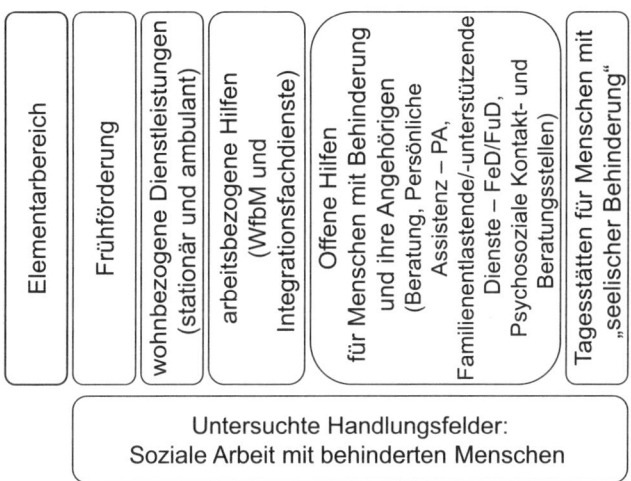

Abb. 4: Kernbereiche und untersuchte Handlungsfelder der außerschulischen pädagogischen bzw. Sozialen Arbeit mit behinderten Menschen

Neben dem Elementarbereich stellen die in der Abbildung 4 angeführten untersuchten Handlungsfelder die Kernbereiche der außerschulischen pädagogischen bzw. Sozialen Arbeit mit behinderten Menschen dar, die sich bis heute ausdifferenziert und etabliert haben. Der Elementarbereich mit differierenden (integrativen) Akzentsetzungen in Kindertageseinrichtungen, der weitgehend unter dem Dach der Kinder- und Jugendhilfe angesiedelt ist, wurde aus pragmatischen Gründen in dieser Untersuchung nicht berücksichtigt. Fragen der Akademisierung des pädagogischen Personals im Elementarbereich sind zurzeit empirisch noch wenig relevant, werden aber zukünftig durch die veränderten Ausbildungsgänge im Bereich der Kindheitspädagogik bedeutsam.

Die Ergebnisse der eigenen Studie mit Pilotcharakter basieren auf einer schriftlichen Befragung von 56 hessischen Anstellungsträgern der Behindertenhilfe im

Jahr 2006, die sich von 234 Trägern in Hessen (definierte Grundgesamtheit) beteiligt haben. Umfang und Struktur der Trägergrundgesamtheit wurden im Vorfeld der Befragung durch die Auswertung von Informationsmaterial des Hessischen Sozialministeriums (Trägeradressen vom Jahr 2006), umfangreiche Internetrecherchen und direkte Recherchen bei Trägern eruiert. Die Trägerstichprobe mit einem breiten Leistungsspektrum umfasst 23 % der (definierten) Grundgesamtheit und einen guten Querschnitt der Trägervielfalt in Hessen – von dominanten und großen diakonischen Einrichtungen bis hin zu verschiedenen mittleren und kleineren Organisationen im Landesverband Hessen des Deutschen Paritätischen Wohlfahrtsverbandes (DPWV). Es ist davon auszugehen, dass die Stichprobe die Trägergrundgesamtheit weitgehend repräsentiert. Durch die Rücklaufquote und die Zusammensetzung der Trägerstichprobe sind die als zentral fokussierten Handlungsfelder der Sozialen Arbeit mit behinderten Menschen angemessen abgebildet.

Die Befragung der Trägerstichprobe erfasst ihre Leistungsbereiche und Strukturmerkmale, den Umfang und die Qualifikationsstruktur ihrer Beschäftigten (z. B. Relation von pädagogischen Fachkräften mit Fachschul- oder Hochschulabschluss zu anderen Berufsgruppen), deren geschlechts- und altersspezifische Struktur, die beruflichen Funktionen der pädagogischen Fachkräfte mit Hochschulabschluss und ihre Substitutionsrisiken sowie Zuwachs und Bedarf an pädagogischen Fachkräften mit akademischem Qualifikationsabschluss.

Träger der Behindertenhilfe und ihre Leistungsbereiche in Hessen

In der befragten Trägerstichprobe in Hessen spiegelt sich das klassische Spektrum der Träger der Behindertenhilfe hinsichtlich der Zugehörigkeit zu relevanten Wohlfahrtsverbänden wider, lediglich Träger des Caritasverbandes fehlen (vgl. Download-Material, Tab. 1).

Wie generell in der Kinder- und Jugendhilfe (Pothmann 2002) dominieren auch in der hessischen Behindertenhilfe die freien Träger mit über zwei Drittel (68 %) auf der Basis der Stichprobe. Bemerkenswert ist in der Stichprobe der Umfang der gewerblichen Träger, die mit 14 % ebenso stark wie öffentliche Träger vertreten sind. Die meisten freien Träger gehören mit 39 % dem DPWV an, sie stellen kleinere bis mittlere Träger gemessen an der Zahl der Beschäftigten und Leistungsnutzer/innen. Wenngleich die Träger mit der Zugehörigkeit zum Diakonischen Werk gemessen an 23 % in geringerem Umfang vertreten erscheinen, handelt es sich bei ihnen jedoch um die vergleichsweise größten Träger der Behindertenhilfe in Hessen, was sich an ihrem besonders umfänglichen Leistungsspektrum, der höchsten Zahl der Einzeleinrichtungen und der Nutzer/innen sowie der Beschäftigten zeigt.

In dem Leistungsspektrum sämtlicher Träger der hessischen Behindertenhilfe (definierte Grundgesamtheit) wie auch in der Trägerstichprobe sind wohnbezogene Hilfeangebote (stationär und ambulant) am stärksten vertreten sind (vgl. Download-Material, Tab. 2).

Während das Verhältnis zwischen stationären und ambulanten wohnbezogenen Hilfen in der Trägerstichprobe ausgeglichen ist, weist indes das Leistungsspektrum in der Grundgesamtheit einen Überhang der stationären Hilfen auf. Des Weiteren sind in der Grundgesamtheit neben teilstationären Hilfen in Form der WfbM mit 15 % die ambulanten Dienste mit folgenden Anteilen vertreten: IFD 6 %, FeD/FuD 7 %, Beratung 9 %, Persönliche Assistenz (PA) 2 % und Frühförderung 9 %.

Umfang der Beschäftigten nach beruflicher Qualifikation bei Anstellungsträgern in der hessischen Behindertenhilfe

Für die Handlungsfelder in der Behindertenhilfe ist es ebenso wie für andere Bereiche der Sozialen Arbeit (Cloos/Züchner 2002; Züchner/Cloos 2010) charakteristisch, dass Berufsgruppen mit unterschiedlichen Qualifikationsabschlüssen und un- bzw. angelernte Beschäftigte (ohne formal einschlägige berufliche Qualifikation) zusammenarbeiten. Um Hinweise auf das Personal und dessen Zusammensetzung nach den Leistungsbereichen der Träger in der Behindertenhilfe zu erhalten, wurde die Anzahl der Vollzeitstellen wie auch der Beschäftigten bei hessischen Anstellungsträgern nach der beruflichen Qualifikation (ohne Verwaltungskräfte und technisches Personal) erhoben (vgl. Download-Material, Tab. 3).

Im Ergebnis der Trägerbefragung sind insgesamt rund 2596 Vollzeitstellen erfasst worden, die von 3710 Personen ausgefüllt werden. Gemessen an der Qualifikationsstruktur der Beschäftigten hat die pädagogische Professionalisierung in der außerschulischen Behindertenhilfe mittlerweile einen beachtlichen Stand erreicht. Dominant sind die als Berufsgruppe zusammengefassten Erzieher/innen und Heilerziehungspfleger/innen mit einem Fachschulabschluss. Sie besetzen ein Viertel der Vollzeitstellen und stellen fast ein Drittel der beschäftigten Personen. Ihnen gegenüber steht rund ein Fünftel pädagogisch Beschäftigter, das über eine akademische Qualifikation verfügt. Die Gruppe der akademisch qualifizierten Beschäftigten setzt sich aus Sozialarbeiter/innen, (Sozial)Pädagog/inn/en oder Heilpädagog/inn/en mit FH- oder Uni-Diplom zusammen. Darunter kommt den Sozialarbeiter/innen, (Sozial)-Pädagog/inn/en oder Heilpädagog/inn/en mit Fachhochschulabschluss mit 14 % der höchste Anteil zu.

Eine beachtliche Größenordnung erreicht mit 13,0 % der Vollzeitstellenanteil der un-/angelernten Beschäftigten mit Betreuungstätigkeiten, mit dem ein erheblich größerer Beschäftigtenumfang von rund einem Fünftel (21,3 %) einhergeht. Der Einsatz von Kräften ohne formalen Abschluss ist in den Arbeitsfeldern der Persönlichen Assistenz oder der FeD/FuD konzeptionell vorgesehen und ausdrücklich erwünscht, in anderen Bereichen wie etwa bei stationären wohnbezogenen Angeboten ergänzen diese Kräfte das fachlich bzw. meist pädagogisch qualifizierte Personal.

Generell dokumentiert der im Vergleich zur Anzahl der Vollzeitstellen tatsächlich größere Beschäftigtenumfang bei sämtlichen Beschäftigtengruppen, dass von einem recht hohen Anteil Teilzeitbeschäftigter auszugehen ist, vor allem bei den un-/angelernten Beschäftigten. Dies entspricht dem Trend, den auch die Gesamtstatistik der Einrichtungen und Dienste der Freien Wohlfahrtspflege (BAGFW 2009) ausweist. Im Jahr 2008 überstieg die Zahl der Teilzeitbeschäftigten erstmals die der Vollzeitkräfte (ebd., 6, 12).

Von den ermittelten Vollzeitstellen bzw. Beschäftigten sind die meisten – zwei Drittel der Vollzeitstellen (66,5 %) wie auch sämtlicher Beschäftigten (66,7 %) – im Bereich der stationären wohnbezogenen Hilfen angesiedelt (vgl. Download-Material, Tab. 4). Dieser Leistungsbereich repräsentiert mit sehr großem Abstand die höchste Personalintensität. Neben den Bereichen der FeD/FuD und Persönlichen Assistenz weist er außerdem einen deutlich höheren Beschäftigtenumfang im Vergleich zur Zahl der Vollzeitstellen auf, so dass dort auch eine größere Zahl von Teilzeitbeschäftigten anzutreffen ist.

Beschäftigte nach beruflicher Qualifikation und Leistungsbereichen in der Behindertenhilfe in Hessen

Eine Differenzierung des Umfangs der Beschäftigten nach ihrer beruflichen Qualifikation und Leistungsbereichen bei den befragten Anstellungsträgern der Behindertenhilfe legt markante Unterschiede offen, insbesondere Differenzen in dem Akademisierungsgrad des Personals zwischen den Handlungsfeldern (vgl. Download-Material, Tab. 5).

Von den als Erzieher/innen und Heilerziehungspfleger/innen erfassten beschäftigten Personen in der Trägerstichprobe ist der bei weitem größte Teil (85 %) im Bereich der stationären wohnbezogenen Hilfen tätig. In diesem Bereich ist auch der größte Anteil des Personals (67 %) mit »sonstiger beruflicher Qualifikation« (im Wesentlichen un- bzw. angelernte Kräfte) beschäftigt.

Damit geht einher, dass der Bereich der stationären wohnbezogenen Hilfen im Vergleich zu anderen Handlungsfeldern einen unterdurchschnittlichen pädagogischen Akademisierungsgrad der Beschäftigten aufweist (vgl. Download-Material, Tab. 6). Rund 40 % Erzieher/innen und Heilerziehungspfleger/innen stehen hier 8 % Fachhochschul- und 4 % Universitätsabsolvent/innen mit pädagogischer Qualifikation gegenüber.

Lediglich im Bereich der Tagesförderstätten, die den WfbM angegliedert sind, ist der Anteil der Erzieher/innen bzw. Heilerziehungspfleger/innen um 4 % höher als im stationären Wohnbereich.

Im Kontrast dazu gibt es Arbeitsbereiche mit ausgesprochen hohem pädagogischen Akademisierungsgrad gemessen am Anteil der FH- und Uni-Absolvent/inn/en mit pädagogischer Qualifikation am gesamten Beschäftigtenumfang. Hierzu zählen die Bereiche ambulante wohnbezogene Hilfen (78 % Beschäftigte mit FH- oder Uni-Diplom), IFD (65 %) und Frühförderstellen (56 %), bei denen zusätzlich noch Psychologen mit einem Anteil von 9 % beschäftigt sind.

Das Arbeitsfeld Offene Hilfen, worunter die Angebote der FeD/FuD, die Persönliche Assistenz und Beratungsangebote zusammengefasst werden können, weist einen besonders hohen Anteil an un- bzw. angelerntem Personal (91 %) auf, was an den in der Persönlichen Assistenz und der Familienunterstützung meist angelernten, nebenamtlich und auf Teilzeitbasis eingesetzten Beschäftigten für die direkte Leistungserbringung bei den Adressat/inn/en liegt. Demgegenüber ist in der Beratung und dem Organisationsmanagement der Offenen Hilfen überwiegend Personal mit akademischer pädagogischer Qualifikation (83 %) tätig.

Insgesamt ist festzuhalten, dass die Ergebnisse deutliche Hinweise auf die gewachsene Bedeutung der (sozial-)pädagogischen Professionalisierung in den Arbeitsfeldern und auf deren Ausdifferenzierung im Kontext der außerschulischen Behindertenhilfe liefern. Sie spiegeln weithin einen hohen Anteil pädagogisch ausgebildeten Personals wider. Darunter haben die akademisch qualifizierten Beschäftigen inzwischen einen mit anderen Arbeitsfeldern der Sozialen Arbeit vergleichbaren Anteil erreicht, wobei feldspezifische Differenzen auftreten. Ihr Anteil hat sich gegenüber früheren Untersuchungsergebnissen (Depner u. a. 1983; Windisch u. a. 1989) deutlich verstärkt. Damit wird die Aussage von Cloos/Züchner (2002) zu Beginn des neuen Jahrhunderts und die von ihnen bis heute aufrechterhaltene Sichtweise (Züchner/Cloos 2010) widerlegt, dass die außerschulische Behindertenhilfe fast »akademikerfrei« sei. Folgt man unseren Ergebnissen, wird der von Cloos/Züchner (2002, 722) für 1998 angeführte ungefähr 16%ige und der für 2006 genannte 17%ige Anteil akademisch gebildeten Personals in der Kinder- und Jugendhilfe (Züchner/Cloos 2010, 950) durch knapp über ein Fünftel akademisch qualifizierter pädagogischer Fachkräfte (20,7 %) in der Sozialen Arbeit bei Behinderung mittlerweile deutlich überrundet.

Berufliche Funktionen der pädagogischen Fachkräfte mit akademischer Qualifikation

Da in den Handlungsfeldern der außerschulischen Behindertenhilfe verwandte Berufsgruppen unterschiedlicher Ausbildungsgänge zusammenarbeiten, ist es von besonderem Interesse, für welche Funktionen und Aufgaben die akademisch qualifizierten Fachkräfte jeweils eingesetzt werden.

Nach der Trägerbefragung zeigt sich, dass die pädagogischen Fachkräfte mit FH- oder Uni-Abschluss im Rahmen ihrer Stellen zu fast einem Viertel Leitungs- und Koordinationsfunktionen auf unterschiedlichen hierarchischen Organisationsebenen wahrnehmen. Demgegenüber ist ein Anteil von rund drei Viertel der Stellen ausschließlich oder zum Teil in der direkten sozialen bzw. pädagogischen Arbeit mit behinderten Menschen angesiedelt (vgl. Download-Material, Tab. 7).

Geschlechterverhältnisse

Es ist nicht überraschend, dass sich die Arbeitsbereiche der außerschulischen Behindertenhilfe ebenso als eine berufliche Domäne von Frauen erweisen wie allgemein in der Sozialen Arbeit (z. B. Cloos/Züchner 2002). In unserer Befragtenstichprobe liegt der Frauenanteil – etwas variierend nach qualifizierendem Abschluss – zwischen 70 und 75 % (vgl. Download-Material, Tab. 8).

Männer sind unter den pädagogischen Fachkräften mit steigender akademischer pädagogischer Qualifikation jedoch etwas stärker (bis zu 30 %) vertreten. Dieser Befund korrespondiert mit den Ergebnissen aus der Kinder- und Jugendhilfe, dass nämlich mit steigender formaler Qualifikation und entsprechenden Entscheidungs- bzw. Verantwortungskompetenzen auch der Anteil von Männern zunimmt (Züchner/Cloos 2010).

Substitutionsrisiken der pädagogischen Fachkräfte mit akademischer Qualifikation

Während für die vergangenen Jahrzehnte sich eine Expansion der Stellen für pädagogische Fachkräfte, insbesondere auch für akademisch qualifizierte, in der außerschulischen Behindertenhilfe beobachten lässt, können gegenwärtig und künftig aufgrund der zunehmenden Ökonomisierung und damit verbundener Sparzwänge verschärfte Konkurrenzen und Substitutionsrisiken zwischen den pädagogischen Berufsgruppen vermutet werden.

Um Hinweise auf spezifische Substitutionsrisiken zu erhalten, wurden die Anstellungsträger in Hessen danach befragt, inwieweit in den letzten fünf Jahren Stellen mit einem Angehörigen einer anderen Berufsgruppe als zuvor besetzt wurden. Differenziert wurde hierbei zwischen pädagogischen Fachkräften mit Fachschul-, Fachhochschul- und Universitätsabschluss. Im Ergebnis zeigt sich ein heterogenes Bild der Substitution von pädagogischen Fachkräften mit unterschiedlichen Qualifikationsniveaus, das (noch) keine eindeutigen Trends erkennen lässt. Während es in den Bereichen Frühförderung, FeD/FuD und WfbM vereinzelte Hinweise auf die Substitution von Sozialarbeiter/innen/Sozialpädagog/inn/en oder Heilpädagog/innen mit FH-Abschluss durch Pädagog/inn/en mit universitärem Abschluss gibt, findet sich im Bereich der ambulanten wohnbezogenen Hilfen (Ambulant Betreutes Wohnen) für behinderte Menschen eine gegenläufige Entwicklung. Dort zeigt sich eine gewisse Tendenz, dass Erzieher/innen anstelle von Sozialpädagog/inn/en u. ä. mit akademischem Abschluss eingestellt wurden, was möglicherweise auf eine veränderte Finanzierungsstruktur (Umstellung auf Fachleistungsstunden) in dem Bereich des Ambulant Betreuten Wohnens in Hessen zurückzuführen ist.

In nachgehenden Interviews mit Trägervertreter/innen wurde die Einschätzung geäußert, dass für die direkte pädagogische Arbeit auch zukünftig vermehrt Erzieher/innen oder Heilerziehungspfleger/innen eingestellt werden, während für übergeordnete Tätigkeiten mit Koordinations- und Leitungsfunktionen und für die auch in der Behindertenhilfe komplexer werdenden Aufgaben pädagogische Fachkräfte mit Hochschulabschluss benötigt werden.

Bedarfsentwicklung für pädagogische Fachkräfte mit akademischer Qualifikation

Aus der erhobenen Altersstruktur der beschäftigten Pädagog/inn/en in der hessischen, außerschulischen Behindertenhilfe lässt sich für den Zeitraum von 2015 bis 2020 ein Ersatzbedarf von rund 17 % bei den akademisch qualifizierten pädagogischen Fachkräften folgern (vgl. Download-Material, Tab. 9).

Zur Einschätzung des zusätzlichen Bedarfs an weiteren Fachkräften wurden die Anstellungsträger gefragt, inwieweit sich der Umfang der beschäftigten (sozial-) pädagogischen Fachkräfte mit FH- oder Uni-Abschluss nach ihrer Einschätzung bis 2012 verändert. Aus ihren Antworten haben sich insgesamt relativ optimistische Prognosen ergeben. Eine Expansion der Stellen für akademisch qualifizierte Pädagog/inn/en hat etwa jeder vierte befragte Anstellungsträger (28 %) konstatiert, während rund jeder zweite (54 %) sich verhalten äußerte und unter den gegebenen Bedingungen der Ökonomisierung der Behindertenhilfe von einer unveränderten Stellensituation für diese Berufsgruppe ausgeht. Weniger als jeder fünfte befragte Träger (18 %) zeigte sich unter den gegebenen Bedingungen pessimistischer und fürchtet eine Verringerung von Stellen für akademisch gebildetes pädagogisches Personal.

7 Pädagogische Professionalität und Kompetenzen

Das Kapitel befasst sich mit Kompetenzanforderungen und beruflichen Kompetenzen in der Sozialen Arbeit bei Behinderung. Es beschreibt Aspekte pädagogischer Professionalität bei Behinderung und zeigt Spannungsfelder sowie Anforderungen an Kompetenzen in der beruflichen Praxis auf.

Dabei verdeutlicht es Kompetenzanforderungen aus unterschiedlichen Perspektiven: einerseits die Thematisierungen der professionellen Kompetenzen in der Fachdiskussion als theoretische Grundlage und Interpretationsfolie für darauf folgende empirische Untersuchungsergebnisse, die andererseits die Sicht von sozialen Selbsthilfegruppen, Selbstvertretungsgruppen bei Behinderung und ihren Unterstützer/inne/n wie auch Trägern der Behindertenhilfe repräsentieren. Abschließend kommen pädagogische Fachkräfte in der Sozialen Arbeit bei Behinderung selbst mit ihrer Sicht auf erforderliche berufliche Kompetenzen zu Wort.

7.1 Berufliche Kompetenzen und pädagogische Professionalität bei Behinderung

Professionelles (sozial)pädagogisches Handeln bei Behinderung ist in den vergangenen Jahren unter dem Einfluss des beschriebenen paradigmatischen Wandels der Behindertenpolitik und der Behindertenhilfe zum Gegenstand von Auseinandersetzungen in der Praxis wie auch professionstheoretischer Diskussionen geworden (z. B. Rock 2001; MOBILE/Zentrum für selbstbestimmtes Leben Köln 2001; Hähner 2003; Horster u. a. 2005; Loeken/Windisch 2005; Theunissen/Schirbort 2006; Theunissen 2009). Damit verbunden ist ein zunehmender Bedarf nach einerseits professionstheoretischer Begründung und andererseits empirischer Fundierung.

Verantwortlich für diese Entwicklung sind sowohl die aufgezeigten Veränderungen der Leitorientierungen und Tendenzen der Differenzierung der Handlungsfelder in der Sozialen Arbeit bei Behinderung als auch eine generell stärkere Verwissenschaftlichung und empirische Orientierung der Sozialen Arbeit bzw. in der Erziehungswissenschaft. Hinzu kommen veränderte Anforderungen in der Praxis seitens der Adressat/inn/en und Institutionen der Behindertenhilfe wie auch durch die mit der Ökonomisierung sozialstaatlicher Leistungen einhergehenden Erfordernisse der Definition und Qualitätssicherung der Leistungen im Rahmen Sozialer Arbeit bzw. pädagogischen Handelns. Durch Qualitätssicherung bzw. -management des pädagogischen Handelns sollen dessen Bedingungen, Komponenten, Prozesse, Effektivität und Effizienz empirisch überprüft, messbar und optimierbar werden und es werden evidenzbasierte Konzepte für die Soziale Arbeit gefordert (Sommerfeld/Hüttemann 2007).

Kompetenzen in der Fachdiskussion

Vor diesem Hintergrund, zugleich angeregt durch die schulpädagogische Auseinandersetzung mit Bildungsstandards und Schülerkompetenzen, kommt der Bedeutung und Ausgestaltung der beruflichen Kompetenz in Diskursen der Erziehungswissenschaften und der Sozialen Arbeit zentrale Bedeutung zu. Auch im Kontext der neuen Studiengangsysteme »Bachelor« und »Master«, die eine »kompetenzorientierte Professionalität« (Nieke 2006, 44) nahelegen, ist der Kompetenzbegriff von hoher Relevanz (Kasteel u. a. 2008).

In der (sozial-)pädagogischen Professionsforschung sieht Heiner (2004) eine Wende, die sich an der Entwicklung von struktur- zu kompetenzbezogenen Forschungen ablesen lässt. In den Mittelpunkt rückt die Frage nach der Präzisierung der Kompetenzdomäne Sozialer Arbeit und die Erfassung von generalistischen Grundkompetenzen, übergreifenden und arbeitsfeldspezifischen Kompetenzprofilen (Heiner 2004, 2007; Mayrhofer/Raab-Steiner 2007a,b; Hess/Ilg/Weingardt 2004; Rock 2001). Empirisch gewonnene Erkenntnisse auf der Basis qualitativer, quantitativer oder kombinierter methodischer Verfahren sollen zum einen zur Spezifizierung der (sozial-)pädagogischen Professionalität beitragen und zum anderen der Fundierung innovativer Bachelor- und Master-Studiengänge zur pädagogischen und Sozialen Arbeit mit behinderten Menschen zugute kommen.

Innerhalb der schulisch ausgerichteten Sonder- und Heilpädagogik wurden berufliche Kompetenzen in der jüngeren Zeit häufig als Folge veränderter Praxis – vor allem aufgrund der Veränderungen, die sich durch die schulische Integration bzw. Inklusion ergeben – thematisiert und grundsätzliche Fragen nach der spezifischen sonderpädagogischen Kompetenz diskutiert. Damit ging eine Neubestimmung der beruflichen Aufgaben von Sonderschullehrkräften einher, die sich vom bisherigen Professionsmodell mit seiner institutionengebundenen Klassifizierung und Förderung abwendet und stattdessen Lernprozessdiagnostik, individualisierte Unterrichtung und Beratung aller am Erziehungsprozess Beteiligten in den Vordergrund stellt (z. B. Benkmann 2001; Reiser 1998; Heimlich 1998, 2004).

Gefordert werden in diesem Zusammenhang Kompetenzen zur Bearbeitung von Entwicklungs- und Erziehungserschwernissen, systemische Kompetenz, Beratungskompetenz oder kooperative Kompetenz zur Lösung von Problemen. Ausgehend von strukturtheoretischen Überlegungen Oevermanns und anknüpfend an die erziehungswissenschaftliche Professionalisierungsdiskussion werden heil- oder sonderpädagogische Kompetenzen entworfen, die wissenschaftliche und hermeneutische Kompetenzen des Fallverstehens sowie Kompetenzen der stellvertretenden Deutung und zum Aufbau von Arbeitsbündnissen in den Fokus rücken (z. B. Lindmeier 2000; Loeken 2000; Dlugosch 2003). Daneben werden Kompetenzen benannt, die im Zusammenhang mit gesellschaftlichen Mandaten definiert werden und berufsethische Implikationen enthalten: z. B. Kompetenz zur Anerkennung und Akzeptanz von »Anders-Sein« und Selbstbestimmung. In jüngster Zeit wird erneut auf den Zusammenhang von Grundüberzeugungen (z. B. so genannter ›beliefs‹) bzw. Haltungen und dem Einsatz spezifischer Kompetenzen hingewiesen (Dlugosch 2010; Moser u. a. 2010).

Analog werden in der außerschulischen Behindertenpädagogik bzw. Sozialen Arbeit bei Behinderung »normativ gefasste Handlungsgrundsätze« (Rock 2001, 185) diskutiert, die auf den unterschiedlichsten Konzepten beruhen und die theoretisch abgeleitete, mit den in der schulischen Diskussion teils vergleichbare Akzentsetzungen beinhalten. Gegenüber der normativ geprägten Diskussion um die Neubestimmung der behindertenpädagogischen Professionalität gibt es bislang nur wenige empirische Befunde über deren Ausgestaltung und dazu nötiger Kompetenzen.

Fragestellungen

Nach einer theoretischen Grundlegung des Begriffs der beruflichen Kompetenz richtet sich das Augenmerk auf empirische Befunde zu den Anforderungen an **berufliche Kompetenzen** und die **Performanz von Kompetenzen** in pädagogischen Handlungsvollzügen der Sozialen Arbeit bei Behinderung. Dabei stehen folgende Fragen im Blickpunkt:

- Grundsätzlich geht es um die Frage, welche Handlungskompetenzen pädagogische Fachkräfte mit akademischer Qualifikation benötigen und aufweisen.
- Besonders interessiert die Frage nach Hinweisen darauf, inwieweit sich der Paradigmenwechsel in der Behindertenhilfe mit seinen veränderten Leitorientierungen Normalisierungsprinzip, Selbstbestimmung, Empowerment und Inklusion in Anforderungen an die beruflichen Kompetenzen der pädagogischen Fachkräfte niederschlägt.
- Nicht zuletzt stellt sich die Frage nach dem kritischen Reflexionshorizont empirischer Befunde und ihren differenzierenden Impulsen für eine Diskussion um die Neubestimmung und Profilierung der pädagogischen Professionalität bei Behinderung – trotz ihrer bislang schmalen Basis.

7.2 Von der Qualifikation zur beruflichen Kompetenz

Der Begriff der beruflichen Kompetenz ist aus der Kritik des Qualifikationsbegriffs in dem Diskurs um die berufliche Qualifikation hervorgegangen, der im Kontext von Bemühungen um die Anpassung von schulischer und beruflicher Bildung an die Veränderungen makroökonomischer, arbeitsmarktpolitischer und mikroökonomischer (betrieblicher, arbeitsorganisatorischer) Anforderungen in der Gesellschaft der 1970er- und 1980er-Jahre zu verorten ist.

Qualifikationsbegriff

Ausgehend von der Arbeitsmarkt- und Berufsforschung der 1970er- und 1980er-Jahre sind für diesen Zeitraum konzeptuelle Diskussionen um arbeitsmarkt- und berufsrelevante »Schlüsselqualifikationen« charakteristisch gewesen. Mit ihnen gingen Versuche einher, Bildungsziele orientiert an der interpretierten Realität arbeitsmarktpolitischen Wandels zu operationalisieren und zu messen (Mertens 1974; Beck 1995; Jäger 2001; Mugabushaka 2004).

> **Begriffsklärung**
>
> Berufliche Qualifikationen werden in der Arbeitsmarkt- und Berufsforschung der 1970er- und 1980er-Jahre im Wesentlichen als **Schlüsselqualifikationen** angesehen und zwar »als ein Bündel von Kenntnissen, Fähigkeiten, Fertigkeiten, Einstellungen und Werthaltungen, über die eine Person verfügt oder als Voraussetzung für die Ausübung einer beruflichen Tätigkeit verfügen soll« (Beck 1995, 12). Sie erstrecken sich sowohl auf berufsspezifische (funktionale) wie auch auf berufsübergreifende bzw. außerberufliche (extrafunktionale) Kenntnisse und Fähigkeiten (Erpenbeck/Heyse 1996; Erpenbeck 2004). Dem Qualifikationsbegriff wird kritisch entgegen gehalten, eher eine objektive Kategorie für berufstypische Anforderungsmerkmale des Beschäftigungssystems darzustellen, währenddessen er subjektive Dimensionen und individuelle Ressourcen für die Bewältigung beruflicher Anforderungen vernachlässige (Jäger 2001; Mugabushaka 2004; Erpenbeck 2004).

Kompetenzbegriff

Gegenüber dem Qualifikationsbegriff fokussiert der Begriff der beruflichen Kompetenz in erster Linie die Bedeutung der subjektiven Voraussetzungen bzw. individuellen Potenziale und Fähigkeiten, die für die angemessene Bewältigung von beruflichen Anforderungen erforderlich sind.

> **Begriffsklärung**
>
> **Berufliche Kompetenzen** lassen sich im Kern der facettenreichen Kompetenzdiskussion (z. B. Erpenbeck/Heyse 1996; Jäger 2001; Erpenbeck 2004) als erworbene Fähigkeiten verstehen, die von Individuen im lebensgeschichtlichen Prozess der Sozialisation und in organisierten Prozessen der beruflichen Qualifikation interaktiv gelernt und in konkreten Situationen eingesetzt werden. Mit ihnen sollen situative Anforderungen bewältigt werden bzw. das Individuum soll mit ihnen entsprechend handeln können. Sie werden als Dispositionen gefasst, die aktualisierbare, soziale, kommunikative und interaktionelle sowie persönliche Ressourcen einschließen. Vor allem beinhalten sie nach Erpenbeck (2004) Fähigkeiten bzw. Dispositionen zum selbstorganisierten Handeln. Selbstorganisiertes Handeln schließt die Fähigkeit von Individuen ein, in offenen Situationen Ziele zu definieren, Konzepte und Strategien zu ihrer Umsetzung zu entwickeln und zu erproben.

Vertiefende Auseinandersetzung

Berufliche Kompetenzen lassen sich von Qualifikationen durch vier Merkmale unterscheiden:

- **Subjekt- statt Objektorientierung**
  Betonung der individuellen Ressourcen und Disposition, in beruflichen Situationen zielorientiert Anforderungen zu begegnen und angemessen zu bewältigen.
- **Ganzheitliche Orientierung**
  Kompetenzen richten sich auf die gesamte Person mit ihren unterschiedlichen Ressourcen, die kognitive, soziale, emotionale, wertende Aspekte vernetzen und situativ aktualisierbar sind.
- **Selbstorganisation**
  Kompetenz als Disposition, zielorientiert, planvoll und ergebnisorientiert in beruflichen Situationen mit offenem Charakter in Bezug auf konkrete Anforderungen handeln zu können.
- **Generalisierung**
  Kompetenz ist eine generalisierte Disposition zur Bewältigung von Anforderungen und Lösung von Problemen. Sie ist nicht einfach in typischen Situationen beispielsweise über Qualifikationen zu erwerben, sondern in biographischen Interaktionsprozessen unter den verschiedenen informellen und formalen Lernbedingungen zu entwickeln (Erpenbeck 2004; Neubert 2009).

Die beruflichen Kompetenzen schließen organisiert vermittelte und erworbene Qualifikationen ein, sind mit diesen aber nicht gleich zu setzen (Erpenbeck 2004; Jäger 2001). Zugleich sind sie zentral auf komplexe Anforderungssituationen bzw. Aufgaben und deren Bewältigung bezogen und bestehen daher nicht allein aus

Fertigkeiten (Erpenbeck/Rosenstiel 2003). Zusammenfassend heißt es bei Erpenbeck/Heyse (1999, S.162): »Kompetenzen werden von Wissen fundiert, durch Werte konstituiert, als Fähigkeiten disponiert, durch Erfahrungen konsolidiert, auf Grund von Willen realisiert.« Eine Herausforderung ergibt sich für die Erforschung von in diesem Sinne verstandenen Kompetenzen, da sie nicht direkt prüfbar, »sondern nur aus der Realisierung der Dispositionen [der Performanz – d. Verf.] erschließbar und evaluierbar« sind (Erpenbeck/Rosenstiel 2003, XI).

Die Diskussion um Bildungsstandards, in der die Kompetenzen von Schülern eine besondere Bedeutung haben, rekurriert in der Regel auf den Kompetenzbegriff von Weinert (2002). Demzufolge sind »Kompetenzen (…) die bei Individuen verfügbaren oder von ihnen erlernbaren Fähigkeiten und Fertigkeiten, bestimmte Probleme zu lösen, sowie die damit verbundenen volitionalen (= durch Willen beeinflussbaren) und motivationalen (= antriebsorientierten), sozialen (= kommunikationsorientierten) Bereitschaften und Fähigkeiten, die Problemlösungen in variablen Situationen nutzen zu können« (ebd., 27).

Berufliche Kompetenzen werden im Kontext der Erwachsenenbildung und der Berufspädagogik sowie Teilen der psychologisch orientierten Kompetenzdiskussion und -forschung häufig nach den Dimensionen Sach- oder Fachkompetenz, Methodenkompetenz, Sozialkompetenz und Selbstkompetenz differenziert (z. B. Frey 1999; Jäger 2001; Heyse u. a. 2004; Nieke 2002; Erpenbeck/Rosenstiel 2003). Allerdings sind diese Dimensionen nicht ganz trennscharf und die Zuordnung von Teilkompetenzen zu den jeweiligen Überschriften variiert. Erpenbeck/Rosenstiel (2003, XVI) sprechen von »grundlegenden Kompetenzklassen«, die für eine »grundlegende Taxonomie von Kompetenzen« geeignet sind. Sie unterscheiden dabei zwischen personalen, aktivitäts- und umsetzungsorientierten, fachlich-methodischen und sozial-kommunikativen Kompetenzen.

Als Basis für eine Studiengangsentwicklung »Soziale Arbeit« wurde von Kasteel u. a. (2008, 220) ein Modell vorgestellt, in dem sich die Professionskompetenz für Soziale Arbeit aus speziellen Fach- und Methodenkompetenzen, Sozialkompetenz und Selbstkompetenz (Persönliche Kompetenz) basierend auf einem Fundament aus Fachwissen zusammensetzt.

Im ebenfalls auf Soziale Arbeit bezogenen Ansatz zur Handlungskompetenz von Heiner (2010) werden sowohl personenbezogene Faktoren als auch kontextbezogene Faktoren berücksichtigt, da ihr zufolge berufliche Handlungskompetenzen nur in Bezug zu konkreten Anforderungen und Rahmenbedingungen zu bestimmen sind. Für die Soziale Arbeit differenziert Heiner (2010, 12 f.) grundlegend zwischen bereichsbezogenen und prozessbezogenen Kompetenzmustern. Zum bereichsbezogenen Kompetenzmuster gehören Fallkompetenz, Systemkompetenz und Selbstkompetenz. Dem prozessbezogenen Kompetenzmuster ordnet sie Planungs- und Analysekompetenz, Interaktions- und Kommunikationskompetenz sowie Reflexions- und Evaluationskompetenz zu. »Um eine Handlungsstrategie zu entwickeln und umzusetzen, ist…«, ihrer Meinung nach, »…stets eine Kombination aller bereichsbezogenen Kompetenzmuster mit allen prozessbezogenen Kompetenzmustern erforderlich, allerdings mit Schwerpunktsetzungen in einer bestimmten Phase oder bei bestimmten Aufgaben« (ebd., 13).

Um Kompetenzen als Disposition zu realisieren, spielen Willen, Motivation, Werte und Grundhaltungen eine bedeutsame Rolle (vgl. z. B. Erpenbeck/Heyse 1999; Weinert 2002; Heiner 2010). In Bezug auf berufliche Kompetenzen kommt der beruflichen Haltung, die sowohl von persönlichen Grundhaltungen und Überzeugungen als auch von kollektiv geteilten berufsethischen Überzeugungen getragen wird, eine besondere Rolle zu. Wenn in Modellen zur beruflichen Kompetenz nicht explizit nach Wissen, Können und Haltung differenziert wird, finden sich diese haltungsspezifischen Anteile in der Kategorie Selbstkompetenz aufgehoben (v. Spiegel 2008; Heiner 2010).

In den nachfolgenden Ausführungen zu professionellen Kompetenzen in der Sozialen Arbeit bei Behinderung wird gleichfalls von der Annahme ausgegangen, dass zur Erforschung spezifischer, arbeitsfeldbezogener professioneller Kompetenzen die Analyse feldbezogener Anforderungsstrukturen und die Frage nach den zu ihrer Bewältigung erforderlichen Kompetenzen sowie der Passung oder Divergenzen von Anforderungen und Kompetenzen zentral sind. Ihr Ziel ist es, strukturelle Aspekte des bislang noch wenig untersuchten Feldes der außerschulischen Behindertenhilfe als ein bedeutsamer Bereich für akademisch ausgebildete pädagogische Fachkräfte auszuleuchten, um feldspezifische Erkenntnisse zu liefern. Zur Systematisierung der eigenen empirischen Analysen und der darauf bezogenen Ergebnisdarstellung wird auf die verbreitete Differenzierung in Fachkompetenz/ Fachwissen, Methodenkompetenz, Sozialkompetenz und Selbstkompetenz/Persönliche Kompetenz zurückgegriffen.

Hinweise auf Kompetenzanforderungen in der Sozialen Arbeit mit behinderten Menschen und die Performanz beruflicher Kompetenzen aus verschiedenen Perspektiven (Mitgliedern von Selbsthilfe- und Selbstvertretungsgruppen, Unterstützer/inne/n von Selbstvertretungsgruppen und Beiräten, Anstellungsträgern der Behindertenhilfe und pädagogischen Fachkräften) finden sich in vereinzelt vorliegenden Studien und vor allem in den Befunden eigener Untersuchungen, worauf im Weiteren eingegangen wird.

7.3 Kompetenzanforderungen und Spannungsfelder

In einer der wenigen empirisch angelegten Beiträge zur Professionalität im Bereich außerschulischer Behindertenhilfe ist Rock (2001) der Frage nachgegangen, wie sich sonderpädagogische Professionalität unter der Leitidee der Selbstbestimmung entwickelt. Ziel ihrer Untersuchung ist es, die Orientierungs- und Deutungsmuster des professionellen Handelns pädagogischer Fachkräfte zu erfassen. Methodisch basiert die Untersuchung auf Gruppendiskussionen mit Fachkräften in klassischen stationären Einrichtungen der Behindertenhilfe (WfbM und verschiedenen Formen stationärer Wohneinrichtungen für Erwachsene mit so genannter geistiger Behinderung). Die Fachkräfte sind in ihrer Zusammensetzung heterogen: neben der Geschlechterzugehörigkeit weisen sie unterschiedliche Qualifikationsmerkmale und berufliche Positionen auf. Ihre Gesamtzahl beläuft sich auf 33 Mitarbeiter/innen, darunter sieben Mitarbeiter/innen des WfbM–Bereichs (vier Gruppenleiter/innen und drei Mitarbeiter/innen des Begleitenden Dienstes als Sozialarbeiter/innen/Sozialpädagog/inn/en). Mit 26 Mitarbeiter/innen dominieren Beschäftigte aus unterschiedlichen stationären Wohnformen (11 Mitarbeiter/innen aus Wohnheimen, Wohnheimleitung, Gruppenleiter, Gruppenmitarbeiter/innen und Praktikant/inn/en; 7 Mitarbeiter/innen aus einer Wohnstätte: Wohnstättenleitung und 6 Mitarbeiterinnen; 5 Mitarbeiter/innen aus Außenwohngruppen).

In den Ergebnissen der Gruppendiskussionen spiegeln sich gegensätzliche Orientierungen, die Rock (2001) zu typischen Spannungsfeldern verdichtet und professionstheoretisch interpretiert. Ihr zufolge oszilliert pädagogische Professionalität im Spannungsfeld zwischen dem gesellschaftlichen Normalisierungsauftrag und den Ansprüchen an individuelle Autonomie. Insofern besteht eine wesentliche Anforderung an die Professionellen darin, mit widersprüchlichen Orientierungen bzw. Erfordernissen umzugehen.

In ihrer Analyse kommt Rock (2001) zu folgenden sieben Spannungsfeldern, die gemessen an den Praxisschilderungen der befragten Fachkräfte ihr zufolge als kennzeichnend für deren Arbeit mit behinderten Menschen anzusehen sind (▶ Abb. 5):

Abb. 5: Spannungsfelder pädagogischer Professionalität zwischen gesellschaftlichem Normalisierungsauftrag und Ansprüchen an individuelle Autonomie (Rock 2001)

- »Spannung von Autonomie und Fürsorge« (ebd., 151)
  Die Fachkräfte verstehen ihr Handeln als Gratwanderung zwischen Selbstbestimmungsförderung und -einschränkung. Trotz Orientierung auf Selbstbestimmungsförderung wird selbstbestimmtes Handeln von Menschen mit geistiger Behinderung aus Sorge um ihr psychisches und physisches Wohl eingeschränkt.
- »Spannung von Autonomie und Verantwortlichkeit« (ebd., 155)
  Die Einschränkung der Selbstbestimmung kann erfolgen, um sich selbst gegenüber Dritten für das Handeln seiner Klient/inn/en abzusichern (z. B. bei Aufsichtspflicht in stationären Einrichtungen).
- »Spannung von Autonomie und einer pragmatisch auf Arbeitserleichterung und Entlastung ausgerichteten Handlungsorientierung« (ebd., 156)
  Selbstbestimmungsrechte werden beschränkt, um Konflikte zu vermeiden, routinierte Arbeitsabläufe zu sichern und Zeit zu sparen. Etwaige Ursachen: Bequemlichkeit der Fachkräfte, Grenzen durch Arbeitsbedingungen.
- »Spannung von Autonomie und Anpassung an gesellschaftliche Normalitätsstandards« (ebd., 158)
  Hier kommt das für die Soziale Arbeit generell charakteristische Dilemma des doppelten Mandats in den Blickpunkt: Klientenperspektive versus Orientierung an gesellschaftlicher Erwartung (z. B. soziale Unauffälligkeit und »Normalität« durch »ordentliche Kleidung«).
- »Spannung von Autonomie und Organisationserfordernissen« (ebd., 159)
  Einschränkung der Selbstbestimmung wegen Organisationsbedingungen: Personalausstattung und Arbeitszeitregelungen, bauliche Maßnahmen und finanzielle Ressourcen (z. B. Doppelzimmer in stationären Einrichtungen).
- »Spannung von Autonomie und Förderung« (ebd., 162)
  Förderaspekte können dazu dienen, die Autonomie von Menschen mit geistiger Behinderung einzuschränken, um ihnen Erfahrungen mit neuen Impulsen für mehr Selbstbestimmung zu vermitteln.
- »Spannung von Autonomie und eigenem Leitungsanspruch« (ebd., 164)
  Selbstbestimmung kann durch ein professionelles Selbstverständnis mit Leitungsanspruch eingeschränkt werden. Infolge des großen Machtgefälles zwischen Professionellen und Menschen mit so genannter geistiger Behinderung können neben den gegebenenfalls gerechtfertigten Einschränkungen der Selbstbestimmung auch unnötige Einschnitte stattfinden, insbesondere wenn die Beziehung zwischen Klientel und Fachkräften nach dem Eltern-Kind-Modell interpretiert wird.

Mit welcher Intensität sich die Spannungen abzeichnen, hängt nach Rock (2001) von der jeweiligen Fachkraft, den Adressat/inn/en und den konkreten Handlungsbedingungen ab. Für die Bewältigung der Spannungsverhältnisse und Förderung des Selbstbestimmungsrechts der Betroffenen ist ihr zufolge entscheidend, dass sich die Fachkräfte der Spannungen bewusst werden, wozu reflexive Kompetenzen zwingend erforderlich sind.

7.4 Kompetenzen bei der Unterstützung sozialer Selbsthilfegruppen

Wenn im Folgenden Anforderungen an die Kompetenzen von Professionellen bei der Unterstützung sozialer Selbsthilfegruppen ins Blickfeld gerückt werden, geht es vor allem um Anforderungen, wie sie von Mitgliedern und Unterstützer/inne/n von Selbstvertretungsgruppen bei Behinderung formuliert sind.

Bereits lange Jahre vor Beginn der Diskussion um die beruflichen Kompetenzen von Professionellen in der Sozialen Arbeit bei Behinderung haben Ergebnisse der Selbsthilfeforschung eine Reihe von Anforderungen an die Unterstützung durch professionelle Fachkräfte bzw. Unterstützer/innen in sozialen Selbsthilfegruppen aus der Sicht ihrer Mitglieder offen gelegt (Trojan 1986; Balke/Thiel 1991; Wohlfahrt/Breitkopf 1995; zusammenfassend Kniel/Windisch 2005).

Nach Thiel (1991, 32) lassen sich die Anforderungen an die professionellen Kompetenzen bei der Unterstützung sozialer Selbsthilfegruppen aus ihrer Sicht unmittelbar ihren Wertorientierungen zuordnen. Dazu die folgende Übersicht, die anschaulich die Zusammenhänge der Wertorientierungen und Kompetenzanforderungen von Selbsthilfegruppen profiliert (► Abb. 6):

Wertorientierungen	Unterstützeranforderungen
Authentizität/Echtheit	persönlich Stellung beziehen, sein Vorgehen als Unterstützer an jeder Stelle transparent machen, klare Rollendefinition vornehmen
Solidarisierung	Zusammenarbeit suchen, sich parteilich für die Anliegen der Selbsthilfegruppen engagieren
Selbstbestimmung	Selbstverantwortung respektieren, neutral sein, loslassen können
Hoffnung	ermutigen, selbsthilfe- und nicht defizitorientiert handeln

Abb. 6: Wertorientierungen sozialer Selbsthilfegruppen und ihre Unterstützungsanforderungen gegenüber professionellen Fachkräften

Damit korrespondieren weitere, vielfältige Selbsthilfeforschungsergebnisse zu den Unterstützungsanforderungen an Professionelle, die wie folgt zu bündeln sind: Unterstützung nur auf Anfrage, reaktives Handeln, Respektierung der Entscheidungskompetenz Betroffener bei der Wahl der Unterstützer/innen, Begleitung statt Führung, Zurückhaltung gegenüber Gruppenprozessen, Prozess der aktiven Suche einzelner und der Gruppe nicht stören, nicht-direktive Beratung und Unterstützung, soziale Handlungskompetenzen wie Empathie, Toleranz, Zuwendung, Sich-Zurücknehmen, uneingeschränkte Förderung der Selbstorganisation der Betroffenen, organisatorische Hilfen, Informationsvermittlung und Öffentlichkeitsarbeit, Akzeptanz und Ernst nehmen der Betroffenenperspektive, Eintreten gegen Diskriminierung (Behrendt/Kegler 1986; Thiel 1991; Schmitz 1991).

Weitere vergleichbare Hinweise auf Anforderungen an die professionelle Kompetenz in Unterstützungszusammenhängen geben empirische Ergebnisse eigener Befragungen von Menschen mit so genannter geistiger Behinderung in sozialen Selbsthilfe- bzw. Selbstvertretungsgruppen in Deutschland (People First Gruppen bzw. Mensch zuerst – Netzwerk People First Deutschland) zu Beginn der Jahrhundertwende (Kniel/Windisch 2005). In einer bundesweiten Untersuchung wurden Interviews mit Mitgliedern von 20 der damals 21 bestehenden People First Gruppen auf der Basis eines standardisierten Fragebogens geführt.

Begriffsklärung

Unterstützungskompetenz wird aus der Sicht von Menschen mit Behinderung als ein Balanceakt beschrieben. Dieser Balanceakt bewegt sich zwischen Assistenz im Sinne von instrumentellen, praktischen Hilfen, zurückhaltendem Abwarten und Beraten einerseits. Andererseits kann er pädagogische Interventionen im Sinne anregender Unterstützung beinhalten – bis hin zu strukturierenden Hilfen und erforderlichem stellvertretendem Handeln im Ausnahmefall.

Vertiefende Auseinandersetzung

Im Ergebnis der Untersuchung von 20 Selbstvertretungsgruppen resultiert im Einzelnen aus der offenen Frage in den standardisierten Befragungen »Wie muss eine gute Unterstützungsarbeit in einer Selbsthilfegruppe sein?« folgendes Antwortspektrum: »Keine Fremdbestimmung bzw. Bevormundung (47,1 %) – im Hintergrund bleiben und nicht bestimmen, Aufgaben annehmen und erledigen, beraten im Hintergrund; Assistenz (Kooperation/Hilfsbereitschaft) (47,1 %) – bei Bedarf helfen, hilfsbereit sein – ganz einfach! Still sein – hinsetzen und zuhören, Wunsch nach häufigerer Ansprechmöglichkeit, begleiten, schwierige Schreibarbeiten erledigen; Information, Aktivierung, Problemlösung (41,2 %) – Ideen einbringen, aber neutral sein, Vorschläge machen, treibende Kraft sein, aber keine Bevormundung, Treffen mit in die Wege leiten, für alles eine Lösung haben, gute Themen sammeln, die in der Gruppe bearbeitet werden können, gute Zusammenarbeit; Förderung von Ordnung/Struktur und Information (29,4 %) – strukturieren/zusammenfassen, Ordnung herstellen, Bescheid wissen, Pünktlichkeit; Offenheit, Vertrauen und Akzeptanz (23,5 %) – Vertrauen, Offenheit, Ehrlichkeit, Respekt verschaffen, Betroffene zur Sprache kommen lassen, nicht hinter dem Rücken reden, Unterstützung bei Sprechhemmungen, mehr Aussprache, Fragen nach Anliegen und Bedürfnissen, helfen, ohne abzuwerten; Humor (11,8 %) – immer gute Laune haben, lustig sein; Vertretung und Aufklärung in der Öffentlichkeit (5,9 %) – Gruppe in der Öffentlichkeit vertreten, Aufklärung über Selbstvertretung« (ebd., 56).

Mit diesen Untersuchungsergebnissen sind die in Publikationen von People First Deutschland oder in ihrem Kontext geäußerten Ansprüche an eine Unterstützung der Selbstvertretungsgruppen im Grundsatz deckungsgleich (Göbel 1999; Projekt »Wir vertreten uns selbst!« 2000).

Ergänzend wurden ebenfalls Unterstützer/innen der People First Gruppen zu ihrer Sicht von Unterstützungsanforderungen befragt (Kniel/Windisch 2005). Sowohl die Ergebnisse schriftlicher standardisierter Befragungen von 16 Unterstützer/inne/n wie auch qualitativer Interviews mit 12 Unterstützer/inne/n stimmen in der Grundtendenz mit denen der befragten People First Gruppenmitglieder überein und sind zugleich anschlussfähig an die Ergebnisse von Rock (2001). Die Antworten der Unterstützer/innen auf die offene Frage »Welche Vorstellungen und Ziele sind Ihnen bei der Unterstützung der Gruppe wichtig?« konzentrieren sich mehrheitlich sowohl auf die Befähigung, Ziele und Vorstellungen der Gruppen zu verwirklichen (57 %) als auch auf die zunehmende Verselbstständigung der Gruppe durch Kompetenzerweiterung und der Fähigkeit, das Leben selbst in die Hand zu nehmen (50 %).

Welche widersprüchlichen Kompetenzanforderungen sich mit diesen Zielsetzungen verbinden, bringt ein Unterstützer mit der Beschreibung seiner Unterstützungsleistungen zum Ausdruck, indem er beschreibt, wie er mit reflektierter Zurückhaltung den Gruppenprozess strukturiert, ohne aber das selbstbestimmte Handeln der Gruppe aus den Augen zu verlieren. Zu seinem Unterstützungshandeln zählt: Ermuntern zum Gruppengespräch; eine Tagesordnung der Gesprächsthemen erstellen; Leiten der Gruppe durch ein Gruppenmitglied unterstützen; Gewährleisten einer angemessenen Teilnahme von Durchsetzungsschwächeren am Gruppengeschehen; Dolmetschen bzw. Übersetzen von Beiträgen sprachbehinderter Gruppenmitglieder (Kniel/Windisch 2005).

Korrespondierend mit den Zielsetzungen der Ermöglichung von Selbstbestimmung und konkreten Unterstützungsaufgaben wie Moderation, Informationsvermittlung, Konfliktausgleich und Organisation (z. B. Terminplanung, Schreibarbeiten, Fahrdienst) zeigt sich in den Antworten der befragten Unterstützer/innen auf die Frage »Welche Kriterien muss eine Unterstützungsarbeit erfüllen, um die Gruppe zu einer selbständigen Arbeit zu bringen?« eine ganze Reihe von bedeutsamen Kompetenzanforderungen. Gemessen an ihren mehrheitlichen Angaben (62 %) sind folgende Fähigkeiten als besonders wichtig einzustufen: sich zurücknehmen können, Freiräume schaffen und nur bei Bedarf unterstützen. Ein ähnlicher Stellenwert ist aus ihrer Sicht den Fähigkeiten beizumessen, »sich an den Entscheidungen der Gruppenmitglieder zu orientieren«, »Loslassen zu können« und »die eigenen Rolle reflektieren zu können« (ebd., 61).

Zu vergleichbaren Ergebnissen kommen ergänzende schriftliche Befragungen von Unterstützer/inne/n hessischer Heimbeiräte in stationären Wohneinrichtungen für Menschen mit Behinderung durch Rödl (2001) und von Unterstützer/inne/n hessischer Werkstatträte durch Grimm (2002) unter Verwendung des im Rahmen der oben genannten Befragung von Unterstützer/inne/n der People First Gruppen eingesetzten standardisierten Fragebogens. Die Befragungsergebnisse von Rödl (2001) basieren auf einer Stichprobe von 21 Unterstützer/inne/n, die von Grimm (2002) auf einer Stichprobe von 23 (Rücklaufumfang von 32 Unterstützer/inne/n der Werkstatträte als Grundgesamtheit in Hessen).

Übereinstimmend unterstreichen die Ergebnisse von Rödl (2001) und Grimm (2002), dass sich die Anforderungen an die Unterstützung der Selbstvertretungsaktivitäten der Heimbeiräte und Werkstatträte zwischen anregender Unterstützung der Gremienarbeit und ihrer Gruppenprozesse einerseits und zurückhaltendem Abwarten von Gruppenaktivitäten andererseits bewegen. Im Einzelnen wurde zwischen folgenden Anforderungen differenziert: Fähigkeit zur Assistenz und Strukturierung ohne Bevormundung, soziale Kompetenzen, Fähigkeit des Umgangs mit Verschiedenheit bzw. zum respektvollen Umgang mit Betroffenen, Kompetenz zur Förderung von Selbstständigkeit und Gruppenprozessen, Fähigkeit der Informationsvermittlung und Problem-/Konfliktbewältigungskompetenz.

Insgesamt legen die Ergebnisse der verschiedenen Untersuchungen übereinstimmend und deutlich nahe, dass der auch bei Rock herausgearbeitete erforderliche Umgang mit widersprüchlichen Orientierungen in der professionellen Unterstützung besonders hohe Anforderungen an persönliche und soziale Kompetenzen beinhaltet. Damit ist vor allem auch eine reflexive Kompetenz verknüpft, die in der Perspektive von Anstellungsträgern in der Behindertenhilfe nach den folgenden Ergebnissen von empirischen Untersuchungen in verschiedenen Handlungsfeldern der Sozialen Arbeit bei Behinderung ebenfalls einen sehr hohen Stellenwert erhält.

7.5 Kompetenzen aus Sicht von Trägern

Erste Hinweise auf berufliche Kompetenzanforderungen in den Handlungsfeldern der Sozialen Arbeit bei Behinderung aus der Sicht von Anstellungsträgern liefert eine ältere, quantitative Untersuchung von Klapprott (1987). In ihrem Rahmen wurden fast 1.500 Anstellungsträger in den Feldern Sozialer Arbeit – darunter zum Teil auch Anstellungsträger in der Behindertenhilfe – nach den fachlichen und persönlichen Kompetenzen von sozialarbeiterischen bzw. -pädagogischen Fachkräften befragt sowie diesbezüglich Stellenanzeigen analysiert.

Klapprott (1987, 30) kommt im Ergebnis einer empirischen Analyse anhand einer Faktorenanalyse zu der Differenzierung von acht verschiedenen Kompetenzdimensionen, die für den Anstellungsträger wichtig sind: »(1) Standfestigkeit; (2) Verwaltungskompetenz; (3) Professionalität; (4) Korrektheit/Konventionalität; (5) Pädagogischer Einfluss; (6) Autonomie; (7) Menschlichkeit und (8) Allroundkompetenz...«. Darunter erhält die Autonomie als Kompetenz der professionellen Fachkräfte in der Sozialen Arbeit (Sozialarbeiter/innen/Sozialpädagog/inn/en) indes die höchste Bedeutungseinstufung aus der Sicht der von Klapprott (1987) befragten Anstellungsträger.

> **Begriffsklärung**
>
> **Autonomie professioneller Fachkräfte** setzt sich aus folgenden Merkmalen zusammen: Durchsetzungsvermögen, Unabhängigkeit, Umstellungsfähigkeit, Selbstständigkeit, Charakterfestigkeit und Auffassungsgabe (Klapprott 1987).

Jenseits der acht Kompetenzfaktoren unterstreicht Klapprott (1987, 34) die Bedeutung einer Reihe von Einzelkompetenzen, die durch Anstellungsträger in besonderem Maße nachgefragt wurden: »Teamfähigkeit«, »Verschwiegenheit«, »Kontaktfähigkeit«, »Selbstständigkeit«, »Durchsetzungsfähigkeit«, »Gewissenhaftigkeit«, »Kenntnisse des Problemumfeldes«, »Charakterfestigkeit«, »Selbstkritik« und »Soziales Fingerspitzengefühl«.

Vertiefende Auseinandersetzung

Demgegenüber liefert – ausgehend von der Kompetenzdiskussion in der beruflichen Qualifizierung und den Forderungen nach einer veränderten (sozial)pädagogischen Professionalität angesichts des Paradigmenwechsels in der Behindertenhilfe – eine eigene Untersuchung aus dem Jahr 2006 neuere Ergebnisse zu beruflichen Kompetenzanforderungen an pädagogische Fachkräfte mit akademischem Abschluss in der Sozialen Arbeit mit behinderten Menschen aus der Sicht von Anstellungsträgern (Loeken/Windisch 2009a).

Auf der Basis eines qualitativen, explorativen Ansatzes wurden leitfadengestützte, problemzentrierte Interviews mit einer Stichprobe von 16 ausgewählten Anstellungsträgervertreter/inne/n der Behindertenhilfe in Hessen durchgeführt, deren Auswahl sich an der Repräsentanz eines breiten Spektrums von Anstellungsträgern und pädagogischen Handlungsfeldern orientiert hat. Die Stichprobe setzt sich vor allem aus Vertretern von großen Trägern unter dem Dach des Diakonisches Werkes mit einem breiten Leistungs- und Handlungsfeldspektrum sowie von meist kleineren Vereinen des Paritätischen Wohlfahrtsverbandes Hessen mit einem dezidierten Schwerpunkt bzw. einem Angebot oder einem kleinen Angebotsspektrum zusammen und umfasst auch Gesprächspartner mit Multiplikatorenfunktion (Vorsitzende von Arbeitsgemeinschaften usw.).

Durch die Stichprobe sind pädagogische Handlungsfelder repräsentiert, die sich von wohnbezogenen stationären und ambulanten Hilfen, Offenen Hilfen (Familienentlastende/-unterstützende Dienste, Persönliche Assistenz und Beratung) über pädagogische Frühförderung bis hin zu arbeitsbezogenen Hilfen (Werkstätten für behinderte Menschen einschließlich Tagesförderstätte, Integrationsprojekte und Integrationsfachdienst) sowie sozialpsychiatrischen bzw. psychosozialen Zentren (einschließlich Tagesstätten) erstrecken. Die Adressat/inn/en in den Handlungsfeldern sind Menschen mit verschiedenen Beeinträchtigungen unterschiedlichen Alters. Dazu zählen auch Menschen mit psychischen Erkrankungen, die nach dem deutschen Sozialrecht der Kategorie »seelisch behindert« zugeordnet werden.

In den Interviews sind einmal die Funktionen, Aufgaben und Tätigkeiten des Personals mit Fachhochschul- oder Universitätsabschluss auch im Vergleich zu Fachkräften mit Fachschulausbildung (z. B. Erzieher/innen oder Heilerziehungspfleger/innen) oder vergleichbarer Ausbildung in den einschlägigen sozialarbeiterischen und pädagogischen Handlungsfeldern erfasst worden. Darauf aufbauend haben sich die Interviews schwerpunktmäßig auf die professionellen Kompetenzen der pädagogischen Fachkräfte mit akademischer Qualifikation gerichtet und zwar differenziert nach erforderlichen bzw. wünschenswerten Kompetenzen und Kernkompetenzen, nach vorhandenen Kompetenzen und Kompetenzdefiziten, nach Grundeinstellungen und der Bedeutung einer Spezialisierung auf das Thema Behinderung im Studium.

Die Interviewauswertung fand in Form einer summativ und inhaltlich strukturierten Analyse (Mayring 2007) statt, die der theoretischen Perspektive Rechnung trägt, dass die beruflichen Kompetenzanforderungen im Kontext professions- und arbeitsfeldspezifischer Aufgaben und Funktionen zu sehen sind.

Nach unseren Interviewergebnissen lassen sich die Aufgaben der akademisch qualifizierten pädagogischen Fachkräfte grob in Leitungs- und Koordinierungsaufgaben, direkte adressatenbezogene Aufgaben und Tätigkeiten, indirekte adressatenbezogene Aufgaben sowie vermittelnde Aufgaben und Tätigkeiten unterteilen. Welche Kompetenzanforderungen die befragten Anstellungsvertreter/innen im Kontext dieser Aufgaben und Tätigkeiten sehen und für wichtig halten, wird zunächst arbeitsfeldbezogen aufgezeigt. Daran schließen sich Antworten auf die Fragen an, welchen Kompetenzanforderungen eine arbeitsfeldübergreifende Bedeutung zufällt und inwieweit Kompetenzanforderungen Veränderungen aufweisen.

7.5.1 Arbeitsfeldbezogene Kompetenzanforderungen

Die arbeitsfeldbezogenen Kompetenzanforderungen werden hinsichtlich der folgenden Arbeitsfelder beleuchtet:

- Stationäre wohnbezogene Hilfen
- Ambulante wohnbezogene Hilfen (Ambulant Betreutes Wohnen bzw. Unterstütztes Wohnen)
- Beratung
- Organisation und Regie von Persönlicher Assistenz
- Familienentlastende/-unterstützende Dienste (FeD/FuD)
- Frühförderung
- Werkstätten für behinderte Menschen (WfbM) als teilstationäre arbeitsbezogene Hilfen
- Integrationsfachdienste (IFD) als ambulante arbeitsbezogene Hilfen.

Stationäre wohnbezogene Hilfen

Für das Arbeitsfeld der stationären Wohnangebote ist es charakteristisch, akademisch qualifizierte Fachkräfte (Fachhochschul- oder Universitätsabschluss) mit leitenden und koordinierenden Funktionen zu betrauen. Im Einzelnen handelt es sich um Wohnbereichs- oder Wohnheimleitungen oder Teamkoordination.

Neben spezifischem Wissen zu rechtlichen Voraussetzungen (z. B. Sozialrecht, Heimgesetz, Arbeitsrecht, Betreuungsrecht), Finanzierungsfragen, Bedarfserhebungen und Hilfeplanungsinstrumenten werden unter der Überschrift »Führungs- und Leitungskompetenz« Fähigkeiten zur Prozesssteuerung, Verhandlungsgeschick und hohe soziale (einschließlich kommunikative) Kompetenzen besonders hervorgehoben. Zudem sind betriebswirtschaftliche Kompetenzen im Zusammenhang mit der Etatverwaltung vonnöten.

Zu den methodischen Kompetenzanforderungen gehören Fähigkeiten der Moderation und Konfliktklärung, der Mitarbeitermotivation und Anleitung bei gleichzeitiger Durchsetzungsfähigkeit. Persönlich sollten die Fachkräfte in den beschriebenen Funktionen aus der Sicht befragter Anstellungsträger sowohl belastungsfähig (»'ne Menge aushalten können«) als auch »in ihrer Persönlichkeit überzeugend sein«.

Ambulante wohnbezogene Hilfen (Ambulant Betreutes Wohnen/ Unterstütztes Wohnen)

Im Vergleich zum stationären Wohnen zeichnet sich die Aufgabenstruktur in den ambulant betreuten Wohnangeboten für Menschen mit Behinderung (körperlicher oder so genannter geistiger oder psychischer Beeinträchtigung) überwiegend durch direkte Adressatenkontakte und kontinuierliche Begleitungsarbeit verbunden mit einer Reihe von administrativen Tätigkeiten aus.

Letztere setzen adäquate Kenntnisse und Fähigkeiten sowohl hinsichtlich der Organisation und Absicherung des Hilfeangebotes (Hilfeplanung, Kostenabsicherung, Einteilung von Fachleistungsstunden etc.) als auch hinsichtlich der Unterstützung der Adressat/inn/en bei allen anfallenden behördlichen Angelegenheiten (Antragstellung, Durchsetzung von Ansprüchen auf Sozialleistungen etc.) voraus.

Die direkte Betreuung erfordert nach den Aussagen von Anstellungsträgern – ausgehend von der Bereitschaft, eigene (Wert-)Vorstellungen zurückzustellen und einer guten (Selbst-) Reflexionsfähigkeit – Kompetenzen, die Adressat/inn/en in einer möglichst selbstbestimmten Lebensführung und Lebensplanung zu unterstützen, was Beratungs- und Gesprächsführungskompetenz ebenso einschließt wie die Bereitschaft, gelegentlich bei Dingen der alltagspraktischen Lebensgestaltung »auch mit anzupacken«.

Das professionelle Handeln bewegt sich zwischen dem Selbstbestimmungsrecht der Adressat/inn/en und dem pädagogischen Auftrag. Insofern erfordert es diesbezügliche Reflexionskompetenz wie auch die grundsätzliche Bereitschaft, »nicht überbehütend und beschützend« zu sein, sondern in gewissem Maße risikobereit. So ist Anstellungsträgern zufolge weniger gefragt, als »Helfer aufzutreten« als »zu verhandeln«.

Ein Großteil der professionellen Arbeit im Betreuten Wohnen findet im privaten Umfeld der Adressat/inn/en und überwiegend in »Einzelarbeit« statt, was die Arbeit – so Interviewpartner/innen – besonders anspruchsvoll macht. Gefordert sind in besonderem Maße Rollenklarheit hinsichtlich persönlicher und beruflicher Aspekte, die Fähigkeit mit Nähe und Distanz umzugehen sowie Kompetenzen zu entwickeln, auftretende Enttäuschungen und Kränkungen professionell zu reflektieren und einzuordnen.

Als Voraussetzung für den Umgang mit Adressat/inn/en, die durch psychische Erkrankungen und ihre »Krankheitssymptome« sehr eingeschränkt sind, wird von Anstellungsträgern zum einen die Fähigkeit erwartet, sich auf schwierige Adressat/

inn/en einstellen können und zum anderen, »dass sie (die Professionellen, d. Verf.) die Fähigkeit haben, sich so weit wiederum innerlich zu distanzieren, dass sie nicht mit den Klienten, ich sag salopp, im Elend verschwinden«.

Beratung

Beratung ist ein zentrales Aufgabenfeld der Offenen bzw. Ambulanten Hilfen für Menschen mit Behinderung und ihre Angehörigen. Sie umfasst allgemeine soziale Beratung einschließlich Assistenzberatung sowie psychosoziale Beratung und Unterstützung auf der Grundlage variierender methodischer Vorgehensweisen, teilweise in Form von »Peer Counseling« (Betroffene beraten Betroffene).

Damit sind verschiedene, spezifische Voraussetzungen und Anforderungen für Mitarbeiter/innen verknüpft, die kurz unter dem Begriff »Beratungskompetenzen« – so ein Interviewpartner – zusammengefasst werden und mit dem Wunsch nach Zusatzqualifikationen für Beratung etwa als familientherapeutische Ausbildung oder in einem anderen therapeutischen Ansatz oder speziell im Bereich Peer Counseling einhergehen. So heißt es in dessen Perspektive: »...Beratung, da fordern wir von unseren Mitarbeitern ... Beratungskompetenzen, also Zusatzqualifikationen ... entweder 'ne familientherapeutische Ausbildung ...oder spezielle Qualifikationen im Bereich Peer Counseling oder eben therapeutische Zusatzausbildung in anderer Weise, was weiß ich, Gesprächspsychotherapie oder was auch immer, ... weil in dem Bereich doch sehr viel ... psychosoziale Beratung läuft und wir ganz einfach dann auf sämtliche Kompetenzen ... angewiesen sind«.

Zum anderen wird die grundlegende Bedeutung von fachlich-spezifischem Wissen, Vermittlungskompetenz (Informationen verständlich weiter geben und erklären können) und sozialen Kompetenzen sowie persönlichkeitsbezogenen Merkmalen von Anstellungsträgern hervorgehoben. Für das fachliche Wissen gilt wie bei der Organisation von Persönlicher Assistenz ein hohes sozialrechtliches Informationsniveau als zentral, ergänzt durch behinderungsbezogene Kenntnisse (wie etwa Entwicklung von Behinderung) und gruppenbezogene Fähigkeiten.

Zu persönlichkeitsspezifischen Merkmalen gehören Lebenserfahrung und die passende »menschliche Seite«, die oft stärker gewichtet wird, »als das, was jemand vorher gemacht hat«, wie ein Interviewpartner feststellt. Der Einsatz von Peer Counseling, wie es in Einrichtungen, die den Zielen der Behindertenselbsthilfe nahe stehen, eingesetzt wird, erfordert zudem eigene Behinderungserfahrung der Berater/innen.

Organisation und Regie von Persönlicher Assistenz

Die Kompetenzanforderungen bei der Organisation und Regie Persönlicher Assistenz für Menschen mit Behinderung und einem Bedarf an Unterstützung zur Bewältigung alltäglicher Anforderungen (z. B. Körperpflege, Ernährung, hauswirtschaftliche Versorgung, Mobilität, gesellschaftliche Teilhabe) ergeben sich aus den folgenden Aufgaben: Beraten von Assistenznehmer/inne/n (in der Regel Kunden genannt) hinsichtlich ihrer Ansprüche auf Hilfen, Umsetzungsformen und Möglichkeiten des Umgangs mit Assistenzkräften, Unterstützung der Selbstorganisation von Persönlicher Assistenz oder Durchführung der Assistenzorganisation in Abstimmung mit den Betroffenen, d. h. Vorschlagen, Anstellen und Anleiten geeigneter Assistent/inn/en, Koordination von Teams und Erbringung von Querschnittsleistungen.

Sehr gute und aktuelle Kenntnisse sozialrechtlicher Bedingungen und Wissen über Leistungsansprüche der Kunden (»man muss sehr gut up to date sein«) und die damit verbundenen administrativen Fähigkeiten (Umgang mit Leistungsträgern, Personalführung, Abrechnungswesen etc.) sowie die Fähigkeit, das Wissen adressatengerecht zu vermitteln, werden von Anstellungsträgern als zentrale Voraussetzung für diesen Bereich genannt. Dazu kommt spezielles Wissen hinsichtlich der Bedarfslagen bei spezifischen Behinderungen, um die Assistent/inn/en entsprechend einzusetzen.

Des Weiteren werden Beratungs- und Leitungskompetenz, Gruppenkompetenz und Fähigkeiten der Vermittlung zwischen verschiedenen Interessen, der Konfliktklärung und Krisenintervention hervorgehoben.

Familienentlastende/-unterstützende Dienste

Fed/FuD beinhalten ambulante Hilfen für Familien mit behinderten Angehörigen, die mit den Aufgaben einhergehen: Familien mit Unterstützungsbedarf über ihre Ansprüche und Möglichkeiten der Entlastung bzw. Unterstützung – analog zum Bereich Persönliche Assistenz – beraten sowie notwendige Hilfen wunschgemäß organisieren und durchführen, wie die Versorgung von behinderten Familienangehörigen oder ihre Betreuung im Rahmen von Gruppen- und Freizeitangeboten oder sozialpädagogische Einzelbetreuung und Familienhilfe.

Aus dem Aufgabenspektrum resultieren in der Befragtenperspektive zum einen Kompetenzanforderungen, die im Hinblick auf die Organisations- und Regieebene mit denen im Bereich der Persönlichen Assistenz grundsätzlich vergleichbar sind. Zum anderen werden Anforderungen für die Ebene der direkten Adressatenkontakte angeführt, die sich größtenteils mit jenen im Kontext der Adressatenkontakte im Rahmen des Ambulant Betreuten Wohnens decken. Das spiegeln etwa die folgenden Feststellungen wider: »Erfahrung und Wissen im Bereich der Behindertenhilfen mit dem ... Spektrum von Behinderungsformen..., wie sich das auswirkt ... Das erstmal ganz grundlegend...Für unsere Fachberaterstellen, da brauchs auch den sozialarbeiterischen Aspekt ..., also Vernetzung, was es da gibt, wie es mit den Gesetzen aussieht, wie es mit Antragsstellungen, Beihilfenstellungen und so weiter, was da alles in dem Zusammenhang ist. Berater müssen natürlich schon ... ein Stück weit Beratungskompetenz mitbringen, in welcher Form ... ist individuell unterschiedlich... Es ist nicht zwangsläufig, dass man ne Zusatzausbildung haben muss. Was müssen sie fachlich noch können, ganz viel eigentlich. Also ich denk, sie sollten fachlich auch mit Nähe und Distanz umgehen können...«

Zudem rückt in den Blickpunkt, dass es wichtig sei, mit Ereignissen und Problemen flexibel und sicher umgehen zu können: »...was wichtig ist, ist eine Flexibilität, mich auf unterschiedliche Leute einzustellen. Ne Sicherheit find ich auch wichtig, also ne Sicherheit in meiner Person, im Umgang mit geistig behinderten Menschen, das heißt auf der einen Seite sicher auf sie zugehen zu können, auf der anderen Seite mich aber auch abgrenzen zu können und ne Kreativität, also ne Offenheit für das, was wollen die Leute von mir, kann ich da was von bieten, kann ich das umsetzen oder was kann ich selbst bieten...«

Als mögliche Kernkompetenz wird für die Fed/FuD die Anforderung, eigenständig arbeiten zu können, genannt: »... eigenständiges Arbeiten, also ich weiß, dass ich mit den Leuten am besten zusammenarbeiten kann, die gelernt haben, mit der Zeit eigenständig zu arbeiten. Das heißt also, eigene Ideen mit reinbringen, ihr Fachwissen mit einbeziehen ... und aber auch offen sind, das zu kommunizieren mit uns.« ... »Das heißt also ... Eigenständigkeit und Teamgeist in Kombination.«

Frühförderung

Aus der Aufgabe der Frühförderung, auf der Basis einer »pädagogischen Eingangs- und Begleitdiagnostik des frühen Kindesalters« und einer interdisziplinären Förderplanung die Entwicklung von beeinträchtigten bzw. entwicklungsgefährdeten Kindern und die Entfaltung ihrer Persönlichkeit mit Beteiligung und Unterstützung der Eltern zu fördern, leitet sich eine ganze Reihe von Anforderungen an die Fachkräfte auf unterschiedlichen Kompetenzebenen ab. Teils gibt es Überschneidungen mit den vorfindbaren Anforderungen in den anderen Arbeitsbereichen, teils weichen genannte Kompetenzanforderungen von ihnen ab.

Spezifische Anforderungen richten sich vor allen Dingen an die Fach- und Methodenkompetenzen. Sie umfassen insbesondere: Wissen über frühkindliche Entwicklung sowie Formen und Bedingungen von Entwicklungsstörungen, medizinisches Wissen, Kenntnisse der Behinderungsformen mit ihren Auswirkungen (Einschränkungen und Ressourcen/Stärken) und der Resilienzforschung. Als wichtig wird erachtet, verschiedene Modelle der pädagogischen Diagnostik, Förderansätze und -methoden für das frühe Kindesalter zu kennen, anwenden und in ihrer Wirksamkeit einschätzen zu können.

Zudem kommt der Anforderung einer interdisziplinären Zusammenarbeit, die sich auf der Ebene der sozial-kommunikativen Kompetenzen ansiedeln lässt, ein besonderer Stellenwert zu. Einen eher überschneidenden Charakter weisen die folgenden Kompetenzanforderungen im Frühförderbereich auf den Ebenen der sozialen Kompetenz und Selbstkompetenz (persönlichen Kompetenz) mit Anforderungen in einigen anderen Arbeitsbereichen auf: Beratungskompetenz, Kooperation (hier: auch mit Eltern), Offenheit, Akquise von relevanten Informationen, Teamfähigkeit, Empathie, Herstellen einer dialogischen und vertrauensvollen Interaktionsbeziehung mit Adressat/inn/en, Kommunikationsfähigkeit, Akzeptanz (gegenüber Andersein) und Reflexionsfähigkeit.

Ähnlich wie zuvor für das Feld der Beratung wird betont, dass bei einem potenziellen Mitarbeiter oder einer Mitarbeiterin neben der wünschenswerten Grundqualifikation die Persönlichkeit »fast wichtiger« ist. Als besonders wichtig wird die Fähigkeit zur Empathie und zur kritischen Selbstreflexion sowie sicheres

Auftreten erachtet. »Nur deswegen, finde ich, sind diese persönlichen ... Merkmale gerade in dieser Arbeit wichtig, wenn ich dann ein Gegenüber hab`, wo ich das Gefühl hab`, der guckt mir, kann mir nicht in die Augen gucken, der spricht an mir vorbei und den stell` ich mir in `ner Familie vor, die in der Krise ist, denk` ich, vielleicht nicht ganz das passende.«

Werkstätten für behinderte Menschen als teilstationäre arbeitsbezogene Hilfen

Sozialarbeiterische und vergleichbare Fachkräfte sind in der WfbM schwerpunktmäßig im Sozialen Dienst und den arbeitsbegleitenden Angeboten tätig oder – speziell in Hessen – als Fachkräfte für berufliche Integration mit der Vermittlung von Arbeitskräften auf den allgemeinen Arbeitsmarkt betraut. Dazu kommen teilweise besondere Aufgaben im Bereich der Tagesförderung, wenn es um das Konzipieren spezieller Förderangebote für schwer beeinträchtigte Adressat/inn/en und die Anleitung weiteren pädagogischen Personals geht. Vereinzelt sind Sozialpädagog/inn/en und Fachkräfte vergleichbarer Ausbildung auch in die Werkstattleitung eingebunden.

Erforderliche Kompetenzen ergeben sich nach den Interviewaussagen von Anstellungsträgern zum einen aus dem »immer größer werdenden Anteil von Verwaltungsarbeiten, die man also beherrschen muss«, z. B. im Zusammenhang mit der Aufnahme in die Werkstatt für behinderte Menschen, der Verhandlung mit den Kostenträgern, dem Erstellen von Entwicklungsberichten und im internen Qualitätsmanagement. Die Fähigkeit zur Selbstorganisation – etwa bei der Erarbeitung neuer Informationen – und zum eigenständigen Zeitmanagement sind dabei ebenso gefragt wie der sichere Umgang mit der EDV.

Für die sozialpädagogische, durch einen partnerschaftlichen, »kundenorientierten« Umgang geprägte Begleitung der behinderten Mitarbeiter/innen, werden Kompetenzen zur Gesprächsführung, zum Konfliktmanagement und zur Vermittlung besonders unterstrichen.

Grundlegendes Wissen sollte über Auswirkungen von Behinderungen und Erkrankungen vorhanden sein, auch um darauf aufbauend geeignete, entwicklungsförderliche Bildungsangebote konzipieren und durchführen zu können.

Integrationsfachdienste als ambulante arbeitsbezogene Hilfen

Aufgaben des sozialarbeiterischen und vergleichbar qualifizierten Personals in den IFD sind: Vermittlung von (im Sinne des Sozialrechts) »schwerbehinderten« oder gleichgestellten Personen in Arbeitsverhältnisse inklusive eigenständiger Akquise von Arbeitsmöglichkeiten, Begleitung und Beratung der Vermittelten, Beratung von Arbeitgebern, die Zusammenarbeit mit den innerbetrieblich zuständigen Stellen (Personalabteilung, Personalrat, Schwerbehindertenvertretung u. a.) und beteiligten Behörden wie Arbeitsagentur und Integrationsamt.

Hinsichtlich der Kompetenzanforderungen werden von unseren Interviewpartner/inne/n zum einen die nötigen sozial- und arbeitsrechtlichen Kenntnisse hervorgehoben, verbunden mit der Fähigkeit, sich in Neuerungen schnell einzuarbeiten und – gerade gegenüber Arbeitgebern – präzise Auskünfte erteilen zu können sowie der sichere Umgang mit dem PC zur Dokumentation der Arbeit.

Gefordert sind zum anderen angemessenes Auftreten den jeweiligen Gegenübern, Adressaten mit Behinderung oder Arbeitgebern u. ä. (»also wenn ich zum Personalchef der Firma X gehe, dann soll ich das tunlichst nicht barfuss und mit Dreadlocks oder sonst irgendwie machen«), Fähigkeit zur Konfliktbewältigung sowie adäquate Kommunikationsformen und Gesprächstechniken, die auch die Fähigkeit zum Konfrontieren einschließen (»also man muss ab und zu auch mal den Finger in die Wunde legen können«).

Die besondere Herausforderung an das einschlägige Personal ergibt sich in diesem Feld aus der notwendigen Mittlerposition (»wir bewegen uns immer in mehreren Welten«), die Fähigkeiten des verstehenden Zugangs zu den behinderten Adressat/inn/en und realistische Einschätzungen des betrieblichen Geschehens benötigt. Als günstig wird angesehen, wenn sozialarbeiterisches Personal Erfahrung in betrieblichen Strukturen mitbringt, gegebenenfalls durch eine frühere Berufstätigkeit.

7.5.2 Arbeitsfeldübergreifende Kompetenzanforderungen

Wenngleich die Kompetenzanforderungen mit den arbeitsfeldbezogenen Aufgabenbeschreibungen mehr oder weniger eng verknüpft reflektiert und spezifiziert werden, wie auch Mayrhofer/Raab-Steiner (2007a) in einer Untersuchung zu Kompetenzprofilen von Sozialarbeiter/innen in Österreich feststellen, lassen sich nach den eigenen Analyseergebnissen im Feld der Behindertenhilfe handlungsfeldübergreifend einige Gemeinsamkeiten der Kompetenzanforderungen beobachten. Mit ihnen korrespondieren übergreifende und miteinander verbundene Problemdimensionen und Aufgabenstellungen, die vergleichbare Vorgehensweisen beinhalten. Die bereichsübergreifenden Gemeinsamkeiten werden einmal von den befragten Anstellungsträgervertreter/innen direkt aufgezeigt, zum anderen lassen sie sich ihren arbeitsfeldbezogenen Beschreibungen entnehmen. Arbeitsbereichsübergreifend erstrecken sich die Anforderungen auf eine erhebliche Variationsbreite beruflicher Kompetenzen, die sich entsprechend ihrer zugrunde gelegten Dimensionierung folgendermaßen differenzieren:

Fachwissen

Generell wichtig ist ein Wissen über gesellschaftliche Zusammenhänge und Bedingungen des Lebens mit Behinderung, Integration und Selbstbestimmung bei Behinderung, Strukturen und Funktionszusammenhänge in der Gesellschaft und im Gemeinwesen, Ebenen und Dienste des Gemeinwesens, Behinderung im familialen Kontext, Wohnen und Selbstbestimmung.

Auf der Ebene von Wissenschaftsdisziplinen sind besonders Kenntnisse aus der Pädagogik (Didaktik und Methodik, Lernmodelle und Erwachsenenbildung), Psychologie, Recht und insbesondere Sozialrecht, aber auch Medizin einschließlich

Neurologie (Behinderungsformen/Krankheitsbilder und ihre Auswirkungen) sowie Betriebswirtschaft (betriebswirtschaftliche und administrative Prozesse) gefragt.

Methodenkompetenz

Handlungsfeldübergreifend stellen sich einerseits Wünsche der befragten Trägervertreter/innen nach Beratungskompetenz wie auch nach Fähigkeiten zur Hilfeplanung und Ressourcenförderung sowie der Gruppenarbeit dar. Diese Fähigkeiten sollen an die jeweiligen Gegebenheiten angepasst werden. Ein Trägervertreter erläutert beispielsweise hierzu seine Anforderungen folgendermaßen: »Es ist natürlich immens wichtig auch da äh große Offenheit zu haben bzw. sich gegebenenfalls auch noch mal Informationen zu verschaffen, über andere kulturelle Hintergründe, ob es da irgendwelche grundlegende Sachen gibt, die es zu beachten gibt, religiöse Hintergründe, Familien, wie sagt man heute, bildungsferne Familien, Familien mit Armutshintergrund, dass ist einfach ein ganz ganz großes Feld, wo man auch immer wieder seine Fähigkeiten überprüfen bzw. erweitern muss, ja«.

Andererseits sind Anforderungen an Fähigkeiten der Planung, der Organisation und des Managements sozialer Unterstützung als weitgehend übergreifend hervorzuheben. Dazu zählen konzeptualisierende und planerische Fähigkeiten sowie Koordinationsfähigkeiten, Fähigkeit zur Initiierung von Innovationen, Fähigkeit zum lösungsorientierten Arbeiten und Konfliktmanagement, Fähigkeiten zur Auseinandersetzung mit rechtlichen Regelungen sowie zur Bewältigung von betriebswirtschaftlichen und administrativen Fragen. Darüber hinaus werden basale kulturelle Fähigkeiten wie »Lesen und Schreiben« bzw. »sicheres Formulieren« (einschließlich Rechtschreibung usw.) durchgängig ebenso als unerlässlich erachtet wie Fähigkeiten zum Erstellen von Dokumentationen und Berichten (z. B. Entwicklungsberichte, Protokolle) und im Umgang mit Computern.

Mit Blick auf die Organisation sozialer Netzwerkarbeit als wichtiger Dimension der Gemeinwesen-/Sozialraumorientierung in der Sozialen Arbeit hebt ein Trägervertreter besonders die Bedeutung von Dialogfähigkeit hervor: »Dann denke ich, ... geht es ... wirklich um den Auf- und Ausbau von einer Dialogfähigkeit, da jeder Landkreis, jede Stadt hat andere Strukturen, und deswegen ist es hilfreich, also kommt man mit strikten Methoden wenig weit, weil die passen dann nur ins eine und ins nächste schon nicht mehr, und von daher ist es gut und wichtig, sich Handwerkszeug zu erarbeiten, was äh ja mit Haltung und grundsätzlichen Herangehensweisen zu tun hat, also von daher finde ich ist Dialogfähigkeit da ein guter Begriff, um einfach übertragen zu können. Egal wo ich bin, weiß ich grundsätzlich, wie ich Netzwerke aufbaue und wie [ich] erstmal rauskrieg`, wer ist da alles, könnte mit im Boot sein und wie krieg` ich die auch da rein«. Besonders betont ein weiterer Vertreter eines Trägers ambulanter Behindertenhilfe die Anforderung der Vermittlung zwischen professioneller Hilfe und informellen Hilferessourcen: »das heißt ... professionelle Hilfe aufs Minimum zurückschrauben ist ja auch 'n Ansatz, der wichtig ist. Also überall gucken, wo lässt sich professionelle Hilfe ersetzen durch Eigenkraft, durch Netzwerke, durch informelle Hilfepotenziale, durch Peer Aspekte und ... da haben wir eine starke Mittlerfunktion«.

Soziale Kompetenzen

Unter dem Dach der sozialen Kompetenz kommen grundlegende Anforderungen der befragten Trägervertreter/innen in den Blick, die für personenzentrierte und gemeinwesenorientierte Unterstützungsprozesse kennzeichnend sind. Dabei handelt es sich um Kooperationsfähigkeit (einschließlich Teamfähigkeit), Empathie und Flexibilität, Umgang mit Nähe und Distanz (Abgrenzungsfähigkeit), Beziehungsfähigkeit und Kommunikationsvermögen, partnerschaftlicher wie auch respektierender Umgang und Offenheit gegenüber Adressat/inn/en wie Fachkolleg/inn/en, Durchsetzungsfähigkeit und Verhandlungskompetenz. Aus der Perspektive eines Trägervertreters wird generell etwa festgestellt: »Wichtig ist …eine Flexibilität, mich auf unterschiedliche Leute einzustellen. Ne Sicherheit find ich auch wichtig, also ne Sicherheit in meiner Person im Umgang mit geistig behinderten Menschen. Das heißt, auf der einen Seite sicher auf sie zugehen zu können, auf der anderen Seite mich aber auch abgrenzen zu können und ne Kreativität, also ne Offenheit für das, was wollen die Leute von mir. Kann ich da was von bieten, kann ich das umsetzen? Oder … was da immer wichtig ist, is ne große Empathie auch an den Tag zu legen …, natürlich auch … Flexibilität, … aber … sich Hilfe holen, also nicht zu denken, man könnte alles wissen, sondern sich eben auch Hilfe zu holen … hier im Team, ne Teamfähigkeit…«

Persönliche Kompetenz/Selbstkompetenz

Als generelle Anforderung in der Sozialen Arbeit bei Behinderung ist aus der Sicht der Trägervertreter/innen vor allem Reflexionsfähigkeit als eine zentrale Komponente der persönlichen Kompetenzen bzw. der Selbstkompetenz anzuführen. Ihre zentrale Bedeutung verdeutlicht sich in der Auseinandersetzung eines Trägervertreters mit der Anforderung an eine Vermittlungsrolle: »… auch das soll eine Grundhaltung sein, zu sagen immer reflektieren, wo reicht die Mittlerhaltung aus, um dann wieder eigene Aktivitäten anzustoßen … und sich zurücknehmen zu können und da gibt's unglaublich viel Potenziale und das denk ich funktioniert auch nur, wenn man sich immer wieder auf diese ethische Grundhaltung dann zurückzieht, zu sagen Moment mal, wir haben ja Ersatzfunktion oder wenn wir sie haben, dann muss sie reflektiert sein, wo und wie weit sie reicht und wo isses auch möglich, … manchmal reicht Barrierefreiheit herzustellen, wir sind überflüssig, genau so solls sein.«

Ein hoher Stellenwert wird neben der Fähigkeit zur »konstruktiven Selbstkritik« der individuellen Fähigkeit zum Erkennen des Ganzen und gesellschaftlicher Zusammenhänge bei Problemstellungen und Aufgaben, dem selbstständigen Arbeiten (Selbstorganisation, Zeitmanagement) und Selbstbewusstsein, der Fähigkeit zum Erkennen eigener Möglichkeiten und Grenzen sowie der Fähigkeit zum Experimentieren und Aushalten schwieriger Situationen (Belastungsfähigkeit) beigemessen.

Außerdem werden Zuverlässigkeit, Ehrlichkeit bzw. Vertrauenswürdigkeit, Identifikation mit der Einrichtung und Arbeitsengagement (»Einlassen können auf die Arbeit«) sowie Bereitschaft zu Fort-/Weiterbildung als weitere allgemein wichtige persönliche Kompetenzen erachtet.

Insgesamt ist festzuhalten, dass dem Faktor Persönlichkeit von allen Interviewpartner/inne/n generell eine herausragende Rolle bei der Erfüllung der beruflichen Anforderungen zugewiesen wird. Zitat: »Es hängt, unsere ganze Arbeit, die Qualität unserer ganzen Arbeit hängt eindeutig fast nur von den handelnden Personen ab.«

Haltungen

Auf die Frage nach besonders wichtigen Grundeinstellungen, ethischen Orientierungen oder weltanschaulichen Überzeugungen bei den Fachkräften zeigt sich eine Differenzierung je nach Verankerung der Anstellungsträger. Trägervertreter/innen der Diakonie und Caritas betonen die Wichtigkeit eines christlichen Werteverständnisses; in einer anthroposophischen Einrichtung ist die Auseinandersetzung mit der anthroposophischen Heilpädagogik erwünscht. Träger, die sich der Behindertenselbsthilfe und der politischen Behindertenbewegung verbunden fühlen, unterstreichen Aspekte von Selbstbestimmung, Partizipation und Gemeindenähe und wünschen die Auseinandersetzung mit eigener Behinderung.

Übergreifend wird die Wichtigkeit eines akzeptierenden, annehmenden oder auch humanistischen Menschenbildes betont, das Toleranz und die Akzeptanz von Anderssein und Respekt gegenüber anderen Lebensentwürfen beinhaltet. Ein Interviewpartner formuliert wie folgt: es geht um ein Menschenbild, »was absolut annehmend ist und wo ich die Behinderung nicht als ein Sonderfall menschlichen Lebens betrachte, den man ... hätte vermeiden können, sondern als einen vollen Menschen akzeptiere, der hohes Entwicklungspotenzial hat, egal wie schwer die Behinderung ist und ein hohes Potenzial hat, sich zu freuen, mit anderen in Kontakt zu treten, in Beziehung zu treten«.

7.5.3 Veränderungen von beruflichen Kompetenzanforderungen

Nach Ansicht der befragten Anstellungsträgervertreter/innen sind Veränderungen von beruflichen Kompetenzanforderungen in der jüngeren Vergangenheit und nächsten Zukunft recht deutlich festzustellen. Sie werden mit den generellen Entwicklungen in der Behindertenhilfe auf verschiedenen Ebenen in Verbindung gebracht und den daraus resultierenden veränderten Ansprüchen an das Personal.

So wird angegeben, dass in der Sozialen Arbeit bei Behinderung die »Bedingungen schärfer geworden« seien und dadurch die Anforderungen an den Einzelnen wie auch an die Einrichtungen sich deutlich verändert haben. Hervorgehoben werden die »relativ scharfen Dokumentationspflichten« und der enorme Anstieg an Verwaltungsarbeiten, der in diesem Zusammenhang wie auch im Zusammenhang mit Maßnahmen des Qualitätsmanagements zu beobachten und ohne Sicherheit im Umgang mit dem Computer nicht zu erledigen ist.

Eingebettet sind aus der Befragtenperspektive diese Entwicklungen in grundlegende Veränderungen in der Finanzierungsstruktur der Angebote, die mit der

Formel »weniger Geld – mehr Bürokratie« oder auch mit dem Stichwort »BWLisierung« beschrieben werden. Beispielhaft wird die Einführung von Fachleistungsstunden im Ambulant Betreuten Wohnen genannt. Die finanziellen Umstände in der Behindertenhilfe haben – so die Einschätzung einiger Befragter – zu einer Verdichtung der Arbeit geführt und den Druck auf die einzelnen Mitarbeiter/innen erhöht. Zugleich seien eine höhere Flexibilität bei der Anpassung an sich schnell ändernde Vorgaben der Leistungsträger und schnelles Reagieren gefordert.

Allerdings wird – nach Einschätzung der Befragten – die Verdichtung der Arbeit absehbar an Grenzen stoßen und auch eine »weitere Beschleunigung durch Erwartungen von Leistungsträgern nicht unbegrenzt möglich« sein.

Der beschriebene Prozess erfordere vom sozialpädagogischen Personal einerseits ständige Anpassung an veränderte Anforderungen auf finanziell unsicherem Feld und andererseits zugleich, den Beruf trotzdem gerne zu machen, was auch eine Burn-out-Prophylaxe voraussetze.

Die Berufsgruppe müsse sich nach Aussagen der Anstellungsträger zunehmend um ihre eigene Finanzierung kümmern und unterliege dabei dem »Zwang, die eigene Arbeit mehr zu rechtfertigen als gesellschaftlichen Auftrag«, wobei sie angesichts des gegenwärtigen »Mainstreams« in die Defensive geraten könne. Der stärkere Druck, Rechenschaft über den Einsatz von Geldmitteln und in Form von Hilfe- und Förderplanungen über die inhaltliche Arbeit abzulegen, wird von verschiedenen Interviewpartner/inne/n beschrieben und erweist sich als ambivalente Entwicklung. Die ökonomische Entwicklung setzt die Einrichtungen zunehmend unter Druck: »…es muss alles billiger werden und es gibt immer weniger Geld, aber die Anforderungen und die Hürden werden immer höher.«

Die angestoßenen Entwicklungen der fachlich-pädagogischen Arbeit werden jedoch insgesamt positiv eingeschätzt, da die geforderte Definition dessen, was getan wird, ein eher spontanes Vorgehen (»mal gucken wie's jetzt geht und dann sprechen wir mal« oder »wir machen ja Beziehungsarbeit«) abgelöst hat und zu einer Erhöhung der Qualität geführt habe: »…es ist aber, find ich im Ergebnis, ne gute Entwicklung, ich denke es entwickelt sich im weitesten Sinne, das ist jetzt ›n gewagter Begriff, aber mir fällt kein passenderer ein, wissenschaftlicher, also es geht sehr viel mehr zu einer klaren Orientierung für mich…« Insgesamt werden vor dem Hintergrund dieser Entwicklung die Anforderungen an akademisch qualifiziertes Personal als komplexer werdend charakterisiert.

Veränderungen der Kompetenzanforderungen werden ebenfalls im Zusammenhang mit Veränderungen bei den Adressat/inn/en beschrieben. Dies betrifft zum einen den Umgang mit neuen oder veränderten Klientengruppen (z. B. verstärkt ältere Mitarbeiter/innen in der WfbM, komplexere Problemlagen oder multiple Herausforderungen bei Behinderungen) und zum anderen die Veränderungen, die gemeinhin unter der Überschrift »Paradigmenwechsel« rangieren und auf Zielsetzungen wie das Ermöglichen selbstbestimmter Lebensführung, Partizipation und Inklusion verweisen. Hieraus ergeben sich veränderte Erwartungen auf Seiten der Adressat/inn/en mit Behinderung wie auch deren Angehörigen: Die Adressat/inn/en sind offener, selbstbewusster, fordernder und emanzipierter, aber auch stärker bereit, Kritik anzunehmen. Damit korrespondieren grundlegende Veränderungen in der sozialarbeiterischen Tätigkeit, die stärker in Richtung Partnerschaft, »Kundenorientierung, Assistenz und Unterstützung und weg von Förderung und Betreuung gehe«, wie ein Anstellungsträgervertreter unterstreicht.

7.6 Berufliche Kompetenzen aus der Sicht pädagogischer Fachkräfte
(Mitarbeit von Britta Haldorn und Viviane Schachler)

Die vorangegangenen Ergebnisse der Befragung von Anstellungsträgern werden in ihrem Kontext durch zwei empirisch quantitativ angelegte Pilotuntersuchungen zu beruflichen Kompetenzanforderungen aus der Sicht von pädagogischen Fachkräften mit akademischer Qualifikation in verschiedenen Handlungsfeldern der Behindertenhilfe flankiert und in ihrer Grundtendenz differenziert (Haldorn 2007; Schachler 2010).

Die erste Untersuchung aus dem Jahr 2007 umfasst Fachkräfte aus ambulanten und teilstationären Arbeitsbereichen, um insbesondere ihre wahrgenommenen Kompetenzanforderungen in den Bereichen des Ambulant Betreuten Wohnens und der Werkstatt für behinderte Menschen (WfbM) zu vergleichen (Haldorn 2007). Währenddessen ist die zweite Untersuchung aus dem Jahr 2010 mit vertiefender Absicht und – einem gegenüber der ersten Untersuchung überarbeiteten Erhebungsinstrument – nur auf subjektive Kompetenzanforderungen der Fachkräfte im Bereich der WfbM gerichtet (Schachler 2010).

Im Kern der Ergebnisse beider Untersuchungen zeigt sich übereinstimmend, dass neben fachlichem Wissen und methodischen Kompetenzelementen soziale und persönliche Kompetenzen zur Bewältigung der beruflichen Anforderungen generell als besonders bedeutsam einzustufen sind. Darunter nimmt die persönliche Kompetenz der Reflexion im Umgang mit Widersprüchen und Spannungen, komplexen Anforderungen und Unsicherheiten im beruflichen Handlungskontext eine herausragende Stellung ein – und entspricht damit den Ergebnissen unserer Anstellungsträgerbefragung wie auch den Untersuchungsergebnissen von Rock (2001).

Methodische Voraussetzungen

Beide Untersuchungen beinhalten eine Form der empirischen Erfassung beruflicher Kompetenzanforderungen, die dem Bereich subjektiver Kompetenzmessung zuzuordnen ist und individuelle Bedeutungszuschreibungen vor dem Hintergrund konkreter Erfahrungen in Handlungsfeldern reflektiert (Erpenbeck/Rosenstiel 2003).

Sie basieren auf schriftlichen Befragungen von pädagogischen Fachkräften mit akademischer Qualifikation anhand standardisierter Fragebögen zur Selbsteinschätzung der Bedeutsamkeit von Anforderungen an verschiedene Kompetenzen für die Bewältigung der alltäglichen beruflichen Aufgaben und Problemstellungen.

Die empirische Erhebung der subjektiven Kompetenzanforderungen findet statt, indem Aussagen zu einer Batterie von Einzelkompetenzen unter der einleitenden Überschrift »Für meine Arbeit ist es notwendig...« nacheinander durch die befragten Fachkräfte anhand einer sechsstufigen Ratingskala (Wert 1 als »trifft gar nicht zu« bis Wert 6 als »trifft völlig zu«, die Skalenwerte 2 bis 5 sind sprachlich nicht spezifiziert) bewertet werden.

Unter Bezugnahme auf den Diskurs um berufliche Kompetenzen liegen der empirischen Erhebung das folgende, verbreitete vierdimensionale Kompetenzmodell und ein daran ausgerichtetes Klassifikationsschema – basierend auf der vorangegangenen Analyse der beruflichen Kompetenzanforderungen aus der Sicht von Anstellungsträgern in der Behindertenhilfe – zugrunde: »Fachwissen«, »Methodenkompetenzen«, »soziale Kompetenzen«, »persönliche Kompetenzen (bzw. Selbstkompetenz)«.

Den vier Kompetenzdimensionen sind verschiedene Cluster von Teil- bzw. Einzelkompetenzen als Indikatoren zugeordnet worden, die in Orientierung an der Instrumentalisierung in einer Studie von Hess u. a. (2004) zu beruflichen Kompetenzen von Professionellen in der Jugendarbeit und aus unserer qualitativen Untersuchung zu beruflichen Kompetenzanforderungen in der Perspektive von Anstellungsträgern gewonnen sind. Dabei kommt es in der zweiten Untersuchung mit der Konzentration auf den Arbeitsbereich der WfbM und mit einem weiter entwickelten Befragungsinstrument hinsichtlich der Auswahl und Breite der zugeordneten Indikatoren zu den vier Kompetenzdimensionen zum Teil zu abweichenden Akzentsetzungen gegenüber der ersten Untersuchung. Dies schränkt einen Vergleich beider Studien aus unserer Sicht aber generell bzw. auf der Ebene von Einzelkompetenzen grundsätzlich nicht ein. Mit der zweiten Untersuchung ist es möglich, Kompetenzanforderungen an pädagogische Fachkräfte im Bereich der WfbM zum Teil genauer und auf einer breiteren Stichprobenbasis zu fassen (vgl. Download-Material, Tab. 10).

In der ersten Untersuchung wurden 56 pädagogische Fachkräfte mit akademischer Qualifikation sowie mit und ohne Leitungsfunktion in ambulanten alltags- und wohnbezogenen sowie (teil)stationären arbeits- und wohnbezogenen Hilfebereichen schriftlich befragt, schwergewichtig aus den Arbeitsbereichen »Ambulant Betreutes Wohnen« und »WfbM«. Die Befragtenstichprobe ist nach dem so genannten »Schneeballverfahren« mit Hilfe von Netzwerkkontakten zu Multiplikatoren aus 13 Einrichtungen der Behindertenhilfe in der Region Nordhessen und Südniedersachsen gewonnen worden, in deren Rahmen vorwiegend Menschen mit so genannter geistiger Behinderung als Nutzer/innen anzutreffen sind.

Währenddessen umfasst die zweite Pilotuntersuchung eine schriftliche Befragung von 46 pädagogischen Fachkräften mit akademischer Qualifikation sowie mit und ohne Leitungsfunktion im Bereich der WfbM. Sie ist als Totalerhebung von sämtlichen angegebenen 79 akademisch qualifizierten pädagogischen Fachkräften in elf WfbM im Raum Nordhessen und Südniedersachsen angelegt gewesen. Bei den WfbM handelt es sich um größere Einrichtungen in kirchlicher Trägerschaft sowie um kleinere und größere gemeinnützige GmbH oder Vereine, die dem Paritätischen Wohlfahrtsverband angehören. Unter den elf Einrichtungen sind drei WfbM nur für Menschen mit psychischer Behinderung ausgewiesen, während ihre Mehrzahl überwiegend Menschen mit geistiger Behinderung beschäftigt oder auch zum Teil gemischte Adressatengruppen aufweist.

Obgleich die erhobenen Daten in beiden Untersuchungen keinen repräsentativen Charakter aufweisen, bieten sie über die vorhergehenden qualitativen Untersuchungsergebnisse hinaus erste quantitative und erweiterte empirische Hinweise zu Kompetenzanforderungen aus der Sicht einer größeren Zahl von pädagogischen Fachkräften. Außerdem vermögen sie Aufschluss darüber zu geben, ob deren Einschätzungen der beruflichen Kompetenzanforderungen nach Tätigkeiten mit und ohne Leitungsfunktion variieren.

Charakteristik der Befragtenstichprobe in der ersten Untersuchung

Wenngleich sich die befragten pädagogischen Fachkräfte aus unterschiedlichen Tätigkeitsfeldern zusammensetzen, dominieren unter ihnen mit fast zwei Drittel Befragte aus den Arbeitsbereichen des Ambulant Betreuten Wohnens (32,1 %) und der WfbM (30,4 %). Die übrigen verteilen sich auf folgende Arbeitsbereiche: FeD/FuD (8,9 %), Beratungsstelle für Menschen mit Behinderung (und ihre Angehörigen) (8,9 %), Tagesförderstätte (7,1 %), Wohnheim für Menschen mit geistiger Behinderung (7,1 %), Persönliche Assistenz/Ambulante Hilfen (3,6 %), Frühförderung (1,8 %).

Der weitaus größte Teil der befragten Fachkräfte gehört der Berufsgruppe der Sozialarbeiter/innen/Sozialpädagog/inn/en mit einem Fachhochschulabschluss (80,4 %) an. Des Weiteren gibt es unter ihnen mit geringen Anteilen folgende Berufsgruppen: Diplom-Pädagog/inn/en (Uni-Diplom) (8,9 %), Diplom-Heilpädagog/inn/en (FH-Diplom) (7,1 %), Magister Erziehungswissenschaft/Soziologie (3,6 %).

Höher als allgemein in der Sozialen Arbeit ist mit 42,9 % der Anteil der männlichen Befragten gegenüber 57,1 % weiblichen Geschlechts. Nach Rauschenbach (2002, 840) liegt der Anteil der Frauen unter den Professionellen in der Sozialen Arbeit allgemein bei rund 70 %. Die Altersspanne der befragten Fachkräfte erstreckt sich von 26 bis 56 Jahren, ihr Durchschnittsalter beträgt 41 Jahre.

Fast gleich stark sind die Befragten mit und ohne Leitungsfunktion vertreten: 46,3 % mit Leitungsfunktion stehen 53,7 % ohne Leitungsfunktion gegenüber. Hierbei variiert die Art der Leitungsfunktionen zwischen: Leitung einer Wohngruppe im Wohnheim, pädagogische bzw. stellvertretende pädagogische Leitung einer Wohneinrichtung, Werkstattleiter oder Mitglied im Leitungsteam, pädagogische Leitung des Bereichs Freizeit oder Koordinator/in für einen Gesamtbereich Wohnen oder Arbeit.

Charakteristik der Befragtenstichprobe in der zweiten Untersuchung

Im Kontext der WfbM (einschließlich der in der Regel angeschlossenen Tagesstätten) sind verschiedene Tätigkeitsinhalte bzw. Aufgabenbereiche für pädagogische Fachkräfte mit akademischer Qualifikation kennzeichnend, schwerpunktmäßig der klassische Sozialdienst. Daher sind die befragten pädagogischen Fachkräfte überwiegend mit Aufgaben im Rahmen des Sozialdienstes (87,0 %) betraut, mit denen sich weitere Aufgaben etwa im Berufsbildungsbereich (23,9 %) oder arbeitsbegleitende Maßnahmen (15,2 %) verbinden können. Seltener sind sie als Fachkraft für berufliche Integration (17,4 %) oder in Tagesstätten (10,9 %) tätig.

Ihr Alter beläuft sich durchschnittlich auf 43,7 Jahre. Ihre Altersspanne reicht von 24 bis 60 Jahren, wobei die 34- bis 53jährigen dominieren. Fast zwei Drittel der Befragten (64,3 %) sind Frauen, knapp über ein Drittel (35,7 %) Männer. Somit nähert sich der Frauenanteil unter ihnen der Frauenquote von 69 %, die für die Berufsgruppe der Sozialarbeiter/innen/Sozialpädagog/inn/en in der Kinder- und Jugendhilfe ohne Kindertagesstätten angegeben wird (Züchner/Cloos 2010, 946).

Von den befragten Fachkräften weisen weit über drei Viertel (81 %) einen Fachhochschulabschluss (Diplom I) oder vergleichbaren Abschluss (Berufsakademie-Diplom, Bachelor) als Sozialarbeiter/in/Sozialpädagoge/in auf. Die anderen Fachkräfte (19 %) besitzen zu rund 5 % einen Diplom II-Abschluss als Sozialarbeiter/in/Sozialpädagoge/in und zu 14 % einen akademischen Grad als Diplom-Pädagoge/in oder einen Magister in Erziehungswissenschaft. Mit 86 % stellen Sozialarbeiter/innen/Sozialpädagog/inn/en folglich die größte Gruppe der pädagogischen Fachkräfte mit einem akademischen Abschluss in den WfbM.

Adressat/inn/en der Tätigkeit von rund der Hälfte der pädagogischen Fachkräfte (52,2 %) sind Menschen mit so genannter geistiger Behinderung, weniger als ein Drittel (30,4 %) arbeitet sowohl mit Menschen mit geistiger Behinderung als auch mit Menschen mit psychischer Behinderung zusammen, nahezu ein Fünftel (17,4 %) ist ausschließlich für Menschen mit psychischer Behinderungen zuständig.

Unter den befragten Fachkräften nimmt knapp über ein Drittel (34,8 %) eine Leitungsfunktion wahr. Ihre Leitungsfunktionen, die ihren Angaben zufolge sich inhaltlich stark differenzieren und auf unterschiedlichen Hierarchieebenen anzusiedeln sind, befinden sich nur zu über einem Drittel (37,5 %) auf einer unteren Hierarchieebene und mehrheitlich (62,5 %) auf einer mittleren bzw. höheren Ebene. Der unteren Hierarchieebene lassen sich Funktionen wie Teamleitung der Fördergruppen, Arbeits- oder Fachgruppenleitung und spezielle Koordinierungsaufgaben zuordnen. Währenddessen beinhalten die mittleren oder höheren Leitungsebenen Funktionen wie Leitung des Sozialdienstes, Bereichsleitung, Leitung der Begleitenden Dienste, Abteilungsleitung etc.

Überraschenderweise sind Frauen und Männer in gleichem Maße in mittleren oder höheren Leitungspositionen vertreten. Indessen sind dort die über 40-Jährigen etwas häufiger anzutreffen, ebenso sind dort Sozialarbeiter/innen/Sozialpädagog/inn/en mit einem universitären akademischen Abschluss gegenüber den Fachkräften mit einem Fachhochschulabschluss zu rund einem Fünftel häufiger vertreten.

Die Tätigkeiten der befragten Fachkräfte umfassen nach ihren Antworten auf eine offene Frage hinsichtlich der schwerpunktmäßig wahrzunehmenden Aufgaben in erster Linie Aufgaben der »Rehabilitationsplanung und -begleitung« (z. B. Aufnahmegespräche führen, Erstellung von Entwicklungsberichten) (65,9 %), Aufgaben der »Verwaltung bzw. des Berichts- und Dokumentationswesens« (61,0 %)

und Aufgaben der »Beratung und Begleitung« (beispielsweise sozialrechtliche oder lebenspraktische Beratung der Menschen mit Behinderung, deren gesetzlichen Vertreter/innen oder Gruppenleiter/innen in den verschiedenen Arbeitsbereichen der WfbM) (61,0 %). Weniger als die Hälfte der Befragten zählt zu ihren Aufgaben die »Kooperation mit Angehörigen und Institutionen« (48,8 %) sowie »Krisenintervention« (46,3 %). Vergleichsweise viel geringer ist der Befragtenanteil mit rund einem Viertel, dem Kostenklärungen (26,8 %) und konzeptuelle Weiterentwicklungen (24,4 %) obliegen sowie mit etwa einem Fünftel (22,0 %), dem arbeitsbegleitende Maßnahmen als Aufgaben zufallen. Auf noch weniger Fachkräfte ist »Leitung« als ausgesprochene Schwerpunktaufgabe (17,1 %) ebenso wie die »Vermittlung und Begleitung von Praktikumsplätzen/ausgelagerten Arbeitsplätzen im Bereich des allgemeinen Arbeitsmarktes« (17,1 %) konzentriert.

»Leitung« als schwerpunktmäßige Aufgabe wird trivialerweise am häufigsten von den Fachkräften (85,7 %) angegeben, die eine mittlere oder höhere Leitungsposition innehaben. Mit ihrer Leitungsaufgabe gehen zugleich schwergewichtig Aufgaben der »Personal- und Finanzplanung« (80,0 %) einher. Demgegenüber kommen den Fachkräften ohne oder mit geringerer Leitungsposition am häufigsten die Aufgaben der Krisenintervention (94,7 %), Kostenklärung (90,9 %), Beratung und Begleitung (88,0 %), Rehabilitationsplanung (85,2 %) sowie Verwaltung bzw. des Berichts- und Dokumentationswesens (84,2 %) zu.

7.6.1 Allgemeines Profil beruflicher Kompetenzanforderungen

Eingangs bietet sich eine Übersicht über die Bedeutungseinstufungen zu den Kompetenzanforderungen durch die befragten pädagogischen Fachkräfte auf der allgemeinen Ebene der Kompetenzdimensionen »Fachwissen, persönliche und soziale sowie methodische Kompetenzen« an. Diese Kompetenzdimensionen sind als Indices auf der Basis beider Untersuchungen anhand der jeweilig erfassten Einzelkompetenzen gebildet worden.

Trotz verschiedener Arbeitsbereiche und variierender Aufgabenstellungen der pädagogischen Fachkräfte spiegelt sich auf der Ebene der Dimensionen des zugrunde gelegten Kompetenzkonstruktes eine hochgradige Übereinstimmung der beiden Untersuchungsstichproben bei der herausragenden Bedeutungseinstufung von persönlichen Kompetenzen wider. Persönlichen Kompetenzen wird für die Bewältigung von beruflichen Anforderungen im Durchschnitt eine deutlich vorrangige Rolle vor sozialen Kompetenzen, Methodenkompetenzen und Fachwissen zugeschrieben. Gleichwohl ist auch die Bedeutung sozialer Kompetenzen durch die Fachkräfte in beiden Untersuchungsgruppen sehr hoch bewertet – ihnen fällt der zweithöchste Stellenwert zu. Es folgen Fachwissen und Methodenkompetenzen ebenfalls mit hoher, aber deutlich geringerer Bedeutungseinstufung (vgl. Download-Material, Tab. 11).

Dass persönliche und soziale Kompetenzen als Kompetenzdimensionen eine besonders große Rolle in der Wahrnehmung der befragten Fachkräfte spielen, entspricht den Untersuchungsergebnissen von Mayrhofer/Raab-Steiner (2007b,

13) und der Sicht von Anstellungsträgern in der Behindertenhilfe der eigenen hessenweiten Studie. Mayrhofer/Raab-Steiner (2007b, 12) gehen sogar so weit, personale und soziale Kompetenzen als »Fundament des sozialarbeiterischen Kompetenzprofils« zu bezeichnen.

Einer ebenfalls recht hohen Bedeutungseinstufung des Fachwissens durch die befragten pädagogischen Fachkräfte stehen qualitativ gewonnene Untersuchungsergebnisse in anderen Bereichen der Sozialen Arbeit (Thole/Küster-Schapfl 1996, 1997; Ackermann/Seeck 1999) gegenüber, wonach pädagogische Fachkräfte dem wissenschaftlichen Wissen eine geringere Bedeutung als dem Alltags- bzw. Erfahrungswissen zur Bewältigung beruflicher Anforderungen beimessen und letzteres einen beliebten Referenzrahmen zur Absicherung des beruflichen Handelns bildet. Inwiefern Fachwissen von den befragten pädagogischen Fachkräften in der Behindertenhilfe dem Komplex »wissenschaftliches Wissen« zugeordnet werden würde, muss hier indes offen bleiben.

Dass die methodische Kompetenzdimension in ihrem Stellenwert gegenüber den anderen Dimensionen das Schlusslicht bildet, ist wohl auch auf erhebliche Ausprägungsdifferenzen in der ersten und zweiten Untersuchung infolge variierender Instrumentalisierungen und Arbeitsfelder zurückzuführen.

Signifikante Unterschiede in den Ausprägungen der vier Kompetenzdimensionen nach Altersklassen sind nicht nachzuweisen. Demnach vollzieht sich mit zunehmendem Alter und einer oft daran gebundenen größeren Berufserfahrung keine variierende Bedeutungseinstufung der Kompetenzen. Ebenso wenig führen unterschiedliche Adressat/inn/en, unterschiedliche akademische Abschlüsse und Leitungsfunktionen der befragten Fachkräfte zu signifikanten Divergenzen auf der Ebene der Kompetenzdimensionen.

Lediglich geschlechtsspezifische Varianzen sind bei den Bedeutungsausprägungen der Kompetenzdimensionen in der zweiten Untersuchung mit ausschließlich befragten Fachkräften aus dem Bereich der WfbM als statistisch relevant festzuhalten. Abgesehen von der Kompetenzdimension Fachwissen sind die drei Kompetenzdimensionen Methodenkompetenz, Soziale Kompetenz und persönliche Kompetenz in ihrer Bedeutungseinstufung bei Frauen signifikant höher als bei Männern ausgeprägt (vgl. Download-Material, Tab. 12).

Wenngleich die Ergebnisse zum Profil der Dimensionen beruflicher Kompetenzanforderungen richtungsweisende Hinweise bieten, bedarf es dennoch einer genaueren dimensionalen Analyse der Bewertung von Anforderungen an Einzelkompetenzen, um die Kompetenzanforderungen in ihrem Profil zu differenzieren und zu schärfen.

7.6.2 Spezifische Anforderungsprofile zu beruflichen Kompetenzen

Anforderungsprofil: Persönliche Kompetenzen

> **Begriffsklärung**
>
> **Persönliche Kompetenzen (Selbstkompetenzen)** sind als grundlegende individuelle Dispositionen zu verstehen, die berufliches Handeln in Beziehungs- und Kooperationszuammenhang ermöglichen. Dazu zählen vor allen Dingen Fähigkeiten zur Reflexion und Selbstständigkeit sowie Authentizität, zum Umgang mit Belastungen und Treffen von Entscheidungen wie auch die Merkmale ›Zuverlässigkeit‹ und ›Vertrauenswürdigkeit‹. Ein zentraler Stellenwert kommt der Fähigkeit zur Reflexion beruflicher Handlungszusammenhänge als Merkmal persönlicher Kompetenz im Diskurs um pädagogische Professionalität zu (z. B. Opp 1998; Dörr/Müller 2006; Heiner 2010). Ihre besondere Bedeutung in der Sozialen Arbeit bei Behinderung wird auch durch die vorangegangenen qualitativen Untersuchungsergebnissen unterstrichen.

Mit der theoretisch zugeschriebenen Bedeutung der Reflexionskompetenz korrespondiert ebenfalls die herausragend hohe Bewertung der Relevanz von Anforderungen an die Selbstreflexion eigener Haltungen und Handlungen durch die befragten Fachkräfte der ersten Untersuchung (vgl. Download-Material, Tab. 13).

Währenddessen fällt der Anforderung an die Reflexion der professionellen Arbeit in der Form, dass über die kritische Auseinandersetzung mit der eigenen adressatenbezogenen Arbeit hinaus Anregungen oder Vorschläge von Kolleg/inn/en in die künftige Handlungsstrategie einbezogen werden, nach beiden Untersuchungen ein geringeres Gewicht zu.

Als fast ebenso wichtig wie die Selbstreflexion in der professionellen Arbeit werden durch die befragten Fachkräfte der ersten Untersuchung die persönlichen Fähigkeiten eingestuft, autonom zügig Entscheidungen treffen und deren Auswirkungen selbstverantwortlich tragen (Entscheidungskompetenz) sowie Belastungen der Arbeitsbedingungen etwa hinsichtlich Zeitmangel ertragen und bewältigen zu können. Die hohe Bedeutung dieser Fähigkeiten wird durch die zweite Untersuchung erhärtet, nach der gleichfalls sehr bedeutsam ist, mit Arbeitsbelastungen in Bezug auf die Adressat/inn/en umzugehen.

Abweichend von der ersten spielt in der zweiten Untersuchung mit teils veränderter und erweiterter Instrumentalisierung der Dimension persönlicher Kompetenzen die Ehrlichkeit/Vertrauenswürdigkeit als Teilkompetenz, die als klassische »Arbeitstugend« gilt, mit großem Abstand eine hervorragende Rolle in der Bedeutungswahrnehmung. Ihr folgen mit hoher Bedeutungseinstufung die Zuverlässigkeit bei der Erledigung von Tätigkeiten und die Identifikation mit der Arbeit als Merkmale persönlicher Kompetenz sowie – analog zu den Ansprüchen von Selbsthilfegruppen an professionelle Unterstützer/innen – die Kompetenzanforderung, authentisch im Unterstützungshandeln zu sein. Mit Authentizität ist gemeint, mit eigenen Stärken und Schwächen bzw. Möglichkeiten und Grenzen reflektiert, transparent und selbstbewusst umgehen zu können.

Nicht zuletzt ist festzuhalten, dass Anforderungen an innovative Kompetenzen an pädagogische Fachkräfte im Arbeitsbereich der WfbM aus ihrer Sicht eher von untergeordneter Relevanz sind.

Da keine statistisch signifikanten Zusammenhänge der Merkmale persönlicher Kompetenzanforderungen mit den in der Stichprobe der ersten Untersuchung vertretenen ambulanten und teilstationären Tätigkeitsbereichen nachweisbar sind, lässt sich dieser Umstand als Indiz für deren generelle bzw. arbeitsbereichsübergreifende Relevanz werten. Ihre generelle Bedeutung als berufliche Kernkompetenzen spiegelt sich auch in den Augen von Anstellungsträgern der Behindertenhilfe wider.

Gleichwohl zeigen sich erwartungsgemäß beachtenswerte Unterschiede zwischen Fachkräften mit und ohne Leitungsfunktion hinsichtlich der Anforderung an die Fähigkeit beruflicher Identifikation (wenn die Einzelkompetenzen »Identifikation mit der Arbeit«, »Identifikation mit der Einrichtung« und »Arbeitsengagement« zu einem Index in der zweiten Untersuchung aggregiert werden). Danach sind Anforderungen an die berufliche Identifikation statistisch subjektiv bedeutsamer für die Fachkräfte mit als für jene ohne Leitungsfunktion (Mittelwert für Fachkräfte mit Leitungsfunktion 5,63; Mittelwert für Fachkräfte ohne Leitungsfunktion 5,18; Irrtumwahrscheinlichkeit/Signifikanzniveau p <= 5 %).

Zudem verdeutlicht sich nach der ersten Untersuchung statistisch signifikant (p <= 5 %), dass vor allem Fachkräfte mit Leitungsfunktionen (Mittelwert 5,48) gegenüber jenen ohne (Mittelwert 5,03) erwartungsgemäß höhere Anforderungen an die Belastbarkeit im Umgang mit Kolleg/inn/en infolge kontroverser Sichtweisen und Interessensgegensätze für sich reklamieren.

Wenngleich statistisch nicht signifikant, ist dennoch unter Bezugnahme auf die erste Untersuchung interessanterweise zu bemerken, dass befragte Fachkräfte ohne Leitungsfunktion (Mittelwert 5,72) gegenüber jenen mit Leitungsfunktion (Mittelwert 5,36) den Anforderungen an die Selbstreflexion durchschnittlich mehr Bedeutung beimessen. Gleichzeitig geht damit eine signifikant höhere Bedeutungseinstufung der Selbstreflexion durch weibliche Fachkräfte (Mittelwert 5,75) im Unterschied zu den männlichen Befragten (Mittelwert 5,33) einher (p <= 5 %), wobei die weiblichen Fachkräfte weniger häufig (43 %) als die männlichen (50 %) Leitungspositionen innehaben. Hier schlagen scheinbar geschlechtsspezifische Effekte verknüpft mit den für Frauen dominierenden Bedingungen einer Tätigkeit ohne Leitungsaufgabe bei der Interpretation des Stellenwerts von Selbstreflexion für die berufliche Alltagsbewältigung durch.

Anforderungsprofil: Fachwissen

Begriffsklärung

Fachwissen ist als eine fundamentale Dimension professioneller Handlungskompetenz in der Sozialen Arbeit im Allgemeinen wie auch bei Behinderung im Besonderen anzusehen (v. Spiegel 2005). Es umfasst Kenntnisse in der all-

> gemeinen und speziellen Pädagogik sowie Wissenselemente anderer für die Soziale Arbeit relevanter Disziplinen (Bartosch u. a. 2006), etwa Psychologie und Recht.

Aus der Sicht von Anstellungsträgern in der Behindertenhilfe ist insbesondere Wissen aus den Bereichen Pädagogik, Psychologie und Recht arbeitsfelderübergreifend erforderlich, wie unsere vorgehenden qualitativen Untersuchungsergebnisse gezeigt haben.

Mit dieser Einschätzung stimmen die Voten der befragten Fachkräfte aus beiden Untersuchungen dahingehend überein, dass die Anforderungen an (sozial)pädagogisches Wissen und Rechtskenntnisse mit Abstand am höchsten zu bewerten und insofern diese Wissensbereiche zu den Kernelementen der Dimension Fachwissen zu zählen sind (vgl. Download-Material, Tab. 14).

Währenddessen wird der Stellenwert des psychologischen Wissens nach der zweiten Untersuchung mit befragten Fachkräften aus dem Bereich der WfbM, in der zwischen pädagogischem und psychologischem Wissen im Erhebungsinstrument unterschieden worden ist, im Vergleich zum pädagogischen Wissen deutlich geringer beurteilt.

Im Ergebnis einer differenzierten Erfassung erforderlichen Fachwissens nach der zweiten Untersuchung erhalten außerdem Teile administrativen Wissens und speziellen pädagogischen Wissens in Bezug auf Behinderung, selbstbestimmtes Leben und daran orientierte Wege der Unterstützung bei Behinderung relativ hohe Bedeutungszuschreibungen. Entsprechend der Tätigkeiten in den WfbM rangieren Anforderungen an administratives Wissen noch vor den Anforderungen an spezielles pädagogisches Wissen. Vergleichsweise am niedrigsten erweisen sich die Bedeutungszuschreibungen hinsichtlich medizinischer und betriebwirtschaftlicher Kenntnisse.

Allerdings ist festzustellen, dass sich die Relevanzeinschätzungen betriebswirtschaftlichen Wissens durch die Fachkräfte nach ihren Tätigkeiten mit und ohne Leitungsfunktionen signifikant unterscheiden (p <= 5 %). So bewerten Fachkräfte in mittleren oder höheren Leitungspositionen die Bedeutung betriebswirtschaftlichen Wissens deutlich höher (Mittelwert 5,33) als jene ohne oder mit unteren Leitungspositionen (Mittelwert 4,52). Damit geht einher, dass ebenfalls die Relevanz von Rechtskenntnissen in ihren Einschätzungen signifikant differiert (p <= 5 %). Rechtskenntnisse werden von Fachkräften in mittleren oder höheren Leitungspositionen (Mittelwert 5,90) in der Bedeutung für ihre Arbeit im Unterschied zu denen ohne oder mit unteren Leitungspositionen ganz besonders hoch in der Bewertungsskala angesiedelt.

Unterschiede in der Bedeutungseinstufung von Elementen des Fachwissens nach ambulanten und teilstationären Arbeitsbereichen mit dem Fokus auf Ambulant Betreutes Wohnen und WfbM sind indes nicht bemerkenswert. Mit diesem Ergebnis erhärtet sich, dass vor allem pädagogische und rechtliche Wissensbereiche unter Berücksichtigung ihrer höchsten Relevanzbewertungen durch die Fachkräfte der beiden Untersuchungen zu arbeitsfeldübergreifenden, beruflichen Kernkompetenzen zu rechnen sind.

Anforderungsprofil: Soziale Kompetenzen

Begriffsklärung

Soziale Kompetenzen werden nach Erpenbeck/Rosenstiel (2007 b, XXIV) als Disposition angesehen, »kommunikativ und kooperativ selbstorganisiert zu handeln«. Sie ermöglichen somit ein beziehungs- und gruppenorientiertes berufliches Handeln. Mit ihnen sind etwa Fähigkeiten zur Übernahme von Selbstverantwortung, Kommunikation mit behinderten Menschen und Kolleg/inn/en, Flexibilität und Kooperation mit Kolleg/inn/en sowie zur Abgrenzung gegenüber Klientel und Arbeit assoziiert. Sozialen Kompetenzen fällt im theoretischen Diskurs um berufliche Kompetenzen (auch Neubert 2009) sowie nach den eigenen Untersuchungsergebnissen zu Kompetenzanforderungen von Anstellungsträgern in der Behindertenhilfe eine generelle Relevanz und gleichsam die Rolle eines Kernkompetenzbereiches etwa vergleichbar mit den persönlichen Kompetenzen zu.

Korrespondierend mit der Sichtweise von Anstellungsträgern in der Behindertenhilfe kristallisiert sich ein Anforderungsprofil sozialer Kompetenzen für die berufliche Alltagsbewältigung aus der Sicht der befragten Fachkräfte in beiden Untersuchungen heraus, wonach die einzelnen Fähigkeiten der Übernahme von Selbstverantwortung, Kommunikation mit behinderten Menschen und Kolleg/inn/en, Flexibilität und Kooperation mit Kolleg/inn/en (Teamfähigkeit) sowie zur Abgrenzung gegenüber Klientel und Arbeit im Kontext vielschichtig operationalisierter Einzelkompetenzen als besonders wichtig bewertet werden (vgl. Download-Material, Tab. 15).

Des Weiteren stehen folgende soziale Einzelkompetenzen hoch im Kurs der Befragten beider Untersuchungen: Empathie und Beziehungsfähigkeit in Bezug auf die Adressat/inn/en der Hilfeleistungen. Vergleichbar bedeutsam wird die Fähigkeit zum Annehmen von Kritik und konstruktiven Umgang mit Kritik sowie die Fähigkeit zur Kooperation mit behinderten Menschen in Form der Übertragung von Aufgaben und Verantwortung im Sinne der Leitorientierungen des Selbstbestimmungsprinzips und der Empowerment-Orientierung durch die Fachkräfte in der ersten Untersuchung mit einer starken Repräsentanz des ambulanten Unterstützungsbereichs eingestuft.

Demgegenüber erhält allerdings die Einzelkompetenz der Kooperationsfähigkeit mit Menschen mit Behinderung im Sinne des Empowerment-Gedankens die geringste Relevanzbewertung durch die Fachkräfte in der zweiten Untersuchung, die nur aus der WfbM stammen. Währenddessen bilden Anforderungen an die Übernahme von Verantwortung für das Handeln der Kolleg/inn/en und der Adressat/inn/en von Hilfeleistungen das Schlusslicht in der Relevanzskala nach der ersten Untersuchung. Ihre geringere Bedeutungseinstufung entspricht dem Diskurs um das Selbstbestimmungsprinzip und den Intentionen des Empowerment.

Der arbeitsfeldübergreifende Charakter von sozialen Kompetenzen und ihre Bedeutung als berufliche Kernkompetenzen insbesondere hinsichtlich der Einzelkompetenzen mit den höchsten Bedeutungseinstufungen wird nicht nur durch die Sichtweise von Anstellungsträgern in der Behindertenhilfe betont, sondern auch durch die Voten der befragten pädagogischen Fachkräfte mit akademischer Qualifikation im Vergleich beider Untersuchungen. Er wird dadurch bestärkt, dass sich die Bedeutungseinstufungen der einzelnen sozialen Kompetenzen nach den Arbeitsbereichen Ambulant Betreutes Wohnen und WfbM in der ersten Untersuchung weitgehend nicht signifikant unterscheiden.

Lediglich die abweichenden Bedeutungseinstufungen der Fachkräfte aus dem ambulanten Bereich (Ambulant Betreutes Wohnen, Beratung, Persönliche Assistenz, FeD/FuD, Frühförderung) und dem (teil)stationären Bereich (WfbM, Tagesstätte, Wohnheim) in Bezug auf die Kompetenz zur Kooperation mit behinderten Menschen, die sich durch das Erkennen ihrer Fähigkeiten sowie einer dementsprechenden Übertragung von Aufgaben und Verantwortung auszeichnet, sind als eine Ausnahme hervorzuheben. So erachten die befragten Fachkräfte aus den ambulanten Arbeitsfeldern (Mittelwert 5,56) gegenüber jenen aus den (teil)stationären Arbeitsbereichen (Mittelwert 4,29) die Anforderung an die Kompetenz, die Fähigkeiten von Menschen erkennen sowie ihnen Aufgaben und Verantwortung übertragen zu können, als deutlich wichtiger ($p <= 5\%$). Demzufolge scheinen sich die Fachkräfte im ambulanten Arbeitsbereich stärker mit der Umsetzung des Selbstbestimmungsprinzips und Empowerment-Ansatzes konfrontiert und beauftragt zu sehen.

Erwartete signifikante Differenzen im Anforderungsprofil ergeben sich bei einer Reihe von sozialen Teilkompetenzen für die befragten Fachkräfte mit und ohne Leitungsfunktionen in der ersten Untersuchung ($p <= 5\%$). Danach ist es für Leitungskräfte besonders wichtig und typisch, über Kritikfähigkeit gegenüber Kolleg/inn/en ebenso zu verfügen wie über Fähigkeiten, mit Kolleg/inn/en in Form der Delegation von Aufgaben und Verantwortung an Kolleg/inn/en entsprechend ihrer Möglichkeiten zu kooperieren sowie Verantwortung für deren Handeln im Allgemeinen zu übernehmen (vgl. Download-Material, Tab. 16).

Demgegenüber sind signifikante geschlechtsspezifische Unterschiede bei der Bedeutungseinstufung der sozialen Teilkompetenzen bis auf die Relevanzbewertung der Flexibilität nicht vorzufinden. Die Anforderungen an die Flexibilität im beruflichen Alltag werden von den weiblichen Fachkräften im Durchschnitt deutlich höher (Mittelwert 5,31) als von ihren männlichen Kollegen (Mittelwert 4,63; $p <= 5\%$) gewichtet.

Anforderungsprofil: Methodische Kompetenzen

Begriffsklärung

Methodische Kompetenzen bilden einen wichtigen Bestandteil beruflicher Handlungskompetenzen. Sie beinhalten instrumentelle Fähigkeiten und Fertigkeiten, mit deren Hilfe Aufgaben und Tätigkeiten gestaltet sowie damit einhergehende Problemstellungen selbstorganisiert gelöst werden können (Erpenbeck/Rosenstiel 2007 b, XXIV).

> Mit methodischen Kompetenzen ist ein breites Spektrum von Einzelkompetenzen verbunden, die auf unterschiedlichen Handlungsebenen angesiedelt sind und aus der Praxisperspektive von Anstellungsträgern in der Behindertenhilfe nach eigenen Untersuchungsergebnissen von Beratungskompetenz und ressourcenorientierter Unterstützungskompetenz über Management- und Administrationskompetenzen bis hin zu basalen kulturellen Fertigkeiten reichen.

Übereinstimmend sind nach beiden Untersuchungen besonders hohe Bedeutungseinstufungen von Elementen der Management- und Beratungskompetenz, ressourcen- bzw. empowermentorientierter Unterstützungskompetenz und Formulierungskompetenz festzustellen (vgl. Download-Material, Tab. 17).

Ergänzend rücken in der zweiten Untersuchung Einzelkompetenzen in den Blickpunkt, die im Erhebungsinstrument der ersten Untersuchung nicht enthalten sind. Darunter kommt der Hilfeplanungskompetenz (»mit aktuellen Hilfeplanverfahren umgehen zu können«) eine sehr hohe Relevanzbewertung zu. Vergleichsweise weniger bedeutsam sind in den Augen der befragten Fachkräfte aus dem WfbM-Bereich Leitungskompetenz und analytische bzw. diagnostische Kompetenz, als eher unbedeutend werden von ihnen betriebwirtschaftliche Fähigkeiten platziert.

Am wenigsten gewichtig erweisen sich im Ergebnis der ersten Untersuchung die dort im Erhebungsinstrument berücksichtigten Anforderungen an pflegerische, aber auch hauswirtschaftliche und handwerkliche Kompetenzen.

Insgesamt ist festzuhalten, dass sich übereinstimmend aus der Sicht von Anstellungsträgern in der Behindertenhilfe und pädagogischer Fachkräfte mit akademischer Qualifikation aus dem Spektrum methodischer Kompetenzen insbesondere Beratungskompetenz und Managementkompetenzen, ressourcenorientierte Unterstützungskompetenzen, Analysekompetenzen, Formulierungskompetenz und die Fähigkeit des Umgangs mit Computern als arbeitsfeldübergreifend und generell bedeutsam erweisen.

In der hohen Bewertung von ressourcen- bzw empowermentorientierten Unterstützungskompetenzen könnte sich der Diskurs um veränderte Leitprinzipien und eine Empowerment-Orientierung in der Behindertenhilfe ebenso spiegeln wie ein damit einhergehender Wandel (sozial-)pädagogischer Professionalität.

Signifikante Unterschiede in der Bewertung von methodischen Kompetenzanforderungen in der ersten Untersuchung spiegeln erwartungsgemäß arbeitsfeldsspezifische Tätigkeiten wider. In Anbetracht von Unterstützungsleistungen bei der hauswirtschaftlichen Versorgung und teilhabeorientierten Freizeitgestaltung, die vor allem im Rahmen des Ambulant Betreuten Wohnens verbreitet sind, erhalten dort typischerweise folgende Kompetenzanforderungen eine signifikant höhere Relevanzeinstufung als im (teil)stationären Bereich (p <= 5 %): Fähigkeit zur Gruppenarbeit, Fähigkeit zur partizipationsorientierten Freizeitplanung, sportliche Fähigkeiten, Umgang mit Finanzen, hauswirtschaftliche Fähigkeiten, Fähigkeit zu kooperativen hauswirtschaftlichen Tätigkeiten, handwerkliche Fähigkeiten (vgl. Download-Material, Tab. 18).

Erhebliche Differenzen sind bei der Relevanzeinstufung hinsichtlich der Leitungskompetenz und betriebswirtschaftlichen Kompetenz zwischen Fachkräften ohne oder mit unterer Leitungsposition und mit mittlerer oder höherer Leitungsposition nach der zweiten Untersuchung zu konstatieren (vgl. Download-Material, Tab. 19). So wird die Bedeutung von Leitungskompetenz (unter dem Aspekt, Prozesse vorausschauend zu begleiten und zu lenken und dabei auch Personalverantwortung zu übernehmen) ebenso wie die Relevanz betriebswirtschaftlicher Fähigkeiten (Finanzplanungen, Kosten-Nutzen-Rechnungen, Bilanzen usw.) im besonderen Maß von den befragten Fachkräften in mittlerer und höherer Leitungsposition plausibler Weise deutlich stärker betont. Die Fachkräfte ohne und mit unterer Leitungsposition schätzen hingegen betriebswirtschaftliche Fähigkeiten als eher unbedeutend ein. Dagegen sehen sie sich entsprechend ihren Aufgaben und der direkten Einbindung in die adressatenbezogene Arbeit im höchsten und stärkeren Maß Anforderungen an eine ressourcen- bzw. empowermentorientierte Unterstützungskompetenz gegenüber, die Fähigkeiten und Bedürfnisse von behinderten Menschen reflektiert. Zugleich messen sie der Formulierungskompetenz eine sehr hohe Bedeutung bei, deren Fokus sich auf die adressatenbezogene Berichterstellung richtet.

Ergänzend zeigt sich im Ergebnis der ersten Untersuchung, dass zum einen die Fachkräfte mit Leitungsfunktionen die Anforderungen an Finanzplanungskompetenzen erheblich höher bewerten (Mittelwert 4,60) als jene ohne Leitungsfunktion (Mittelwert 2,79). Zum anderen nehmen sie höhere Anforderungen an die konzeptuelle Kompetenz in Bezug auf Konzeptentwicklung bzw. -weiterentwicklung für das eigene Arbeitsfeld (Mittelwert 5,36) im Vergleich zu ihren Kolleg/inn/en ohne Leitungsfunktion (Mittelwert 4,62) wahr (p <= 5 %).

Profil wichtigster Einzelkompetenzen

Die vorhergehenden Anforderungsprofile zu den Teilkompetenzen lassen sich gemessen an den höchsten durchschnittlichen Bewertungen (etwa ab Mittelwert 5,50) auf der 6-stufigen Ratingskala schließlich zu einem Profil der wichtigsten Einzelkompetenzen auf der Basis beider Untersuchungen verdichten (vgl. Download-Material, Tab. 20).

Übereinstimmend schält sich nach beiden Untersuchungen eine Mischung aus beruflichen Kernkompetenzen heraus, die Elemente sämtlicher Kompetenzdimensionen beinhaltet. Allerdings enthält sie eine relative breite Repräsentanz herausragender sozialer und methodischer Einzelkompetenzen. Danach zählen Kommunikationsfähigkeit gegenüber Menschen mit Behinderung und Koordinationskompetenz, Beratungskompetenz und Flexibilität, Formulierungs- oder Schreibkompetenzen wie auch Kooperations- bzw. Teamfähigkeit, pädagogisches Wissen und – vergleichsweise als weniger bedeutsam platziert – rechtliche Kenntnisse zu den als besonders wichtig erachteten Einzelkompetenzen.

Auch persönliche Einzelkompetenzen sind zu den wichtigsten Teilkompetenzen zu rechnen, jedoch aufgrund der teils abweichenden Instrumentalisierung der Kompetenzdimensionen in der ersten und zweiten Untersuchung mit differierender Akzentsetzung. Nach der ersten Untersuchung zählt die Fähigkeit der Selbstreflexion dazu, nach der zweiten Untersuchung erhalten die drei folgenden persönlichen Einzelkompetenzen sehr hohe Priorität: persönliche Vertrauenswürdigkeit/ Ehrlichkeit, Zuverlässigkeit und Identifikation mit der Arbeit.

Außerdem beinhaltet das Profil der wichtigsten Einzelkompetenzen nach der zweiten Untersuchung die Abgrenzungsfähigkeit als soziale Einzelkompetenz, die den Umgang mit Nähe und Distanz in der Arbeit mit den Adressat/inn/en thematisiert, sowie die Kompetenz im Umgang mit aktuellen Verfahren der Hilfebedarfserfassung und -planung wie auch die ressourcen-/empowermentorientierte Unterstützungskompetenz als methodische Einzelkompetenzen.

Währenddessen fällt nach der ersten Untersuchung der Kompetenz zur Übernahme von Selbstverantwortung im Profil der wichtigsten Einzelkompetenzen die höchste Priorität zu. Etwas weniger gewichtig wird die Kenntnis des Einrichtungskonzeptes als leitende Handlungsgrundlage eingeschätzt.

7.6.3 Verhältnis von Kompetenzanforderungen und Performanz

Über die Anforderungen an berufliche Kompetenzen hinaus liefert die schriftliche Befragung der pädagogischen Fachkräfte im Rahmen der ersten Untersuchung auf der Basis ihrer Selbsteinschätzung zugleich erste Hinweise, inwieweit es ihnen gelingt, den wahrgenommenen Kompetenzanforderungen nachzukommen. Ihre Selbsteinschätzungen basieren analog zu den vorhergehenden Bedeutungseinstufungen der Kompetenzanforderungen auf dem vergleichbaren Indikatorenschema mit einer 6-stufigen Ratingskala, deren Breite von »1« mit der Bezeichnung »unzureichend« bis hin zu »6« mit der Bedeutung »sehr gut« reicht. Um zu unterstreichen, dass es um Selbsteinschätzungen des eigenen Könnens bzw. eigener beruflicher Kompetenzen geht, ist den Bewertungsindikatoren grundsätzlich die Aussage vorangestellt worden: »In meiner Arbeit gelingt es mir...,« (»Rückschläge in der Arbeit mit Klienten wegstecken und akzeptieren zu können« usw.).

Sicherlich wäre eine multimethodische Vorgehensweise (z. B. Beobachtungen von Arbeitsprozessen, Erfassen von fallspezifischen Problemlösungen im Rahmen von Interviews, biografisch orientierte Verfahren oder Vergleich mit Fremdeinschätzungen) erforderlich, um die Performanz von beruflichen Kompetenzen zuverlässiger zu erfassen. Allerdings erhalten die bislang kritisch eingestuften Selbsteinschätzungen von eigenen berufsrelevanten Kompetenzen in der methodischen Diskussion zuweilen ein höheres Gewicht (Lang-von-Wins 2003). Für eine gewisse Bedeutung von Selbsteinschätzungen zur Performanz berufsrelevanter Kompetenzen spricht auch das Ergebnis unserer Analyse, dass die Beurteilung von eigenen beruflichen Kompetenzen häufig unter dem Niveau der eingeschätzten Kompetenzanforderungen rangiert und somit eher differenziert bzw. kritisch zu erfolgen scheint.

Unterschiede im Profil allgemeiner Kompetenzanforderung und Performanz

In einem Vergleich der wahrgenommenen Anforderungen und der Performanz durch die befragten pädagogischen Fachkräfte in der ersten Untersuchung auf der Basis der als Indices erfassten Dimensionen beruflicher Kompetenzen »Fachwissen, methodische und persönliche sowie soziale Kompetenzen« sind überwiegend Abweichungen zu konstatieren (vgl. Download-Material, Tab. 21).

Am wenigsten sind die Befragten von ihrer persönlichen Kompetenz überzeugt. Gemessen an dem wahrgenommenen sehr hohen Anforderungsniveau im Hinblick auf die persönlichen Kompetenzen ist das eingeschätzte Performanzniveau weitaus schwächer und vergleichsweise zu den anderen Kompetenzdimensionen am geringsten ausgeprägt.

Ungefähr ausbalanciert stellt sich das Anforderungs- und Performanzniveau hinsichtlich der sozialen Kompetenz dar. Währenddessen scheinen die Befragten nach ihrer Einschätzung über ein etwas höheres Performanzniveau bei der beruflichen Methodenkompetenz im Vergleich zu dem wahrgenommenen Anforderungsniveau zu verfügen. Dieses Bild kommt dadurch zustande, dass die Befragten bei einer Reihe von methodischen Kompetenzen – vor allem bei praktischen Kompetenzen (z. B. handwerkliche und hauswirtschaftliche Fähigkeiten) sowie Medien- und Bildungskompetenzen (sportliche Fähigkeiten, Fähigkeiten zur Spielverwendung usw.) – der Ansicht sind, über ein deutlich höheres tatsächliches Kompetenzniveau als erforderlich zu verfügen (vgl. Download-Material, Tab. 22).

Unterschiede im Anforderungs- und Performanzprofil: Persönliche Kompetenzen

Im Ergebnis des Vergleichs zwischen geforderten und vorhandenen persönlichen Kompetenzen zeigt sich durchgängig, dass die befragten pädagogischen Fachkräfte ihre vorhandenen persönlichen Kompetenzen weitgehend erheblich unter dem Anforderungsniveau einstufen (vgl. Download-Material, Tab. 23).

In besonderem Maße stufen die Befragten ihre Kompetenz, mit den Grenzen der Arbeitsbedingungen (z. B. wegen Zeitmangel oder Personalknappheit) und den damit verbundenen Belastungen umgehen zu können, weit unter dem wahrgenommenen Anforderungsniveau ein.

Ebenso hinkt ihre persönliche Kompetenz der Selbstreflexion, d. h. eigene Vorstellungen, Annahmen, Werte, Entscheidungen und Handlungen immer wieder kritisch zu prüfen (Selbstreflexion), stark hinter dem zugeschriebenen Bedeutungsniveau her. Zudem sind ihre Belastungsfähigkeit im Umgang mit kontroversen Meinungen, Sichtweisen und Interessengegensätze von Kolleg/inn/en (Ambiguitätstoleranz) sowie ihre Kompetenz, arbeitsfeldbezogen selbstständig und zügig entscheiden wie auch damit einhergehende Probleme ertragen zu können (Entscheidungskompetenz) auffallend weniger vorhanden als dies aus ihrer Sicht erforderlich ist.

Unterschiede im Anforderungs- und Performanzprofil: Fachwissen

Bei einem Vergleich zwischen geforderten und vorhandenen Wissenskompetenzen scheinen die befragten pädagogischen Fachkräfte, etwas mehr als erforderlich über spezielles pädagogisches Fachwissen in Bezug auf Behinderung zu verfügen. Dagegen sind sowohl ihre allgemeinen pädagogischen und psychologischen wie auch ihre rechtlichen Wissenskompetenzen schwächer ausgeprägt als das jeweils wahrgenommene Anforderungsniveau (vgl. Download-Material, Tab. 24).

Unterschiede im Anforderungs- und Performanzprofil: Soziale Kompetenzen

Abweichend vom Anforderungs- und Performanzprofil persönlicher Kompetenzen sind vorhandene soziale Kompetenzen im Vergleich zu ihrem eingestuften Anforderungsniveau nicht durchgängig geringer bewertet (vgl. Download-Material, Tab. 25).

Ein Fünftel von 20 erfassten Einzelkompetenzen sind aus der Sicht der befragten pädagogischen Fachkräfte in stärkerem Maße vorhanden als gefordert. Dabei handelt es sich um die Fähigkeiten, Beziehungen zu Kolleg/inn/en einzugehen (Beziehungsfähigkeit), Verantwortung für die Adressat/inn/en mit Behinderung und für Kolleg/inn/en zu übernehmen (Verantwortungsübernahme bezogen auf behinderte Menschen und Kollegen) wie auch mit behinderten Menschen zielorientiert zusammenzuarbeiten (Kooperationsfähigkeit bezogen auf Menschen mit Behinderung).

Gleichwohl sind in ihren Augen die vorhandenen sozialen Kompetenzen überwiegend unterhalb des perzipierten Anforderungsniveaus (gemessen an der 6-stufigen Ratingsskala) anzusiedeln. Besonders auffallend sind diese Defizitwahrnehmungen bei den Fähigkeiten, situativ angepasst zu handeln und zu entscheiden (Flexibilität), mit Kolleg/inn/en aktiv und zielorientiert zusammenzuarbeiten (Kooperationsfähigkeit/Teamfähigkeit), sich gegenüber behinderten Menschen mit einer für sie verständlichen Sprache zu äußern und sich gemeinsam auszutauschen (Kommunikationsfähigkeit bezogen auf behinderte Menschen), Kritik von Kolleg/inn/en an der eigenen Person anzunehmen und konstruktiv damit umzugehen (Fähigkeit im Umgang mit Kritik) sowie Kritik gegenüber Kolleg/inn/en zu äußern (Kritikfähigkeit).

Unterschiede im Anforderungs- und Performanzprofil: Methodische Kompetenzen

Gemessen an den Anforderungsniveaus der erfassten 46 methodischen Einzelkompetenzen wird deren Performanz von den befragten pädagogischen Fachkräften wie im Falle der sozialen Kompetenzen mehrheitlich und teils erheblich geringer bewertet (vgl. Download-Material, Tab. 26).

Vor allen Dingen sind nach ihrer Selbsteinschätzung ressourcen- und empowermentorientierte Unterstützungskompetenzen (den behinderten Menschen zu mehr Entscheidungskompetenz verhelfen; Lösungen im Dialog mit behinderten Menschen erarbeiten; den behinderten Menschen Wahlmöglichkeiten zur Lösung von Problemen/Angeboten anbieten und es auch zulassen, dass Angebote von den behinderten Menschen abgelehnt werden; behinderte Menschen zu Bildungsangeboten z. B. zu VHS-Kursen und Vereinsarbeit motivieren) deutlich weniger gut vorhanden als erforderlich. Aber auch die Fähigkeit zum Umgang mit Verhaltensauffälligkeiten und Analysekompetenzen (abschätzen, inwiefern behinderte Menschen Selbständigkeit erlangen können) sowie administrative Kompetenzen wie Umgang mit Computern, Dokumentation nach Qualitätsmanagementvorgaben und Formulierungskompetenz in Bezug auf Protokolle, Briefe u. ä. m. liegen weit unter den jeweiligen Anforderungsniveaus.

Demgegenüber übertrifft ungefähr ein Drittel der methodischen Einzelkompetenzen in der Selbsteinschätzung der Fachkräfte teilweise erheblich das jeweilig wahrgenommene Anforderungsniveau im Kontext ihrer Tätigkeit. Dazu zählen über praktische Fähigkeiten (handwerkliche, hauswirtschaftliche und pflegerische Fähigkeiten) und sportliche Fähigkeiten hinaus Kompetenzen in der Antragstellung zur Kostenübernahme von Unterstützungsleistungen und im Umgang mit Finanzen sowie pädagogische Kompetenzen der partizipationsorientierten Freizeitplanung, der Gruppenarbeit und des Spiels als Arbeitsmedium.

Konsequenzen

Als Kern der vorhergehenden Ergebnisse ist festzuhalten, dass die befragten pädagogischen Fachkräfte ihre vorhandenen beruflichen Kompetenzen selbst überwiegend – zum Teil erheblich – unterhalb den von ihnen eingestuften Anforderungsniveaus ansiedeln und somit ihre vorhandenen Kompetenzen insgesamt eher kritisch reflektieren. Für die Umsetzung der Leitprinzipien und damit verbundener Ansätze in der Sozialen Arbeit mit behinderten Menschen, insbesondere für die favorisierte soziale und pädagogische Unterstützung mit der Orientierung am Empowerment und Gemeinwesen/Sozialraum erweisen sich vorhandene berufliche Kompetenzen als weniger angemessen und daher optimierbar. Dabei handelt es sich insbesondere um folgende Kompetenzen: Selbstreflexion, Entscheidungskompetenz, Belastbarkeit, pädagogisches und rechtliches Wissen, Flexibilität, Team- und Kritikfähigkeit, Kommunikation in einfacher bzw. verständlicher Sprache, ressourcen- und empowermentorientierte Unterstützungskompetenzen, Umgang mit Verhaltensauffälligkeiten und Analysekompetenzen wie auch Umgang mit dem Computer.

8 Perspektiven

Im Folgenden werden Perspektiven für beruflichen Wandel, Arbeitsfelder und berufliche Kompetenzen im Kontext Sozialer Arbeit bei Behinderung skizziert. Gleichsam als Fazit aus den vorausgegangenen Kapiteln verdeutlicht somit dieses Kapitel relevante Aspekte der etwa seit den 1980er-Jahren zu verzeichnenden Entwicklungen in der Behindertenhilfe. Hierbei sind Neuerungen und beachtliche Veränderungstendenzen auf den Ebenen der normativen Orientierungen und der Handlungskonzepte mit nachhaltigen Folgen für Handlungsfelder und Aufgaben der Sozialen Arbeit bzw. außerschulischen Pädagogik bei Behinderung, pädagogische Verberuflichungsprozesse und berufliche Kompetenzen festzuhalten sowie Konsequenzen daraus zu reflektieren.

Paradigmatische Umorientierungen

Ausgehend von einem veränderten Behindertenverständnis finden sich paradigmatische Umorientierungen in der Behindertenhilfe, die mit Auseinandersetzungen um angepasste Handlungskonzepte korrespondieren. Behinderung wird nicht mehr medizinisch auf ein individuelles Defizit reduziert oder als Krankheitsfolgenmodell konzipiert, sondern in ihrer sozialen Bedingtheit und Konstruktion reflektiert. Nach der weltweit anerkannten ICF ist Behinderung als mehrdimensionales Phänomen und in einem interdependenten Konstitutionszusammenhang von individuellen und umweltlichen Faktoren zu verstehen. Dabei rückt die soziale Dimension von Behinderung mit ihren Folgen und Benachteiligungen für Betroffene in den Blick und verlangt zukünftig verstärkte Bemühungen, behindernde Umweltfaktoren zu bearbeiten und Barrieren zu überwinden.

Mit der veränderten Sichtweise von Behinderung geht ein grundlegender Wechsel der Leitorientierungen von Hilfen für Menschen mit Behinderung einher. Neben der Psychiatrie-Enquête, dem Normalisierungsprinzip und der Integrationsbewegung war es besonders die Selbstbestimmt-Leben-Bewegung von Menschen mit Behinderung, die diesen Wechsel vorangetrieben haben. In Abgrenzung von der medizinisch bestimmten Sichtweise von Behinderung verbunden mit einer Praxis der Institutionalisierung und der gesellschaftlichen Segregation ist fortan gefordert, Möglichkeiten eines selbstbestimmten Lebens mit Unterstützung nach persönlichem Bedarf außerhalb institutioneller Strukturen und in einem inklusiv gestalteten Gemeinwesen zu schaffen. Eine defizitorientierte Perspektive in den professionellen Hilfen soll durch die Orientierung an Ressourcen und Stärken bzw. am Empowerment-Ansatz abgelöst werden. Die Weiterentwicklung der Unterstützungsleistungen für Menschen mit Behinderungen wird sich zukünftig an den Ansprüchen der UN-BRK ausrichten müssen, die das Recht auf umfassende Teilhabe mit dem Recht der selbstbestimmten Lebensführung in sozialen Bezügen verbindet.

Der Paradigmenwechsel spiegelt sich auch in den Diskursen um veränderte, neue Handlungskonzepte in der Sozialen Arbeit bzw. außerschulischen Pädagogik bei Behinderung wider, die den Ansprüchen individuell ausgerichteter Hilfen, Selbstbestimmung und Inklusion Rechnung tragen sollen. Dem aus der Selbstbestimmt-Leben-Bewegung von Menschen mit Behinderung hervorgegangenen Modell der Persönlichen Assistenz, das sich ausdrücklich von pädagogischen Hilfen abgrenzt und eine Verlagerung der Entscheidungskompetenzen bei der Erbringung persönlicher Hilfeleistungen auf die Leistungsnutzer/innen beansprucht, stehen pädagogische Handlungsansätze mit der Orientierung am Selbstbestimmungs- und Assistenzprinzip gegenüber. Dabei konzeptualisieren sie zum Teil pädagogische Hilfen als Assistenz, ohne immer das Spannungsverhältnis von Assistenz und Intervention durch (sozial)pädagogisches Handeln mit den spezifischen Machtkonstellationen und Fremdbestimmungsmomenten im Prozess der pädagogisch strukturierten Hilfeerbringung kritisch zu reflektieren.

In Abgrenzung zu einer Pädagogisierung und Inflationierung des Assistenzansatzes ist aus unserer Sicht ein pädagogisches Handlungsmodell zu bevorzugen, das als Unterstützungsbündnis zwischen Professionellen und Adressat/inn/en der Unterstützungsleistungen konzipiert ist. Inhalt ist die kritische Reflexion und Vermittlung zwischen dem Recht auf Selbstbestimmung bzw. Autonomie der Adressat/inn/en sowie der möglichen, zustimmungspflichtigen Einschränkung ihres Selbstbestimmungsrechts zugunsten der gewünschten Verbesserung ihrer Situation auf der Grundlage einer personenzentrierten Hilfe- bzw. Teilhabeplanung mit klaren Zielsetzungen sowie einer Transparenz der Möglichkeiten und Grenzen des Hilfeprozesses.

Handlungsmodell mit vernetzten Hilfen

Um der Forderung nach umfassender Teilhabe und Inklusion nachzukommen, bedarf es zukünftig eines Handlungsmodells, in dessen Rahmen eine Vernetzung von personenzentrierten Hilfen mit gemeinwesen- bzw. sozialraumbezogenen Strategien stattfindet. Damit verbindet sich die Aufgabe, die Potenziale und informellen Unterstützungsressourcen im Gemeinwesen bzw. Sozialraum zu fördern und zu nutzen, um die soziale Teilhabe der Hilfeempfänger zu ermöglichen und eine weitgehende Barrierefreiheit zu erreichen.

Das Spektrum der Arbeitsbereiche und Aufgaben in der Behindertenhilfe an der Schnittstelle von Sozialer Arbeit und Sonder- und Heilpädagogik hat sich in den letzten Jahrzehnten zunehmend erweitert und ausdifferenziert. Neben frühen Hilfen für behinderte oder von Behinderung bedrohte Kinder und ihre Eltern wie auch einer gemeinsamen vorschulischen Bildung und Erziehung von behinderten und nicht behinderten Kindern handelt es sich dabei im außerschulischen Bereich um Offene Hilfen in Form von Beratung, Persönliche Assistenz und FeD/FuD bis hin zu ambulanten wohn- und arbeitsbezogenen Hilfen. Insbesondere Beratung,

Organisation von Assistenz und Familienentlastung bzw. -unterstützung unter dem Dach der Offenen Hilfen und wohnbezogene Hilfen in Form des Ambulant Betreuten Wohnens auch für Menschen mit so genannter geistiger Behinderung sind in Verbindung mit der als Paradigmenwechsel skizzierten Entwicklung als neue (sozial)pädagogisch geprägte Arbeitsbereiche mit veränderten Aufgaben und Kompetenzanforderungen auf- und ausgebaut worden.

Wandel der Qualifikationsstruktur

Ungeachtet der Ökonomisierungstendenz, die auch die Soziale Arbeit bei Behinderung längst erreicht hat und durch einen erhöhten Effizienzdruck zum Ausbau ambulanter Hilfebereiche beiträgt, dürfte und müsste die Zielperspektive der Inklusion einen stärkeren Ausbau und eine flächendeckende Bereitstellung von unterschiedlichen ambulanten Hilfeleistungen mit einer systematischen Vernetzung von personenzentrierten und gemeinwesenbezogenen Hilfen mit sich bringen. Infolgedessen ist damit zu rechnen, dass sich der Wandel der Qualifikationsstruktur in den ambulanten Handlungsfeldern fortsetzt, wie er nach dem derzeitigen empirischen Erkenntnisstand beobachtbar ist. Bis auf die Bereiche der Assistenzdienste und FeD/FuD zeigt sich hier eine weitgehende pädagogische Verberuflichung mit einem hohen Anteil akademisch qualifizierter pädagogischer Fachkräfte, deren Anteil besonders in den Bereichen Beratung und bei den ambulanten wohnbezogenen Hilfen (Ambulant Betreutes Wohnen) dominiert. Währenddessen sind pädagogische Fachkräfte mit akademischer Qualifikation in den Bereichen der Assistenzdienste und FeD/FuD neben Beratung hauptsächlich mit Funktionen der Leitung oder im Organisationsmanagement betraut.

Komplexe und hohe Kompetenzanforderungen

Die weitgehende Dominanz pädagogischer Fachkräfte mit akademischer Qualifikation in den ambulanten Arbeitsfeldern kovariiert mit komplexen und hohen Kompetenzanforderungen der dort zu bewältigenden neuen und vielfältigen Aufgaben, der Beratungsleistungen und der zugehenden psychosozialen Begleitung, der pädagogisch strukturierten Unterstützung und des Organisationsmanagements (Koordinations- und Leitungsaufgaben usw.). Hinzu kommt die hohe Anforderung an die Kooperation auf unterschiedlichen Ebenen und die Vernetzung von Hilfen im Gemeinwesen mit dem Fokus auf die Gewährleitung einer passgenauen Unterstützung und Ermöglichung sozialer Teilhabe.

Nach bisherigen empirischen Erkenntnissen sind über die Bedeutung von Fachwissen und methodischen Kompetenzen hinaus besonders hohe Anforderungen an persönliche und soziale Kompetenzen festzuhalten, um Widersprüche und Spannungen, unterschiedliche Erwartungen und Unsicherheiten im Zusammenhang des professionellen Handelns bewältigen zu können. Diese gehen mit den veränderten Leitorientierungen und Handlungsstrategien wie auch Ansprüchen von Menschen mit Behinderung und ihren Angehörigen sowie mit einer Ökonomisierung und Veränderungen der Finanzierungsstruktur von sozialen Hilfen einher.

Zum Kern der Kompetenzanforderungen zählen neben pädagogischem und rechtlichem Fachwissen vor allem Reflexionsfähigkeit, Belastungsfähigkeit, Entscheidungskompetenz, Verantwortungsfähigkeit, Vertrauenswürdigkeit (Ehrlichkeit, Zuverlässigkeit) und Fähigkeit zur Identifikation mit der Arbeit einschließlich Arbeitsengagement als persönliche Kompetenzen sowie Kommunikationsfähigkeit insbesondere im Umgang mit kognitiv beeinträchtigten Menschen, Kooperationsfähigkeit, Flexibilität, Empathie und Abgrenzungsfähigkeit als soziale Kompetenzen und nicht zuletzt methodische Kompetenzen in Form von Beratungskompetenz, ressourcen- bzw. empowermentorientierter Unterstützungskompetenz, Kompetenzen des Unterstützungsmanagements einschließlich Koordinationskompetenz und administrativer Kompetenzen.

Performanz beruflicher Kompetenzen

Den vorgenannten Kernkompetenzen kommt vor dem Hintergrund des derzeitigen empirischen Erkenntnisstandes und der generellen Entwicklungstendenzen in der Behindertenhilfe insbesondere in der Sozialen Arbeit mit kognitiv beeinträchtigten Menschen eine herausragende Rolle zu. Sowohl die bisher vorliegende Literatur als auch unsere empirischen Erkenntnisse geben vor allem Auskunft über Kompetenzanforderungen. Inwieweit die erforderlichen Kompetenzen bei den Fachkräften tatsächlich vorhanden sind und umgesetzt werden, lässt sich bislang indes nur ansatzweise abschätzen.

Nach ersten, eigenen empirischen Erkenntnissen lässt sich eine kritische Selbsteinschätzung von pädagogischen Fachkräften mit akademischer Qualifikation zu ihren vorhandenen beruflichen Kompetenzen resümieren. Ihr zufolge zeigt sich eine Diskrepanz zwischen den wahrgenommenen Kompetenzanforderungen und der subjektiv eingeschätzten Kompetenzperformanz in der Art, dass vorhandene Kompetenzen überwiegend nicht den Kompetenzanforderungen entsprechen. Dies führt zur Schlussfolgerung, dass es weiterer und umfassender Untersuchungen zur Entwicklung der pädagogischen Professionalität besonders im Hinblick auf den gelingenden Einsatz der Kompetenzen in der Sozialen Arbeit bei Behinderung bedarf, um die bisherigen Erkenntnisse zu differenzieren und Einschätzungen zu Entwicklungsperspektiven kritisch zu fundieren.

Literatur

Ackermann, F./Seeck, D. (1999): Der steinige Weg zur Fachlichkeit. Hildesheim
Ackermann, K.-E./Dederich, M. (Hrsg.) (2011): An Stelle des Anderen. Ein interdisziplinärer Diskurs über Stellvertretung und Behinderung. Oberhausen
Ackermann, K.-E./Burtscher, R./Ditschek, E.-J./Schlummer, W. (Hrsg.) (2012): Inklusive Erwachsenenbildung. Berlin
Aha e. V./Windisch, M. (Hrsg.): Persönliches Budget. Neue Form sozialer Leistung in der Behindertenhilfe und Pflege. Neu-Ulm
Aichele, V. (2008): Das Innovationspotential der UN-Behindertenrechtskonvention. Vortrag auf der Tagung des Instituts Mensch, Ethik und Wissenschaft »Die UN-Konvention über die Rechte von Menschen mit Behinderungen zwischen Alltag und Vision« am 16. April 2008 in Berlin. http://www.imew.de/index.php?id=432#c2070 (Stand: 18.08.2012)
AG BFW/BAG BBW (Arbeitsgemeinschaft Die Deutschen Berufsförderungswerke e. V./Bundesarbeitsgemeinschaft der Berufsbildungswerke e. V. (Hrsg.) (2010): Gesellschaftliche Teilhabe von Menschen mit Behinderung. Anregungen zum Nationalen Aktionsplan der Bundesregierung zur Umsetzung der UN-Konvention über die Rechte von Menschen mit Behinderung. Berlin. http://www.forum-beratung.de/cms/upload/Wissenswertes/Zielgruppen/BAG_BBW_BFW_Position_zu_UN_Konvention.pdf (Stand 10.09.2012)
Antor, G./Bleidick, U. (Hrsg.): Handlexikon der Behindertenpädagogik. Schlüsselbegriffe aus Theorie und Praxis. 2. Aufl., Stuttgart
Aselmeier, L. (2008): Community Care und Menschen mit geistiger Behinderung. Wiesbaden

BA (Bundesagentur für Arbeit) (Hrsg.) (2002): Teilhabe durch berufliche Rehabilitation. Handbuch für Beratung, Förderung, Aus- und Weiterbildung. Nürnberg
BAG BBW (Bundesarbeitsgemeinschaft der Berufsbildungswerke) (2012): Junge Menschen – Ausbildungsberufe, Ausbildungsorte, Fähigkeiten, Unterstützungsangebote, Persönliches Budget. http://www.bagbbw.de/junge-menschen (Stand: 03.09.2012)
BAG UB (Bundesarbeitsgemeinschaft Unterstützte Beschäftigung) (2011) http://www.bag-ub.de/ub/download/Auswertung%20BAG%20UB%20Umfragen%20Unterstuetzte%20Beschaeftigung%202010%20und%202009.pdf (Stand: 03.08.2012)
BAG UB (Bundesarbeitsgemeinschaft Unterstützte Beschäftigung e. V.) (2012): Unterstützte Beschäftigung. http://www.bag-ub.de/ub/idx_ub.htm (Stand 10.09.2012)
BAGÜS (Bundesarbeitsgemeinschaft der überörtlichen Träger der Sozialhilfe)(2010): Entwicklung der Fallzahlen in der Eingliederungshilfe. http://www.lwl.org/spur-download/bag/endbericht_entwicklung_fallzahlen.pdf (Stand: 06.08.2012)
BAG WfbM (Bundesarbeitsgemeinschaft Werkstätten für behinderte Menschen e. V.) (2011): Statistiken. http://www.bagwfbm.de/category/34 (Stand: 03.08.2012)
Balke, K./Thiel, W. (Hrsg.) (1991): Jenseits des Helfens. Professionelle unterstützen Selbsthilfegruppen. Freiburg i. Br.
Barsch, S. (2007): Geistig behinderte Menschen in der DDR. Oberhausen
Bartelheimer, P. (2005): Teilhabe, Gefährdung, Ausgrenzung. In: Berichterstattung zur sozioökonomischen Entwicklung in Deutschland – Arbeit und Lebensweisen. Erster Bericht. Wiesbaden, 85–123
Bartosch, U. et al. (2006): Qualifikationsrahmen Soziale Arbeit (QR SArb). Berlin
Baumgartner, E. (2002): Assistenzdienste für behinderte Personen: Sozialpolitische Folgerungen aus einem Pilotprojekt. Bern

BeB (Bundesverband evangelische Behindertenhilfe e. V.) (Hrsg.) (2008): Konzept zur Konversion von Komplexeinrichtungen in der Behindertenhilfe. http://www.beb-ev.de/files/pdf/2008-12-22Handreichung_Konversion%20Komplexeinrichtungen_10-2008.pdf (Stand: 16.08.2012)

Beck, H. (1995): Schlüsselqualifikationen. Bildung im Wandel. Darmstadt

Beck, I. (2000): Das Konzept der Lebensqualität – Leitperspektive für den Wandel von der institutionellen zur personalen Orientierung. Vortragsmanuskript, Vortrag auf dem Alsterdorfer Fachforum am 6.4.2000. http://www.beratungszentrum-alsterdorf.de/cont/Beck.pdf (Stand: 16.08.2012)

Beck, I. (2002): Die Lebenslagen von Kindern und Jugendlichen mit Behinderung und ihrer Familien in Deutschland: soziale und strukturelle Dimensionen. In: Sachverständigenkommission 11. Kinder- und Jugendbericht (Hrsg.): Materialien zum elften Kinder- und Jugendbericht. Band 4 – Gesundheit und Behinderung im Leben von Kindern und Jugendlichen. München, 175–315

Beck, I. (2006): Normalisierung. In: Antor, G./Bleidick, U. (Hrsg.), 105–108

Beck, I./Düe, W./Wieland, H. (Hrsg.) (1996): Normalisierung: Behindertenpädagogische und sozialpolitische Perspektiven eines Reformkonzeptes. Heidelberg

Behrendt, J./Kegler, R. (1986): »Uns liegt nicht daran, die Medizin zu verteufeln. Wir wollen eine neue Partnerschaft versuchen«. Selbsthilfegruppen und professionelle Helfer. In: Trojan, A. (Hrsg.), 211–249

Benkmann, R. (2001): Sonderpädagogische Professionalität im Wandel. In: Zeitschrift für Heilpädagogik, H. 3, 90–98

Bielefeld, H. (2008): Zum Innovationspotenzial der UN-Behindertenrechtskonvention. Deutsches Institut für Menschenrechte. Berlin. http://www.institut-fuer-menschenrechte.de/fileadmin/user_upload/Publikationen/Essay/essay_zum_innovationspotenzial_der_un_behindertenrechtskonvention_auflage3.pdf (Stand 22.8.2012)

Bieker, R. (Hrsg.) (2005): Teilhabe am Arbeitsleben: Wege der Integration von Menschen mit Behinderung. Stuttgart

Bieker, R. (2005a): Individuelle Funktionen und Potentiale der Arbeitsintegration. In: Bieker, R. (Hrsg.), 12–24

Bieker, R. (2005b): Werkstätten für behinderte Menschen – Berufliche Teilhabe zwischen Marktanpassung und individueller Förderung. In: Bieker, R. (Hrsg.), 313–334

Bieker, R. (2007): Werkstatt für behinderte Menschen. In: Theunissen, G./Kulig, W./Schirbort, K. (Hrsg.), 377–378

BIH (Bundesarbeitsgemeinschaft der Integrationsämter und Hauptfürsorgestellen (2011): Jahresbericht 2011/11. Wiesbaden. http://www.integrationsaemter.de/files/11/JB_BIH10_screen_1.pdf (Stand: 03.08.2012)

Blanchard, K./Carlos, J. P./Randolph, A. (1999): Management durch Empowerment. Hamburg

BMAS (Bundesministerium für Arbeit und Sozialordnung) (Hrsg.) (1998): Die Lage der Behinderten und die Entwicklung der Rehabilitation. Bonn

BMAS (Bundesministerium für Arbeit und Soziales) (Hrsg.) (2009): Behindertenbericht 2009. Bericht der Bundesregierung über die Lage von Menschen mit Behinderungen für die 16. Legislaturperiode. Bonn

BMAS (Bundesministerium für Arbeit und Soziales) (Hrsg.) (2010): Übereinkommen der Vereinten Nationen über die Rechte von Menschen mit Behinderung. Bonn

BMFSFJ (Bundesministerium für Familie, Senioren, Frauen und Jugend) (2006): Erster Bericht des Bundesministeriums für Familie, Senioren, Frauen und Jugend über die Situation der Heime und die Betreuung der Bewohnerinnen und Bewohner. www.bmfsfj.de/Publikationen/heimbericht/7-Stationaere-einrichtungen-der-behindertenhilfe (Stand: 16.08.2012)

BMFSFJ (Bundesministerium für Familie, Senioren, Frauen und Jugend) (Hrsg.) (2009): 13. Kinder- und Jugendbericht. Bericht über die Lebenssituation junger Menschen und die Leistungen der Kinder- und Jugendhilfe in Deutschland. Köln

BMFSFJ/ISS (Bundesministerium für Familie, Senioren, Frauen und Jugend/Institut für Sozialarbeit und Sozialpädagogik (Hrsg.) (2008): Kommunale Praxis im Bereich familienunterstützender Dienstleistungen. Berlin/Frankfurt a. M.

Boban, I. (2003): Circles of Support and Person Centered Planning – Unterstützerkreise und Persönliche Zukunftsplanung. In: Feuser, G. (Hrsg): Integration heute – Perspektiven ihrer Weiterentwicklung in Theorie und Praxis. Frankfurt a. M., 287–297

Boban, I./Hinz, A. (1995): Werkstadthaus Hamburg – Wohnen mitten in der Stadt und Arbeiten in einem rollstuhlgerechten Hotel. In: Zeitschrift für Heilpädagogik, H. 8, 384–387

Boeßenecker, K.-H. (2006): Organisationen und Verbände – Die Hauptlinien der bisherigen Entwicklung. In: Wüllenweber, E./Theunissen, G./Mühl, H. (Hrsg), 63–71

Böttner, R./Hamel, T./Kniel, A./Windisch, M. (1996): Offene Hilfen in Hessen. Zwischenbericht der wissenschaftlichen Begleitforschung an der Universität Kassel zum Modellprogramm ›Offene Hilfen in Hessen‹ im Auftrag des Hessischen Ministeriums für Frauen, Arbeit und Sozialordnung und Landeswohlfahrtsverbands Hessen. Kassel

Böttner, R./Hamel, T./Kniel, A./Windisch, M. (1997): Lebensqualität durch Offene Hilfen. Entwicklung und Bedeutung der Offenen Hilfen für behinderte Menschen und ihre Angehörigen. Marburg/L.

Boulet, J./Krauß, J./Oelschlägel, D. (1980): Gemeinwesenarbeit als Arbeitsprinzip – eine Grundlegung. Bielefeld

Brings, N./Rohrmann, E. (2002): Jüngere Behinderte in Einrichtungen der stationären Altenhilfe. In: Zeitschrift für Heilpädagogik, H. 4, 146–152

Bullinger, H./Nowak, J. (1998): Soziale Netzwerkarbeit. Freiburg i. Br.

Bundesarbeitsgemeinschaft der Freien Wohlfahrtspflege (Hrsg.) (2009): Einrichtungen und Dienste der Freien Wohlfahrtspflege. Gesamtstatistik 2008. Berlin

Bundesvereinigung Lebenshilfe für Menschen mit geistiger Behinderung e. V. (Hrsg.) (2003): Vom Betreuer zum Begleiter: eine Neuorientierung unter dem Paradigma der Selbstbestimmung. 3. Aufl., Marburg/L.

Cloerkes, G. (2007): Soziologie der Behinderten. 3. Aufl., Heidelberg

Cloos, P./Züchner, I. (2002): Das Personal der Sozialen Arbeit. In: Thole, W. (Hrsg.): Grundriss Soziale Arbeit: ein einführendes Handbuch. Opladen, 705–724

Dalferth, M. (2006): Leben in ›Parallelgesellschaften‹? Menschen mit schwerer geistiger und mehrfacher Behinderung zwischen den Idealen der neuen Leitideen und Entsolidarisierungsprozessen. In: Theunissen, G./Schirbort, K. (Hrsg), 116–128

Dederich, M. (2006): Geistige Behinderung – Menschenbild, Anthropologie und Ethik. In: Wüllenweber, E./Theunissen, G./Mühl, H. (Hrsg.), 542–557

Dederich, M. (2009): Behinderung als sozial- und kulturwissenschaftliche Kategorie: In: Dederich, M./Jantzen, W. (Hrsg.): Behinderung und Anerkennung. Stuttgart, 15–40

Dederich, M. (2010): Behinderung, Norm, Differenz. In: Kessel, F./Plößer, M. (Hrsg.): Differenzierung, Normalisierung, Andersheit. Wiesbaden, 170–184

Depner, R./Linden, H./Menzel, E. (1983): Chaos im System der Behindertenhilfe? Eine empirische Untersuchung zur Professionalisierung sozialer Berufe. Weinheim

Deutscher Bundestag, 7. Wahlperiode (1975), Drucksache 7/4200: Unterrichtung durch die Bundesregierung, Bericht über die Lage der Psychiatrie in der Bundesrepublik Deutschland – Zur psychiatrischen und psychotherapeutisch/psychosomatischen Versorgung der Bevölkerung. Zusammenfassung. Bonn.

DHG (Deutsche Heilpädagogische Gesellschaft) (Hrsg.): Sozialraumorientierung in der Behindertenhilfe. Bonn/Jülich

DIMDI (Deutsches Institut für Medizinische Dokumentation und Information (Hrsg.) (2005): ICF – Internationale Klassifikation der Funktionsfähigkeit, Behinderung und Gesundheit. http://www.dimdi.de/dynamic/de/klassi/downloadcenter/icf/endfassung/icf_endfassung-2005-10-01.pdf (Stand: 10.08.2012)

Dingeldey, I. (2006): Aktivierender Wohlfahrtsstaat und sozialpolitische Steuerung. In: Bundeszentrale für politische Bildung (Hrsg.): Aus Politik und Zeitgeschichte. Reformen des Sozialstaats. Heft 8/9, 3–9

Dlugosch, A. (2003): Professionelle Entwicklung und Biografie. Impulse für universitäre Bildungsprozesse im Kontext schulischer Erziehungshilfe. Bad Heilbrunn

Dlugosch, A. (2010): Haltung ist nicht alles, aber ohne Haltung ist alles nichts? Annäherungen an das Konzept einer ›Inklusiven Haltung‹ im Kontext Schule. In: Gemeinsam leben, H. 4, 195–202

Doose, S. (2005). Übergänge aus den Werkstätten für behinderte Menschen in Hessen in Ausbildung und Arbeit auf dem allgemeinen Arbeitsmarkt. Im Auftrag der Landesarbeitsgemeinschaft der Werkstätten für behinderte Menschen in Hessen e. V. http://bidok.uibk.ac.at/library/doose-verbleibsstudie.html (Stand: 16.08.2012)

Doose, S. (2007): Unterstützte Beschäftigung. Berufliche Integration auf lange Sicht. Marburg/L.

Dörr, M./Müller, B. (2006): Einleitung: Nähe und Distanz als Struktur der Professionalität pädagogischer Arbeitsfelder. In: Dörr, M./Müller, B. (Hrsg.): Nähe und Distanz. Ein Spannungsfeld pädagogischer Professionalität. Weinheim/München, 7–45

Drolshagen, B./Rothenberg, B. (2001): Definitionen und Begrifflichkeiten ausgehend vom Modell »Selbstbestimmt Leben mit Persönlicher Assistenz«. In: MOBILE – Selbstbestimmtes Leben Behinderter e. V./Zentrum für selbstbestimmtes Leben Köln (Hrsg.), 23–27

Ebert, H.(2009): Projekte, Trends und empirische Forschung – ein Fragment. In: Stein, R./ Orthmann Bless, D. (Hrsg), 190–213

Eberwein, H./Knauer, S. (Hrsg.) (2009): Integrationspädagogik. 7. Aufl., Weinheim

Engelbert, A. (1999): Familien im Hilfenetz: Bedingungen und Folgen der Nutzung von Hilfen für behinderte Kinder. Weinheim

Erpenbeck, J. (2004): Kode im Tableau quantitativer, qualitativer und komparativer Kompetenzmessverfahren in Deutschland. In: Heyse, V./Erpenbeck, J./Max, H. (Hrsg.), 118–132

Erpenbeck, J./Heyse, V. (1996): Berufliche Weiterbildung und berufliche Kompetenzentwicklung. In: Arbeitsgemeinschaft QUEM (Hrsg.): Kompetenzentwicklung 96. Strukturwandel und Trends in der betrieblichen Weiterbildung. Münster, 15–152

Erpenbeck, J./Heyse, V. (1999): Die Kompetenzbiographie. Münster

Erpenbeck, J./Rosenstiel, L. v. (Hrsg.) (2003): Handbuch Kompetenzmessung: Erkennen, Verstehen und Bewerten von Kompetenzen in der betrieblichen, pädagogischen und psychologischen Praxis. Stuttgart

Erpenbeck, J./Rosenstiel, L. v. (2007a): Einführung. In: Erpenbeck, J./Rosenstiel, L. v. (Hrsg.), XVII-XLVI

Erpenbeck, J./Rosenstiel, L. v. (2007b): Vorbemerkung zur 2. Auflage. In: Erpenbeck, J./ Rosenstiel, L. v. (Hrsg.), XIXV

Felkendorf, K. (2003): Ausweitung der Behinderungszone: Neuere Behinderungsbegriffe und ihre Folgen. In: Cloerkes, G. (Hrsg.): Wie man behindert wird. Heidelberg, 25–52

Frehe, H. (2008): Alter und Behinderung. Rede auf der Tagung »Ambulant Denken! – Vorsorgen statt Versorgen lassen« am 11.10.2008 in Erlangen. http://www.isl-ev.de/2008/11/24/alter-und-behinderung (Stand: 22.08.2012)

Frey, A. (1999): Aufbau beruflicher Handlungskompetenz. In: Empirische Pädagogik, H. 1, 29–56

Frühauf, T. (2012): Von der Integration zur Inklusion – ein Überblick. In: Hinz, A./Körner, I./Niehoff, U. (Hrsg.): Von der Integration zur Inklusion. 3. Aufl., Marburg/L., 11–32

Gaedt, C. (2003): Das Verschwinden der Verantwortlichkeit – Gedanken zu dem Konzept des Individuums in der postmodernen Gesellschaft und seine Konsequenzen für Menschen mit geistiger Behinderung. In: Behindertenpädagogik. H. 1, 74–88

Galuske, M. (2002): Flexible Sozialpädagogik. Weinheim/München

Grampp, G./Hirsch, S./Kasper, C. M./Scheibner, U./Schlummer, W. (2010): Arbeit. Herausforderung und Verantwortung der Heilpädagogik. Stuttgart

Grimm, D. (2002): Zur Funktion und Arbeitsweise von Werkstatträten in hessischen Einrichtungen für Behinderte. Unveröffentl. Diplomarbeit am Fachbereich Sozialwesen der Universität Kassel. Kassel

Grünke, M./Ketzinger, W./Hintz, A.-M. (2009): Außerbetriebliche Einrichtungen: Berufsbildungswerke und Berufsförderungswerke. In: Stein, R./Orthmann Bless, D. (Hrsg.), 58–87

Gusset-Bährer, S. (2004): »Dass man das weiter trägt, was älteren Menschen mit geistiger Behinderung wichtig ist«: ältere Menschen mit geistiger Behinderung im Übergang in den Ruhestand. Dissertation Uni Heidelberg. http://www.ub.uni-heidelberg.de/archiv/4837 (Stand: 16.08.2012)

Hahn, M. (1999): Anthropologische Aspekte der Selbstbestimmung. In: Wilken,E/Vahsen, F./Albrecht, F./Wilken, U. (Hrsg.): Sonderpädagogik und Soziale Arbeit. Neuwied, 14–30

Hahn, M./Fischer, U./Klingmüller, B./Lindmeier, C./Reimann, B./Richardt, M./Seifert, M. (Hrsg.) (2004): Warum sollen Sie nicht mit uns leben? Stadtteilintegriertes Wohnen von Erwachsenen mit schwerer geistiger Behinderung und ihre Situation in Wohnheimen. Reutlingen

Hähner, U. (2003): Überlegungen zur Entwicklung einer Kultur der Begleitung. In: Bundesvereinigung Lebenshilfe für Menschen mit geistiger Behinderung e. V. (Hrsg.), 121–151

Haines, H. (2005): Teilhabe am Arbeitsleben – sozialrechtliche Leitlinien, Leistungsträger, Förderinstrumente. In: Bieker, R. (Hrsg.), 44–61

Haldorn, B. (2007): Sozialpädagogische Professionalität in der Arbeit mit behinderten Menschen. Unveröffentlichte Diplomarbeit am Fachbereich Sozialwesen der Universität Kassel. Kassel

Hamel, T./Kniel, A./Windisch, M. (1995): Entwicklung, Finanzierung und Qualitätssicherung offener Hilfen für behinderte Menschen. In: Windisch, M./Miles-Paul, O. (Hrsg.), 11–41

Hamel, T./Windisch, M. (2000): QUOFHI – Qualitätssicherung Offener Hilfen für Menschen mit Behinderung. Marburg/L.

Häußler, M./Wacker, E./Wetzler, R. (1996): Lebenssituation von Menschen mit Behinderung in privaten Haushalten. Baden-Baden

Haveman, M./Stöppler, R. (2010): Altern mit geistiger Behinderung. Grundlagen und Perspektiven für Begleitung, Bildung und Rehabilitation. 2. Aufl., Stuttgart

Hebenstreit, S./Michalczik, W. (2005): Berufliche Situation von staatlich anerkannten Diplom-Heilpädagoginnen und Diplom-Heilpädagogen. In: Jahrbuch Heilpädagogik. Berlin, 179–211

Hedderich, I. (2004): Das Studium der Heilpädagogik an der Hochschule Magdeburg-Stendal (FH) – eine empirische Studie zu Ausbildungsbiographie, Studienmotivation und Berufseinmündung. In: Jahrbuch Heilpädagogik, 125–147

Heimlich, U. (1998): Von der sonderpädagogischen zur integrativen Förderung – Umrisse einer heilpädagogischen Handlungstheorie. In: Zeitschrift für Heilpädagogik, H. 6, 250–258

Heimlich, U. (2004): Heilpädagogische Kompetenz – Eine Antwort auf die Entgrenzung der Heilpädagogik? In: Vierteljahreszeitschrift für Heilpädagogik und ihre Nachbargebiete 73, 256–259

Heiner, M. (2004): Professionalität in der sozialen Arbeit: theoretische Konzepte, Modelle und empirische Perspektiven. Stuttgart

Heiner, M. (2007): Soziale Arbeit als Beruf. München

Heiner, M. (2010): Kompetent handeln in der Sozialen Arbeit. München u. a.

Hellmann, Marianne (2009): Heilpädagogische Unterstützung von Kindern und Jugendlichen mit Behinderung. In: Greving, H./Ondracek, P. (Hrsg.): Spezielle Heilpädagogik. Stuttgart, 16–33

Herriger, N. (2006): Empowerment in der Sozialen Arbeit. 3. Aufl., Stuttgart

Herriger, N. (o. J.): Grundlagentext Empowerment. http://www.empowerment.de/grundlagentext.html. (Stand: 22.8.2012)

Hess, G./Ilg, W./Weingardt, M. (2004): Kompetenzprofile. Was Professionelle in der Jugendarbeit können sollen und wie sie es lernen. Weinheim

Heyse, V./Erpenbeck, J./Max, H. (Hrsg.) (2004): Kompetenzen – erkennen, bilanzieren und entwickeln. Münster

Hinte, W. (2007): GWA – Eine Erfolgsgeschichte? In: Hinte, W./Lüttringhaus, M./Oelschlägel, D., 7–13

Hinte, W. (2008): Sozialraumorientierung. In: DHG (Hrsg.), 15–22

Hinte, W. (2011): Sozialräume gestalten statt Sondersysteme befördern. In: Teilhabe, H. 3, 100–106

Hinte, W./Lüttringhaus, M./Oelschlägel, D. (2007): Grundlagen und Standards der Gemeinwesenheit. Weinheim u. a.

Hinz, A. (2004): Vom sonderpädagogischen Verständnis der Integration zum integrationspädagogischen Verständnis der Inklusion!? In: Schnell, I./Sander, A. (Hrsg.): Inklusive Pädagogik. Bad Heilbrunn, 41–74

Hinz, A. (2006): Integration und Inklusion. In: Wüllenweber, E./Theunissen, G./Mühl, H. (Hrsg.), 251–263

Hinz, A. (2007): Inklusion – Vision und Realität! Herausforderungen in Deutschland und Praxis in Kanada. In: Katzenbach, D. (Hrsg.): Vielfalt braucht Struktur. Heterogenität als Herausforderung für die Unterrichts- und Schulentwicklung. Frankfurt a. M., 81–98

Hirchert, A. (2002): Die Sicht der Eltern. In: Thimm, W./Wachtel, G. (Hrsg), 74–102

Hirsch, S. (2009): Werkstätten für behinderte Menschen. In: Stein, R./Orthmann Bless, D. (Hrsg), 31–57

Hirsch, S./Lindmeier, C. (Hrsg.) (2006): Berufliche Bildung von Menschen mit geistiger Behinderung. Weinheim

Höfer, R./Behringer, L. (2009): Interdisziplinäre Frühförderung. Angebot und Leistungen. Expertise zum 13. Kinder- und Jugendbericht der Bundesregierung. München

Hössl, A. (1999): Entwicklungen integrativer Erziehung im Elementarbereich. In: Eberwein, H.(Hrsg.): Handbuch Integrationspädagogik. 5.Aufl., Weinheim/Basel, 147–155

Hohmeier, J. (2007): Unterstützte Ausbildung und Beschäftigung. In: Cloerkes, G./Kastl, J. M. (Hrsg): Leben und Arbeiten unter erschwerten Bedingungen. Heidelberg, 143–170

Horster, D./Hoyningen-Süess, U./Liesen, C. (Hrsg.) (2005): Sonderpädagogische Professionalität. Beiträge zur Entwicklung der Sonderpädagogik als Disziplin und Profession. Wiesbaden

Hörster, R./Müller, B. (1996): Zur Struktur sozialpädagogischer Kompetenz. Oder: Wo bleibt das Pädagogische der Sozialpädagogik? In: Combe, A./Helsper, W. (Hrsg.): Pädagogische Professionalität. Untersuchungen zum Typus pädagogischen Handelns. Frankfurt a. M., 614–648

ISB (Gesellschaft für Integration, Sozialforschung und Betriebspädagogik gGmbH) (2008): Entwicklung der Zugangszahlen zu Werkstätten für behinderte Menschen. Zusammenfassung der Ergebnisse und Handlungsempfehlungen. Berlin

ISG (Institut für Sozialforschung und Gesellschaftspolitik) (2008): Datenerhebung zu den Leistungs- und Vergütungsstrukturen in der Frühförderung behinderter und von Behinderung bedrohter Kinder. Abschlussbericht Heike Engel, Dietrich Engels und Frank Pfeuffer. Köln

Jäger, P. (2001): Der Erwerb von Kompetenzen als Konkretisierung der Schlüsselqualifikationen – eine Herausforderung an Schule und Unterricht. Dissertation. Universität Passau. http://deposit.d-nb.de/cgi-bin/dokserv?idn=963958623&dok_var=d1&dok_ext=pdf&filename=963958623.pdf (Stand: 14.08.2012)

Jantzen, W. (1992): Allgemeine Behindertenpädagogik. Band 1: Sozialwissenschaftliche und psychologische Grundlagen. 2. Auf., Weinheim/Basel

Jerg, J. (2001): Leben in Widersprüchen – Bestandsaufnahme und Erfahrungen in einer lebensweltorientierten integrativen Wohngemeinschaft. Reutlingen

Kan, P. v./Doose, S./Göbel, S. (1999): Zukunftsweisend: Peer Counseling & persönliche Zukunftsplanung. Kassel

Kardorff, E. v. (2000): Die Bedeutung der Arbeit für psychisch kranke Menschen im gesellschaftlichen Wandel. http://bidok.uibk.ac.at/library/imp15-00-psychisch.html (Stand: 16.08.2012)

Kasteel, F. E./Markwalder, S./Parpan-Blaser, A./Wilhelm, E. (2008): Theoretisch und empirisch fundiertes Kompetenzprofil als Kernstück der Studiengangsentwicklung. In: neue praxis, H. 2, 213–229

Kastl, J. M. (2010): Einführung in die Soziologie der Behinderung. Wiesbaden

Kerkhoff, W. (1998): Die Diplompädagogen von 1988 bis 1995 – Absolventen der Ausbildungsstätten für Sonder-, Heil-, Behinderten- oder Rehabilitationspädagogik. In: Zeitschrift für Heilpädagogik. H. 10, 448–457
Kessl, F./Otto, H.-U. (2002): Entstaatlicht: die neue Privatisierung personenbezogener sozialer Dienstleistung. In: neue praxis, H. 2, 122–139
Klapprott, J. (1987): Berufliche Erwartungen und Ansprüche an Sozialarbeiter/Sozialpädagogen. Berufsbild, Arbeitsbedingungen und Arbeitsmarkttendenzen im Spiegel einer Befragung von Stellenanbietern. Weinheim
Klauß, T. (2008): Überlegungen zum Begriff ›Geistige Behinderung‹. http://www.ph-heidel berg.de/fileadmin/user_upload/wp/klauss/Begriff_Geistige_Behinderung.pdf (22.8.2012)
Klauß, T. (2009): Was meint Inklusion? Zwischen Idee und Realitäten. http://www.beb-ev. de/files/pdf/2009/dokus/elt09/klauss_vortrag.pdf (Stand: 27.08.2012)
Kleifgen, B./Züchner, I. (2003): Das Ende der Bescheidenheit? Zur aktuellen Arbeitsmarktsituation. In: Krüger, H.-H./Rauschenbach, T. u. a., 71–90
Klieme, E. u.a (2007): Zur Entwicklung nationaler Bildungsstandards. Hrsg. v. Bundesministerium für Bildung und Forschung. Berlin. http://www.bmbf.de/pub/zur_entwicklung_ nationaler_bildungsstandards.pdf (Stand: 07.08.2012)
KMK (Kultusministerkonferenz) (Hrsg.) (2005): Statistische Veröffentlichungen der Kultusministerkonferenz, Dokumentation Nr. 177. November 2005: Sonderpädagogische Förderung in Schulen 1994 – 2003. Bonn
KMK (Kultusministerkonferenz) (Hrsg.) (2010): Sonderpädagogische Förderung in Schulen 1998 – 2008, Statistische Veröffentlichungen – Dokumentation 189. Berlin. http://www. econbiz.de/en/search/detailed-view/doc/all/sonderp%C3%A4dagogische-f%C3%B6rde rung-in-schulen-1999-2008/10008648969/?no_cache=1 (Stand: 23.08.2012)
Kniel, A./Windisch, M. (1987): Soziale Netzwerke behinderter Menschen. Forschungsstand und Überlegungen zu netzwerkorientierten sozialarbeiterischen Handlungsstrategien. In: Soziale Arbeit, H. 6, 190–200
Kniel, A./Windisch, M. (1999): Fort- und Weiterbildungsbedarf von Fachkräften mit Beratungs- und Leitungsfunktion in der sozialen Arbeit mit behinderten Menschen – Empirische Untersuchungsergebnisse. In: Kirsch, R./Tennstedt, F. (Hrsg.): Engagement und Einmischung. Kassel, 147–160
Kniel, A./Windisch, M. (Hrsg.) (2001): »Wir vertreten uns selbst!« Entwicklung und Unterstützung von People-First-Gruppen in Deutschland. Kassel
Kniel, A./Windisch, M. (2005): People First. Selbsthilfegruppen von und für Menschen mit geistiger Behinderung. München
Knust-Potter, E. (Hrsg.) (2006): Circles of Support. Kleine Netzwerke mit großer Wirkung. http://www.cos-transnational.net/pdf/5%20dortmund/dortmund%20report.pdf (Stand: 26.08.2012)
Knust-Potter, E. (1998): Behinderung – Enthinderung. Die Community-Living-Bewegung gegen Ausgrenzung und Fremdbestimmung. Köln
Köbsell, S. (2007): »Peers« und Integration – Behindertenbewegung und Bildungsdiskussion. Vortragsmanuskript. Online: http://www.zedis.uni-hamburg.de/wp-content/uploads/2007/ 06/koebsell_peers_und_integration_070607.pdf (Stand: 23.08.2012)
Krätzschmar, C./Lemke, J.-F./Penk, K.-E. (2002): Heilpädagoginnen und Heilpädagogen im 21. Jahrhundert. Kiel
Kronauer, M. (2002): Exklusion. Die Gefährdung des Sozialen im hoch entwickelten Kapitalismus. Frankfurt a. M.
Krüger, H. H./Rauschenbach, T. (Hrsg.) (2004): Pädagogen in Studium und Beruf: empirische Bilanzen und Zukunftsperspektiven. Wiesbaden
Krüger, H.-H./Rauschenbach, T./Grunert, C./Züchner, I./Fuchs, K./Huber, A./Kleifgen, B./ Seeling, C./Rostampour, P. (Hrsg.) (2003): Diplom-Pädagogen in Deutschland. Survey 2001. Weinheim
Kulig, W. (2006): Soziologische Anmerkungen zum Inklusionsbegriff in der Heil- und Sonderpädagogik. In: Theunissen, G./Schirbort, K. (Hrsg.), 49–55
Kulig, W., Schirbort, K., Schubert, M. (Hrsg.) (2011): Empowerment behinderter Menschen – Entwicklungslinien und aktuelle Konzepte. Stuttgart

Lang-von Wins, T. (2003): Die Kompetenzhaltigkeit von Methoden moderner psychologischer Diagnostik-, Personalauswahl- und Arbeitsanalyseverfahren sowie aktueller Management-Diagnostik-Ansätze. In: Erpenbeck, J./Rosenstiel, L. v. (Hrsg.), 585–618

Lelgemann, R. (2000): Zur Bedeutung von Arbeit für Menschen mit sehr schweren Körperbehinderungen. In: impulse Nr. 15. http://bidok.uibk.ac.at/library/imp15-00-koerper.html (Stand: 23.08.12)

Lelgemann, R. (2009): Leben ohne Erwerbsarbeit – zur Situation von Menschen mit Beeinträchtigungen in einer Arbeitsgesellschaft. In: Stein, R./Orthmann Bless, D. (Hrsg.), 214–236

Lindmeier, B. (2008). Wohnen heißt zu Hause sein: neue Herausforderungen in der Wohnbegleitung meistern. URL: http://www.lebenshilfe.de/wDeutsch/aus_fachlicher_sicht/downloads/VAWohnbegleitung/Lindmeier.pdf (Stand: 26.08.2012)

Lindmeier, B./Lindmeier, C. (2006): Aufbau und Entwicklung der Pädagogik bei geistiger Behinderung von 1950–1989 in der BRD. In: Wüllenweber, E./Theunissen, G./Mühl, H. (Hrsg.), 41–52

Lindmeier, C. (2000): Heilpädagogische Professionalität. In: Sonderpädagogik, H. 3, 166–180

Lindmeier, C. (2005): »Supported living« – ein Konzept zur Realisierung des privaten Wohnens von Menschen mit Lernschwierigkeiten. Würzburg. http://web19.server34.campusspeicher.de/wuesl2008.de/assi_pd2005_05_04_lindmeier.pdf (Stand: 13.01.2012)

Lindmeier, C. (2009a): Teilhabe und Inklusion. In: Teilhabe, H.1, 4–10

Lindmeier, C. (2009b): Lebenswelt- und Biographieorientierung in der Arbeit mit erwachsenen und alten Menschen mit Behinderung. In Stein, R./Orthmann Bless, D. (Hrsg.): Lebensgestaltung bei Behinderungen und Benachteiligungen im Erwachsenenalter und Alter, 88–117

Loeken, H. (2000): Spannungsfelder sonderpädagogischer Professionalität. In: Albrecht, F./Hinz, A./Moser, V. (Hrsg.): Perspektiven der Sonderpädagogik. Neuwied, 199–210

Loeken, H. (2005): Assistenz statt Pädagogik? Professionelle Entwicklungen in der außerschulischen Sonderpädagogik. In: Horster, D./Hoyningen-Süess, U./Liesen, C. (Hrsg.), 119–132

Loeken, H. (2006): Persönliches Budget für behinderte und pflegebedürftige Menschen im europäischen Vergleich. In: Aha e. V./Windisch, M. (Hrsg.), 30–41

Loeken, H. (2009): Das außerschulische Behindertenhilfesystem. In: Moser, V. (o. A.) (Hrsg.): Enzyklopädie Erziehungswissenschaft Online. Weinheim/München DOI 10.3262/EEO11090025 .<http://www.erzwissonline.de/?bui#> (Stand: 03.07 2012)

Loeken, H. (2010): Sonder- und Sozialpädagogik – Abgrenzung und Annäherung. In: Thole, W. (Hrsg.), 361–365

Loeken, H./Windisch, M. (2005): Unterstützungsbündnis als Weg in der sozialen Arbeit mit behinderten Menschen – Veränderung von Machtstrukturen durch professionelle Neuorientierung. In: Zeitschrift für Heilpädagogik, H. 5, 193–199

Loeken, H./Windisch, M. (2006a): Junge Menschen mit Behinderung in der kommunalen Jugendbildung. In: Sozial Extra, H. 5, 40–45

Loeken, H./Windisch, M. (2006b): Inklusive außerschulische Bildung für Jugendliche und junge Erwachsene. In: Platte, Andrea/Seitz, Simone/Terfloth, Karin (Hrsg.): Inklusive Bildungsprozesse. Bad Heilbrunn, 222–226

Loeken, H./Windisch, M. (2008): Pädagogische Professionalisierung in der außerschulischen Behindertenhilfe. In: neue praxis, H. 2, 201–211

Loeken, H./Windisch, M. (2009a): Berufliche Kompetenzanforderungen in der Sozialen Arbeit/Pädagogik bei Behinderung. Ergebnisse einer empirischen Untersuchung. In: neue praxis, H. 3, 252–267

Loeken, H./Windisch, M. (2009b): Unterstützerkreise (Circles of Support) als Netzwerkstrategie im ambulant unterstützten Wohnen für Menschen mit Behinderung zur Förderung ihrer Teilhabe. In: Börner, S./Glink, A./Jäpelt, B./Sanders, D./Sasse, A. (Hrsg.): Integration im vierten Jahrzehnt. Bad Heilbrunn, 96–104

Loeken, H./Windisch, M. (2010): Gemeinwesenorientiertes Unterstützungsmanagement. In: Stein, A.-D./Krach, S./Niediek, I. (Hrsg.): 97–107

Maas, T. (2006): Community Care in der Evangelischen Stiftung Alsterdorf. In: Theunissen, G./Schibort, K. (Hrsg.), 141–169
Mattner, Dieter (2000): Behinderte Menschen in der Gesellschaft. Stuttgart
Matzdorf, P./Cohn, R. (1992): Das Konzept der Themenzentrierten Interaktion. In: Löhmer, C./Standhardt, R. (Hrsg.): Themenzentrierte Interaktion. Stuttgart, 39–92
Mayrhofer, H./Raab-Steiner, E. (2007a): Kompetenzprofile von SozialarbeiterInnen. In: Sozial Extra, H. 7/8, 6–9
Mayrhofer, H./Raab-Steiner, E. (2007b): Wissens- und Kompetenzprofile von SozialarbeiterInnen. Bd. 3 der Schriftenreihe des Departments für Soziale Arbeit der FH Campus Wien. Wien
Mayring, P. (2007): Qualitative Inhaltsanalyse – Grundlage und Techniken. 9. Auf., Weinheim u. a.
Mertens, D. (1974): Schlüsselqualifikationen. Thesen zur Schulung für eine moderne Gesellschaft. In: Mitteilungen aus der Arbeitsmarkt- und Berufsforschung, 7, 36–43
Metzler, H./Rauscher, C (2008): Selbstbestimmte Teilhabe sichern. Projektbericht des Projekts: »Wohnen in der Gemeinde – Hilfemix ehrenamtlicher und professioneller Assistenzkräfte«. Stuttgart
Metzler, H./Wacker, E. (2005): Behinderung. In: Otto, H.-U./Thiersch, H. (Hrsg.): Handbuch Sozialarbeit/Sozialpädagogik. München, 118–139
MOBILE – Selbstbestimmtes Leben Behinderter e. V./Zentrum für selbstbestimmtes Leben Köln (Hrsg.) (2001): Handbuch selbstbestimmtes Leben mit Persönlicher Assistenz. Ein Schulungskonzept für Persönliche AssistentInnen. Band B. Neu-Ulm
Montada, L. (1997): Behinderungen auf dem Arbeitsmarkt. In: Niehaus, M./Montada, L. (Hrsg.): Behinderte auf dem Arbeitsmarkt. Wege aus dem Abseits. Frankfurt a. M., 3–17
Moser, V./Sasse, A. (2008): Theorien der Behindertenpädagogik. München
Moser, V./Schäfer, L./Jakob, S. (2010): Sonderpädagogische Kompetenzen, »beliefs« und Anforderungssituationen in integrativen Settings. In: Stein, A.-D./Krach, S./Niediek, I. (Hrsg.), 235–244
Müller, B. (2002): Sozialpädagogische Interaktions- und Klientenarbeit. In: Otto, H.-U./Rauschenbach, T./Vogel, P. (Hrsg.): Erziehungswissenschaft: Professionalität und Kompetenz. Opladen, 79–90
Mugabushaka, A.-M. (2004): Schlüsselqualifikationen im Hochschulbereich. Eine diskursanalytische Untersuchung der Modelle, Kontexte und Dimensionen in Deutschland und Großbritannien. (Diss.) Kassel
Muth, J. (2009): Zur bildungspolitischen Dimension der Integration. In: Eberwein, H./Knauer, S. (Hrsg.): Integrationspädagogik. 7. Aufl., Weinheim/Basel, 38–45

Nek, S. v. (2006): Frühförderung – erste Hilfen für Kind und Eltern. In: Wüllenweber, E./Theunissen, G./Mühl, H. (Hrsg.), 264–280
Netzwerk Artikel 3 (2010): UN-Behindertenrechtskonvention: Schattenübersetzung http://www.netzwerk-artikel-3.de/attachments/093_schattenuebersetzung-endgs.pdf (Stand: 22.08.2012)
Neubert. A. (2009): Leitkategorie: Soziale Kompetenz. Frankfurt a. M.
Niediek, I. (2010): Über die Herausforderung, Person und Sozialraum gleichzeitig zu denken. In: Stein, A.-D./Krach, S./Niediek, I. (Hrsg.), 89–96
Niehaus, M. (1997): Barrieren gegen die Beschäftigung langfristig arbeitsloser Behinderter. In: Niehaus, M./Montada, L. (Hrsg.): Behinderte auf dem Arbeitsmarkt. Wege aus dem Abseits. Frankfurt a. M., 28–53
Niehaus, M. (2007): Arbeiten unter erschwerten Bedingungen – Frauen mit Behinderungen. In: Cloerkes, G./Kastl, J. M. (Hrsg.): Leben und Arbeiten unter erschwerten Bedingungen. Heidelberg, 171–186
Niehoff, U. (2003): Einführende Überlegungen zum Handeln der Begleiter. In: Bundesvereinigung Lebenshilfe für Menschen mit geistiger Behinderung e. V. (Hrsg.), 171–175
Nieke, W. (2002): Kompetenz. In: Otto, H.-U./Rauschenbach, Th./Vogel, P. (Hrsg.): Erziehungswissenschaft: Professionalität und Kompetenz. Opladen, 13–28

Nieke, W. (2006): Professionelle pädagogische Handlungskompetenz zwischen Qualifikation und Bildung. In: Rapold, M. (Hrsg.): Pädagogische Kompetenz, Identität und Professionalität. Baltmannsweiler, 35–50
Noack, W. (1999): Gemeinwesenarbeit. Freiburg i. Br.

Oeschlägel, D. (2007): Strategiediskussion in der Sozialen Arbeit und das Arbeitsprinzip Gemeinwesenarbeit. In: Hinte, W./Lüttringhaus, M./Oelschlägel, D., 57–77
Opp, G. (1998): Reflexive Professionalität. Neue Professionalisierungstendenzen im Arbeitsfeld der Kinder- und Jugendhilfe. In: Zeitschrift für Heilpädagogik, H. 4, 148–158.
Orthmann Bless, D. (2009): Frühe Hilfen bei Behinderungen und Benachteiligungen. Eine Einführung. In: Stein, R./Orthmann Bless, D. (Hrsg.): Frühe Hilfen bei Behinderungen und Benachteiligungen. Baltmannsweiler, 16–30
Osbahr, S. (2000): Selbstbestimmtes Leben von Menschen mit einer geistigen Behinderung. Luzern

Pitsch, Hans-Jürgen (2006): Normalisierung. In: Wüllenweber, E./Theunissen, G./Mühl, H. (Hrsg.), 224–236
Pothmann, J. (2002): Kinder- und Jugendarbeit im Bundesländervergleich. Arbeitsstelle Kinder- und Jugendhilfestatistik, Fachbereich Erziehungswissenschaft und Soziologie, Institut für Sozialpädagogik, Erwachsenenbildung und Pädagogik der frühen Kindheit. Universität Dortmund
Prengel, A. (2006): Pädagogik der Vielfalt. 3. Aufl., Wiesbaden
Puhr, K. (2009): Inklusion und Exklusion im Kontext prekärer Ausbildungs- und Arbeitsmarktchancen. Biografische Portraits. Wiesbaden

Rauch, A. (2005): Behinderte Menschen auf dem Arbeitsmarkt. In: Bieker, R. (Hrsg), 25–43
Rauschenbach, T. (2002): Sozialarbeiter/-innen und Sozialpädagogen/-innen. In: Fachlexikon der sozialen Arbeit. 5. Aufl., Frankfurt a. M., 838–841
Rauschenbach, T./Züchner, I. (2004): Das Ende der Erfolgsgeschichte? Zur Zukunft pädagogisch-sozialer Berufe. In: Krüger, H.-H./Rauschenbach, T. (Hrsg.): Pädagogen in Studium und Beruf. Empirische Bilanzen und Zukunftsperspektiven. Wiesbaden, 277–295
Reiser, H. (1998): Sonderpädagogik als Service-Leistung? In: Zeitschrift für Heilpädagogik, 49, 46–54
Rock, K. (2001): Sonderpädagogische Professionalität unter der Leitidee der Selbstbestimmung. Bad Heilbrunn
Rödl, T. (2001): Selbstvertretung von Menschen mit geistiger Behinderung in Wohnheimen. Unveröffentl. Diplomarbeit am Fachbereich Sozialwesen der Universität Kassel. Kassel
Röh, D. (2009): Soziale Arbeit in der Behindertenhilfe. München
Rohrmann, A. (2007): Offene Hilfen und Individualisierung. Bad Heilbrunn
Rohrmann, A. (2010): Herausforderungen für die Gestaltung eines inklusiven Gemeinwesens. In: Stein, A.-D./Krach, S./Niediek, I. (Hrsg.), 63–77
Rohrmann, A./Schädler, J./Mc Govern, K. (2000): Chancen und Hindernisse der Offenen Behindertenhilfe am Beispiel Familienunterstützender Dienste. In: Geistige Behinderung, H. 2, 150–164
Rohrmann, A./Schädler, J. (2006): Individuelle Hilfeplanung und Unterstützungsmanagement. In: Theunissen, G./Schirbort, K., 230–247
Rohrmann, A./Schädler, J./Althaus, N./Barth, C. (2011): Evaluationsprojekt PerSEH. Abschlussbericht zur Evaluation der Erprobung der ›Personenzentrierten Steuerung der Eingliederungshilfe in Hessen‹ (PerSEH). Zentrum für Planung und Evaluation Sozialer Dienste der Universität Siegen. Internet: http://www.uni-siegen.de/zpe/projekte/aktuelle/perseh/pdf/abschlussbericht_perseh.pdf (Stand: 14.08.2012)

Salustowicz, P. (2009): Soziale Arbeit und Empowerment – einige kritische Bemerkungen zur Suche nach einer politischen Sozialen Arbeit. In: Böllert, K./Hansbauer, P./Hasenjünger, B./Langenohl, S. (Hrsg.): Die Produktivität des Sozialen – den sozialen Staat aktivieren. Wiesbaden, 187–195

Schablon, K.-U. (2009): Community Care: Professionell unterstützte Gemeinweseneinbindung erwachsener geistig behinderter Menschen. Marburg/L.
Schachler, V. (2010): Kompetenzanforderungen an SozialpädagogInnen/SozialarbeiterInnen in der außerschulischen Behindertenhilfe. Unveröffentlichte Bachelorarbeit am Institut für Sozialwesen der Universität Kassel. Kassel
Schädler, J. (2002): Stagnation oder Entwicklung der Behindertenhilfe. Chancen eines Paradigmenwechsels unter Bedingungen institutioneller Beharrlichkeit (Diss.). Universität Siegen
Schädler, J. (2007): Offene Hilfen. In: Theunissen, G./Kulig, W./Schirbort, K. (Hrsg.):, 244–245
Schädler, J./Rohrmann, A. (2009): Szenarien zur Modernisierung in der Behindertenhilfe. In: Teilhabe, H. 2, 68–75
Schäfers, M./Wansing, G. (2009): Familienunterstützende Hilfe. Konzept Familienunterstützende Hilfen (FUH) – Alternativen zum Betreuten Wohnen für Menschen mit Behinderungen. Abschlussbericht im Auftrag des Landschaftsverbands Westfalen-Lippe. Technische Universität Dortmund. http://www.lwl.org/spur-download/fuh/fuh_bericht_gesamt.pdf (Stand: 20.08.2012)
Schaeper, H./Minks, K.-H. (2002): Studium und Berufseintritt von Absolventinnen und Absolventen des Sozialwesens und der Heilpädagogik. Eine Untersuchung an der Evangelischen Fachhochschule Hannover. Kurzinformation HIS, 7, A 6/2002. Hannover: HIS, Hochschul-Informations-System. http://www.his.de/pdf/pub_kia/kia200206.pdf (Stand: 13.01.2012)
Schartmann, D. (2005): Betriebliche Integration durch Integrationsfachdienste. In: Bieker, R. (Hrsg.), 258–281
Schmitz, J. (1991): »sich überflüssig machen.« Anforderungen und Arbeitsprinzipien bei der Unterstützung von Selbsthilfegruppen. In: Balke, K./Thiel, W. (Hrsg.), 52–60
Schlummer, W. (2011): Empowerment – Grundlage für erfolgreiche Mitwirkung und Teilhabe. In: Kulig, W., Schirbort, K., Schubert, M. (Hrsg.), 31–46
Schüller, S. (2009): Integrationsfachdienste und assistierende Hilfen. In: Stein, R./Orthmann Bless, D. (Hrsg.), 88–108
Schumann, M. (2007): Quo vadis? – Zur Berufseinmündung von Diplom-HeilpädagogInnen im Land Berlin. In: BHP (Berufsverband der Heilpädagoginnen und Heilpädagogen – Fachverband für Heilpädagogik) (Hrsg.): Jahrbuch Heilpädagogik 2007, 109–161
Schwendy, A./Senner, A. (2005): Integrationsprojekte – Formen der Beschäftigung zwischen allgemeinem Arbeitsmarkt und Werkstatt für behinderte Menschen. In: Bieker, R. (Hrsg.), 296–312
Seeling, C. (2004a): FH oder Uni? Sozialpädagogische Qualifikationsprofile im Vergleich. In: Krüger, H.-H./Rauschenbach, T. (Hrsg.), 109–130
Seeling, C. (2004b): Homogenisierte Vielfalt. Diplomierte SozialpädagogInnen auf dem Arbeitsmarkt. In: Krüger, H.-H./Rauschenbach, T. (Hrsg.), 131–158
Seidel, G./Grabow, S./Schultze, A. (1996): Methodische Prinzipien des Unterstützungsmanagements. In: Wissert, M. u. a.: Ambulante Rehabilitation alter Menschen: Beratungshilfen durch das Unterstützungsmanagement. Freiburg i. Br., 136–151
Seifert, M. (2006): Pädagogik im Bereich des Wohnens. In: Wüllenweber, E./Theunissen, G./Mühl, H. (Hrsg.), 376–393
Seifert, M. (2010): Das Gemeinwesen mitdenken – Herausforderungen für die Behindertenhilfe. In: Stein, A.-D./Krach, S./Niediek, I. (Hrsg.), 32–50
Seifert, M./Fornefeld, B./Koenig, P. (2001): Zielperspektive Lebensqualität. Eine Studie zur Lebenssituation von Menschen mit schwerer Behinderung im Heim. Bielefeld
Sommerfeld, P./Hüttemann, M. (Hrsg.) (2007): Evidenzbasierte Soziale Arbeit. Nutzung von Forschung in der Praxis. Baltmannsweiler
Speck, O. (1998): System Heilpädagogik. München
Spiegel, H. v. (2005): Methodisches Handeln und professionelle Handlungskompetenz im Spannungsfeld von Fallarbeit und Management. In: Thole, W. (Hrsg.): Grundriss Soziale Arbeit. 2. Aufl., Wiesbaden, 589–602
Spiegel, H. v. (2008): Methodisches Handeln in der Sozialen Arbeit. Grundlagen und Arbeitshilfen für die Praxis. 3.Aufl., München u. a.

Literatur

Stark, W. (1996): Empowerment. Freiburg i.Br.
Statistisches Bundesamt (2009): Statistik der Sozialhilfe. Eingliederungshilfe für behinderte Menschen. Wiesbaden
Stein, A. (2007): Was ist Community Living? Probleme und Handlungsperspektiven. In: Soziale Psychiatrie, H. 1, 8–12
Stein, A.-D./Krach, S./Niediek, I. (Hrsg.) (2010): Integration und Inklusion auf dem Weg ins Gemeinwesen. Bad Heilbrunn
Stein, R./Orthmann Bless, D. Hrsg. (2009): Integration in Arbeit und Beruf bei Behinderungen und Benachteiligungen. Baltmannsweiler
Steiner, G. (2001): Einführung: Selbstbestimmung und Persönliche Assistenz. In: MOBILE – Selbstbestimmtes Leben Behinderter e. V./Zentrum für selbstbestimmtes Leben Köln (Hrsg.), 25–45
Stinkes, U. (2000): Selbstbestimmung – Vorüberlegungen zur Kritik einer modernen Idee. In: Bundschuh, K. (Hrsg.): Wahrnehmen – Verstehen – Handeln. Bad Heilbrunn, 169–192
Stinkes, U. (2006): Skizzen zum Auseinanderdriften von ökonomischer Entwicklung und sozialer Integration – mit solidarisch-kritischen Anfragen an eine (Inklusions)Pädagogik. In: Dederich, M./Greving, H./Mürner, C./Rödler, P. (Hrsg.): Inklusion statt Integration? Heilpädagogik als Kulturtechnik. Gießen, 157–179

Terfloth, K. (2007): Auf Kommunikation kommt es an – Inklusion und Exklusion aus soziologischer Sicht. In: Ev. Landeskirche et al. (Hrsg.): Christliche Spiritualität gemeinsam leben und feiern. Praxisbuch zur inklusiven Arbeit in Diakonie und Gemeinde. Stuttgart, 46–88
Thesing, T. (2009): Betreute Wohngruppen und Wohngemeinschaften für Menschen mit einer geistigen Behinderung. 4. Aufl., Freiburg i. Br.
Theunissen, G. (2001a): Die Indepent Living Bewegung. Empowerment-Bewegungen machen mobil (I). http://bidok.uibk.ac.at/library/beh3-4-01-theunissen-independent.html (Stand: 13.01.2012)
Theunissen, G. (2001b): Die Self-Advocacy Bewegung. Empowerment-Bewegungen machen mobil (II). http://bidok.uibk.ac.at/library/beh3-4-01-theunissen-self-advocacy.html (Stand: 13.01.2012)
Theunissen, G. (2001c): Begleitung ohne Engagement genügt nicht – assistierende Hilfen im Lichte von Empowerment. In: Theunissen, G. (Hrsg.): Verhaltensauffälligkeiten – Ausdruck von Selbstbestimmung? Bad Heilbrunn, 255–285
Theunissen, G. (Hrsg.) (2001d): Verhaltensauffälligkeiten – Ausdruck von Selbstbestimmung? 2. Aufl., Bad Heilbrunn
Theunissen, G. (2002): Empowerment und Heilpädagogik. In: Zeitschrift für Heilpädagogik, H. 5, 78–182
Theunissen, G. (2003): Empowerment und Professionalisierung unter besonderer Berücksichtigung der Arbeit mit Menschen, die als geistig behindert gelten. In: Heilpädagogik online H. 4. http://www.sonderpaedagoge.de/hpo/heilpaedagogik_online_0403.pdf (Stand: 05.03.2012)
Theunissen, H. (2005a): Wege aus der Hospitalisierung. 3. Aufl., Bonn
Theunissen, G. (2005b): Empowerment als Handlungsorientierung für die Arbeit mit schwerstbehinderten Menschen. http://www.lebenshilfe.de/wData/downloads/aus_fachlicher_sicht/Theunisse-Empowerment.pdf (Stand: 22.08.2012)
Theunissen, G. (2006a): Geistigbehindertenpädagogik in der DDR. In: Wüllenweber, E./Theunissen, G./Mühl, H. (Hrsg.) (2006), 30–40
Theunissen, G. (2006b): Zeitgemäße Wohnformen – Soziale Netze – Bürgerschaftliches Engagement. In: Theunissen, G./Schirbort, K. (Hrsg.) (2006), 59–96
Theunissen, G. (2006c): Beratung – Krisenmanagement – Unterstützungsmanagement. In: Theunissen, G./Schirbort, K. (Hrsg.) (2006), 193–229
Theunissen, G. (2009): Empowerment und Inklusion behinderter Menschen. 2. Aufl., Freiburg i.Br.
Theunissen, G./Schirbort, K. (2006): Inklusion von Menschen mit geistiger Behinderung. Stuttgart

Theunissen, G./Kulig, W./Schirbort, K. (Hrsg.) (2007): Handlexikon Geistige Behinderung. Stuttgart
Theunissen, G./Wüllenweber, E. (Hrsg.) (2009): Zwischen Tradition und Innovation. Marburg/L.
Thiersch, H. (2002): Sozialpädagogik – Handeln in Widersprüchen? In: Otto, H.-U./Rauschenbach, T./Vogel, P. (Hrsg.): Erziehungswissenschaft: Professionalität und Kompetenz. Opladen, 209–222
Thiel, W. (1991): Ethik, Methode, Beruf. Die Gratwanderung professioneller Selbsthilfegruppen-Unterstützung. In: Balke, K./Thiel, W. (Hrsg.), 27–52
Thimm, W. u. a. (1997): Quantitativer und qualitativer Ausbau ambulanter Familienentlastender Dienste (FeD). Baden-Baden
Thimm, W. (1994): Das Normalisierungsprinzip: eine Einführung. 5. Aufl., Marburg/L.
Thimm, W. (1997): Kritische Anmerkungen zur Selbstbestimmungsdiskussion in der Behindertenpädagogik. In: Zeitschrift für Heilpädagogik, H. 6, 222–232
Thimm, W. (2001): Leben in Nachbarschaften – Struktur und Konzeption eines gemeindenahen Systems besonderer pädagogischer Förderung. In: Zeitschrift für Heilpädagogik, H. 9, 354–359
Thimm, W. (Hrsg.) (2008): Das Normalisierungsprinzip. Ein Lesebuch zu Geschichte und Gegenwart eines Reformkonzepts. 2. Aufl., Marburg/L.
Thimm, W./Wachtel, G. (2002): Familien mit behinderten Kindern: Wege der Unterstützung und Impulse zur Weiterentwicklung regionaler Hilfesysteme. Weinheim
Thole, W. (Hrsg.) (2010): Grundriss Soziale Arbeit. 3. Aufl., Wiesbaden
Thole, W./Küster-Schapfl, E.-U. (1996): Erfahrung und Wissen – Deutungsmuster und Wissensformen von Diplompädagogen und Sozialpädagogen in der außerschulischen Kinder- und Jugendarbeit. In: Zeitschrift für Pädagogik, H. 6, 831–851
Thole, W./Küster-Schapfl, E.-U. (1997): Sozialpädagogische Profis. Beruflicher Habitus, Wissen und Können von PädagogInnen in der außerschulischen Kinder- und Jugendarbeit. Opladen
Trojan, A. (Hrsg.) (1986): Wissen ist Macht. Eigenständig durch Selbsthilfe in Gruppen. Frankfurt a. M.

Urban, W. (1995): Anforderungen an Ambulante Dienste für Menschen mit geistiger Behinderung. In: Windisch, M./Miles-Paul, O. (Hrsg.), 59–81

Vereinte Nationen (2006): Übereinkommen über die Rechte von Menschen mit Behinderungen. http://www.alle-inklusive.behindertenbeauftragte.de/cln_108/nn_1387894/SharedDocs/Downloads/DE/AI/BRK,templateId=raw,property=publicationFile.pdf/BRK.pdf (Stand: 23.08.2012)

Wachtel, G. (2002a): Regionale Angebotsstrukturen. In: Thimm, W./Wachtel, G. (Hrsg.), 52–73
Wachtel, G. (2002b): Zusammenfassung ausgewählter Ergebnisse der Angebotserhebung sowie der Elternbefragung. In: Thimm, W./Wachtel, G. (Hrsg.), 182–190
Wachtel, G. (2007): Familienentlastender/Familienunterstützender Dienst. In: Theunissen, G./Kulig, W./Schirbort, K. (Hrsg.), 114–115
Wacker, E. (1995): Familie als Ort der Pflege. In: Geistige Behinderung, H. 1, 19–35
Wacker, E. (2001): Wohn-, Förder- und Versorgungskonzepte für ältere Menschen mit geistiger Behinderung – ein kompetenz- und lebensqualitätsorientierter Ansatz. In: Deutsches Zentrum für Altersfragen (Hrsg.): Expertisen zum dritten Altenbericht der Bundesregierung. Band 5. Versorgung und Förderung älterer Menschen mit geistiger Behinderung. Opladen, 43–121
Wacker, E./Wansing, G./Schäfers, M. (2005): Personenbezogene Unterstützung und Lebensqualität. Teilhabe mit einem Persönlichen Budget. Wiesbaden
Wacker, E./Wetzler, R./Metzler, H./Hornung, C. (1998): Leben im Heim. Angebotsstrukturen und Chancen selbständiger Lebensführung in Wohneinrichtungen der Behindertenhilfe. Baden-Baden

Waldschmidt, A. (1999): Selbstbestimmung als Konstruktion. Opladen
Waldschmidt, A. (2003): Selbstbestimmung als behindertenpolitisches Paradigma – Perspektiven der Disability Studies. In: Bundeszentrale für politische Bildung (Hrsg.): Aus Politik und Zeitgeschichte, B8, Beilage zur Wochenzeitung Das Parlament, 17. Februar 2003. Bonn
Waldschmidt, A. (2005): Disability Studies: Individuelles, soziales und/oder kulturelles Modell von Behinderung? In: Psychologie und Gesellschaftskritik, H. 1, 9–31
Waldschmidt, A. (2006): Brauchen die Disability Studies ein »kulturelles Modell« von Behinderung? In: Hermes, G./Rohrmann, E. (Hrsg.): »Nichts über uns – ohne uns!«. Disability Studies als neuer Ansatz emanzipatorischer und interdisziplinärer Forschung über Behinderung. Neu-Ulm, 83–96
Wansing, G. (2005). Teilhabe an der Gesellschaft: Menschen mit Behinderung zwischen Inklusion und Exklusion. Wiesbaden
Wansing, G. (2012): Der Inklusionsbegriff in der Behindertenrechtskonvention. In: Welke, A. (Hrsg.): UN-Behindertenrechtskonvention mit rechtlichen Erläuterungen. Berlin, 93–103
Weinert, F. E. (2002): Leistungsmessungen in Schulen. 2. Aufl., Weinheim u. a.
Weiß, H./Neuhäuser, G./Sohns, A. (2004): Soziale Arbeit in der Frühförderung. München
WHO (World Health Organization/Weltgesundheitsorganisation) (2011): ICF-CY. Internationale Klassifikation der Funktionsfähigkeit, Behinderung und Gesundheit bei Kindern und Jugendlichen, Übersetzt und herausgegeben von Judith Hollenweger und Olaf Kraus de Camargo unter Mitarbeit des Deutschen Instituts für Medizinische Dokumentation und Information (DIMDI). Bern
Windisch, M. (2004): Assistenzorientierung in der sozialen Arbeit mit behinderten Menschen. In: Gemeinsam leben, H. 2, 64–70
Windisch, M. (2006): Persönliches Budget als neue Form sozialer Leistungen. In: Aha e. V./Windisch, M. (Hrsg.), 9–14
Windisch, M. (2012): Soziale Teilhabe von Erwachsenen mit kognitiven Beeinträchtigungen – Untersuchungsergebnisse zu persönlichen Netzwerken beim Wohnen mit ambulanter Unterstützung und in Herkunftsfamilien (unter Mitarbeit von Viviane Schachler). Unveröffentlichtes Publikationsmanuskript. Kassel
Windisch, M./Miles-Paul, O. (Hrsg.) (1995): Offene Hilfen. Kassel
Windisch, M./Pasquay, N./Bubenheim, D. (1989): Beschäftigungssituation und -perspektiven von Sozialarbeitern/Sozialpädagogen. Ergebnisse einer regionalen Befragung von Anstellungsträgern. In: neue praxis, H. 1, 38–54
Wohlfahrt, N./Breitkopf, H. (1995): Selbsthilfegruppen und Soziale Arbeit. Eine Einführung für Soziale Berufe. Freiburg i. Br.
Wüllenweber, E./Theunissen, G./Mühl, H. (Hrsg.) (2006): Pädagogik bei geistigen Behinderungen. Stuttgart
Züchner, I./Cloos, P. (2010): Das Personal der Sozialen Arbeit. Größe und Zusammensetzung eines schwer zu vermessenden Feldes. In: Thole, W. (Hrsg.), 933–954

Sachwortverzeichnis

A

advokatorische Intervention 35, 41
Akademisierung 12, 72, 73, 74, 75, 78
Ambulant Betreutes Wohnen 61, 64, 80, 96, 97, 108, 115, 117, 126
ambulante Dienste 39, 40, 58, 60
Ambulantisierung 34, 63, 64
Analysekompetenz 87, 118, 123
Anleitungskompetenz 39, 40
Arbeit 21, 31, 54, 63, 65, 66, 69, 101, 108, 109
arbeitsbezogene Hilfen 12, 55, 65, 96, 101
Arbeitsbündnis Soziale Arbeit 47, 83
Assistenz 23, 24, 31, 35, 38, 39, 40, 41, 42, 43, 44, 46, 60, 92, 126
– Anleitungskompetenz 39, 40
– dialogische 35, 43, 44, 45
– direkte 39
– facilitatorische 45
– Finanzkompetenz 39, 40
– indirekte 39, 40
– lebenspraktische 45
– lernzielorientierte 45
– Organisationskompetenz 39, 99
– Personalkompetenz 40
– persönliche 38, 41, 43, 44, 58, 60, 77, 87, 95, 96, 98, 117, 125
– sozialintegrierende 45
Assistenzformen 35
Assistenzmodell 44
Assistenznehmer 39, 40, 60, 98
Assistenzrolle 44, 45
Autonomie 23, 25, 27, 32, 47, 51, 89, 90, 94, 125
– pädagogischer Fachkräfte 94

B

Begleitperson 43, 44
Begleitung 46
– dialogische 43, 44
– pädagogische 36

– psychosoziale 126
Behindertenbewegung 11, 14, 37, 105
– politische 30, 41
Behindertenhilfe 18, 23, 27, 28, 34, 35, 36, 37, 41, 48, 53, 55, 62, 65, 72, 73, 75, 78, 80, 94, 103, 106, 114, 118, 124, 127
– DDR 19
– hessische 76, 77
– pädagogische 44
– pädagogische Fachkräfte 88, 95
– Qualifikationsstruktur 12, 72, 73
– Träger 75, 76, 94, 103, 114, 117, 118
Behindertenpädagogik 12, 24, 84
Behindertenrechtskonvention 12, 17, 31, 35
Behinderung 14, 15, 16, 17, 31, 35, 53, 82
– Grad der Behinderung (GdB) 17, 66
– Selbsthilfebewegung 18, 23, 51
– Sozialrecht 95, 96, 99, 102
– soziologische Sicht 15
Behinderungsverständnis 11, 14
Beratungskompetenz 83, 97, 98, 99, 100, 103, 118, 119, 127
berufliche Bildung 69, 71
Berufsbildungsbereich 69, 110
Berufsbildungswerk 71
Berufsförderungswerk 71
Berufspädagogik 87
Bezugsperson 44
Bildungsfähigkeit 19
Bildungsstandards 83, 87
Biografiearbeit 36

D

DDR, Behindertenhilfe 19
Deinstitutionalisierung 18, 21
Deutscher Bildungsrat 29
Deutsches Institut für Menschenrechte 31
dialogische Begleitung 35, 43, 44
Dienste, ambulante 53, 58, 60, 77
Disability Studies 14
Diversity 30, 32

E

Eigeninitiative 34
Eingliederungshilfe 34, 36, 56, 62, 63, 65
Elterninitiative 29
Empowerment 27, 34, 37, 41, 44, 48, 50, 116, 118, 122, 124
Empowerment-Konzept 28
Enthospitalisierung 11, 18, 21
Entpädagogisierung 25
Entprofessionalisierung 34
Entwicklungsdiagnostik 36, 55, 100
Erlebnispädagogik 36
Evaluationskompetenz 87
Exklusion 29, 33

F

Fachkompetenz 87, 88
Fachkräfte, Bedarfsentwicklung 80
Fachwissen 87, 100, 102, 111, 112, 114, 120, 121, 126
Fallkompetenz 87
familienentlastender Dienst (FeD) 12, 53, 58, 96, 99
familienunterstützender Dienst (FuD) 59, 95, 96, 99
Finanzkompetenz 39, 40
Förderdiagnostik 36
Fördermethoden, Motorik und Wahrnehmung 36
Förderplanung 36, 100, 106
Fremdbestimmung 23, 37, 41, 42, 46, 92, 125
Frühförderung 55, 80, 95, 100, 117
Fürsprecherfunktion 45

G

GdB, Grad der Behinderung 17, 66
geistige Behinderung, Menschen mit 19, 22, 24, 29, 34, 35, 41, 54, 61, 64, 90, 92, 108, 126
Gemeinwesenbezug 18
Gemeinwesenorientierung 33, 37, 49, 50

H

Handlungsmodell, personenzentrierte Hilfen 125
Heilpädagogik 125
Hilfebedarf, Menschen mit 35, 49, 50, 51, 61, 64

Hilfen
- arbeitsbezogene 53, 55, 65, 95
- Offene 53, 55, 57, 78, 98, 125
- personenbezogene soziale 35, 37
- personenzentrierte 36, 47, 48, 125
- wohnbezogene 55, 61, 65, 78, 95, 96, 97, 108, 126
Hilfeplanung, individuelle 49

I

ICF
- Klassifikation WHO 17, 31, 124
- Komponenten 16
individuelle Hilfeplanung 36, 49, 58
individuelle Teilhabeplanung 36, 47, 48, 125
Inklusion 29, 38, 41, 48, 60, 61, 63, 83, 106, 125
- Bürgerrecht 31
- Menschenrecht 31
Inklusive Pädagogik 30
institutionenorientierte Hilfeleistung 35, 36, 38
Integration 18, 29, 37, 60, 68, 70, 83, 101, 102
Integrationsabteilung 70
Integrationsamt 67, 68, 101
Integrationsbewegung 12, 124
Integrationsfachdienst (IFD) 53, 68, 95, 96, 101
Integrationsfirma 70
Integrationskonzept 30
Integrationspädagogik 30
Integrationsprojekt 70, 71
Interaktionskompetenz 87
Intervention
- advokatorische 35, 41
- pädagogische 36, 92

K

Kindertageseinrichtung 30, 57, 75
Kommunikationskompetenz 87
Kompetenz 39, 43, 45, 60, 82, 124, 126, 127
- Allroundkompetenz 94
- Analysekompetenz 87, 118, 123
- berufliche 82, 84, 85, 86, 88, 91, 94, 95, 102, 105, 107, 113, 124
- Evaluationskompetenz 87
- Fachkompetenz 87, 88
- Fachwissen 88, 100, 102, 108, 111, 112, 114, 120, 121

- Fallkompetenz 87
- Ganzheitlichkeit 36, 51, 86
- Generalisierung 86
- Methodenkompetenz 117
- Objektorientierung 86
- Performanz 13, 84, 88, 120, 127
- persönliche 113
- Planungskompetenz 118, 119
- Professionalität 35, 82, 127
- Reflexionskompetenz 97, 113
- Sachkompetenz 87
- Selbstkompetenz 87, 88, 100, 104, 113
- Selbstorganisation 38, 86, 99, 101, 104
- Sicht von Trägern 94, 95, 97, 104, 108, 112, 118
- Sozialkompetenz 87, 88, 116
- Standfestigkeit 94
- Subjektorientierung 45, 86
- Systemkompetenz 87
- Verwaltungskompetenz 94

Kompetenzanforderung
- arbeitsfeldbezogene 88, 96, 121
- arbeitsfeldübergreifende 102
- Veränderungen 96, 105, 106

Kompetenzen, Profil 102, 111, 113, 119, 120
Kompetenzmuster 87
Körperarbeit 36
Krüppelbewegung 23

L

Lebensqualität 19, 33, 48, 52
Lebensqualitätsforschung 33
Leitprinzipien 18, 35, 48, 118
Lernschwierigkeiten, Menschen mit 24, 70

M

Menschen mit Hilfebedarf 35, 49, 50, 51, 61, 64
Menschen mit Lernschwierigkeiten 24, 70
Menschenrechte, Deutsches Institut für 31, 32
Menschenrechtsabkommen 31
Methodenkompetenz 117
Mobile ambulante Dienste 58, 60

N

Netzwerk People First 51, 92
Normalisierungsprinzip 19, 21, 73, 124

O

Offene Hilfen 55, 57, 78, 95, 98, 125
Organisationskompetenz 39, 99

P

Pädagogik der Vielfalt 30
pädagogische Begleitung 35, 36, 44
pädagogische Fachkräfte 123
- Bedarfsentwicklung 80
pädagogische Hilfeleistung 35, 38, 46
pädagogische Intervention 20, 35, 36, 46, 92
pädagogische Professionalisierung 72
Paternalismus 23
People First 24, 51, 92
Performanz, Kompetenzen 13, 84, 88, 120, 127
Performanzprofil 121, 122
Personalkompetenz 40
personenbezogene soziale Hilfen 35, 61
Personenzentrierung 18, 33, 36
Persönliche Zukunftsplanung 36
Perspektivenwechsel 14, 36
Pflichtquote, Schwerbehinderte 67
Planungskompetenz 118, 119
Professionalisierung 12, 47, 72
- pädagogische 72, 73, 74, 77, 79
Professionalität, Spannungsfelder 88, 89
professionelle Unterstützung 25, 35, 49
Psychiatrie-Enquête 18, 21, 22, 73, 124

Q

Qualifikation
- akademische 76, 77, 79, 80, 84, 107, 117, 126
- berufliche 85, 86, 126
Qualifikationsstruktur
- Behindertenhilfe 12, 72, 73, 75, 126
- Wandel 126

R

Reflexionskompetenz 97, 113
Rehabilitationspädagogik 12, 15, 72
Ressourcenorientierung 27, 36, 37, 38, 43, 48, 51, 68, 86, 100, 103, 118, 122

S

Sachkompetenz 87
Salamanca Erklärung 30
Schlüsselqualifikation 85
schwerbehindert 67, 68, 69, 71, 101
- Pflichtquote 67
Selbstbestimmt-Leben-Bewegung 38, 41, 42, 44, 45, 60, 124, 125
Selbstbestimmung 26, 40, 41, 42, 45, 51, 84, 88, 90, 91, 97, 102, 105, 116, 125
Selbsthilfebewegung 18, 23, 51
Selbstkompetenz 87, 88, 100, 104, 113
Selbstverantwortung 26, 34, 35, 36, 39, 41, 91, 116, 120
Selbstvertretung, Self-Advocacy 24
SGB, Sozialgesetzbuch 17, 36, 56, 65, 70
Sonderpädagogik 12, 53, 72, 83, 125
Soziale Arbeit, Arbeitsbereiche 53, 55, 78, 79, 100, 111, 125
soziale Netzwerkarbeit 36, 50, 103
Sozialgesetzbuch, SGB 17, 36, 56, 65, 70
Sozialkompetenz 87, 88, 116
Sozialpädagogik 12, 72, 74
Sozialpädiatrisches Zentrum 55, 56
Sozialraumorientierung 36, 48, 49, 50, 103
Sozialstaat 28, 34, 82
- aktivierender 34
- Umbau 34
Subjekthaftigkeit 25
Substitutionsrisiko 76, 80
Systemkompetenz 87

T

Teilhabeplanung, individuelle 36, 47, 48, 125
tiergestützte Intervention 36

U

UN-BRK
- Behindertenrechtskonvention 31, 37, 63, 125
- Monitoringstelle 32
- Schattenübersetzung 32
Unterstützte Kommunikation 36
Unterstützung 46
- advokatorische Intervention 35, 41
- pädagogische 41, 48
- professionelle 45, 49
Unterstützungsbündnis 48, 50, 125
Unterstützungskompetenz 92, 118

V

Validation 36
Vertrauensperson 45

W

Werkstatt für behinderte Menschen (WfbM) 65, 66, 69, 101, 107
WHO, ICF 17, 31, 124
wohnbezogene Hilfen 55, 61, 65, 76, 78, 96, 97, 108, 126
Wohnen 61

Rudolf Bieker

Soziale Arbeit studieren

Leitfaden für wissenschaftliches Arbeiten und Studienorganisation

2011. 260 Seiten. Kart. € 24,90
ISBN 978-3-17-021064-6

Grundwissen Soziale Arbeit, Band 1

Das Buch ist als Arbeitshilfe konzipiert. Es soll Studierenden der Sozialen Arbeit und benachbarter Studiengänge konkrete Orientierung und Hilfestellung bei der Bewältigung typischer Anforderungen des Studiums geben. Zu diesen Anforderungen gehören u.a. Literaturrecherche und -auswertung, die Anfertigung schriftlicher Semester- oder Abschlussarbeiten, das Referieren im Seminar, die Bewältigung von Prüfungen usw. Die Vermittlung der allgemeinverbindlichen Standards, Regeln und Techniken des wissenschaftlichen Arbeitens steht dabei im Zentrum. Darüber hinaus geht es um Themen wie die zeitliche Planung von Studienablauf und Studienalltag (Selbstmanagement), die frühzeitige Einbindung von Praxiskontakten und Auslandsaufenthalten und das Lernen in Gruppen.

Prof. Dr. rer. soc. Rudolf Bieker ist Hochschullehrer am Fachbereich Sozialwesen der Hochschule Niederrhein (Mönchengladbach). Lehrgebiet: Theorie und Strukturen sozialer Dienste/Sozialverwaltung.

▶ **www.kohlhammer.de**

W. Kohlhammer GmbH · 70549 Stuttgart
Tel. 0711/7863 - 7280 · Fax 0711/7863 - 8430 · vertrieb@kohlhammer.de

Bettina Lindmeier
Christian Lindmeier

Pädagogik bei Behinderung und Benachteiligung

Band I: Grundlagen

2013. 308 Seiten. Kart. € 29,90
ISBN 978-3-17-019808-1

Das Lehrbuch bietet eine Einführung in pädagogisches Grundlagenwissen im Zusammenhang mit Behinderung und Benachteiligung. Einleitend werden wichtige Grundbegriffe und Konzepte analysiert, die den Gegenstandsbereich umreißen. Im Anschluss daran werden zentrale ethische Problemstellungen ausgeführt. Die folgenden beiden Abschnitte thematisieren Handlungsprinzipien und die Bestimmung der Qualität pädagogischen Handelns. Ausführungen zur Professionalität pädagogischen Handelns schließen den Band ab. In allen Kapiteln werden historisch relevante Entwicklungslinien ebenso wie international bedeutsame Diskurse berücksichtigt. Der Band wendet sich ausdrücklich an Studierende des Lehramts wie auch außerschulischer Studiengänge, da die behandelten pädagogischen Grundlagen für verschiedene Handlungsfelder von Relevanz sind.

Prof. Dr. Bettina Lindmeier und **Prof. Dr. Christian Lindmeier** lehren und forschen an der Leibniz Universität Hannover bzw. an der Universität Koblenz-Landau.

W. Kohlhammer GmbH · 70549 Stuttgart
Tel. 0711/7863 - 7280 · Fax 0711/7863 - 8430 · vertrieb@kohlhammer.de